古典文獻研究輯刊

三二編

潘美月・杜潔祥 主編

第 8 冊

《史記》校補（上）

蕭 旭 著

國家圖書館出版品預行編目資料

《史記》校補（上）／蕭旭 著 -- 初版 -- 新北市：花木蘭文化
事業有限公司，2021〔民 110〕
目 2+218 面；19×26 公分
（古典文獻研究輯刊 三二編；第 8 冊）
ISBN 978-986-518-389-9（精裝）
1. 史記 2. 校勘
011.08   110000576

ISBN-978-986-518-389-9

古典文獻研究輯刊
三二編 第 八 冊   ISBN：978-986-518-389-9

《史記》校補（上）

作 者	蕭 旭
主 編	潘美月、杜潔祥
總 編 輯	杜潔祥
副總編輯	楊嘉樂
編 輯	許郁翎、張雅淋　美術編輯　陳逸婷
出 版	花木蘭文化事業有限公司
發 行 人	高小娟
聯絡地址	235 新北市中和區中安街七二號十三樓
	電話：02-2923-1455／傳真：02-2923-1452
網 址	http://www.huamulan.tw 信箱 service@huamulans.com
印 刷	普羅文化出版廣告事業
初 版	2021 年 3 月
全書字數	737085 字
定 價	三二編 47 冊（精裝）台幣 120,000 元

《史記》校補（上）

蕭旭　著

作者簡介

蕭旭，男，漢族，1965 年 10 月 14 日（農曆）出生，江蘇靖江市人。常州大學兼職教授，南京師範大學客座研究員。中國訓詁學會會員，中國敦煌吐魯番學會會員。

無學歷，無職稱，無師承。竊慕高郵之學，校讀群書自娛。出版學術專著《古書虛詞旁釋》、《群書校補》、《群書校補（續）》、《淮南子校補》、《韓非子校補》、《呂氏春秋校補》、《荀子校補》、《敦煌文獻校讀記》8 種，都 600 萬字。在海內外學術期刊發表學術論文 120 篇，都 200 萬字。

提　　要

本書稿由三部分組成：一是《史記校補》，是對《史記》各卷的校勘訓詁；二是《史記校證》，是針對中華書局《史記》新點校本提出的個人意見；三是 3 篇論文。

目

次

《史記》校補

　　司馬遷《史記》130 卷，是中國歷史上第一部紀傳體通史。對這部偉大的著作，歷代學者校理、研究者眾多。有清以還的研究著述，列其要者如次：

　　四庫全書《史記考證》〔註1〕，王念孫《史記雜志》〔註2〕，錢大昕《史記考異》、《三史拾遺・史記》〔註3〕，方苞《史記注補正》〔註4〕，杭世駿《史記考證》、《史記疏證》〔註5〕，梁玉繩《史記志疑》〔註6〕，尚鎔《史

〔註1〕《史記考證》、《四庫全書考證》，景印文淵閣《四庫全書》第 243～244、1498 冊，臺灣商務印書館，1986 年初版。
〔註2〕王念孫《史記雜志》，收入《讀書雜志》卷 2～3，中國書店，1985 年版。
〔註3〕錢大昕《史記考異》，收入《二十二史考異》卷 1～5，《嘉定錢大昕全集（二）》，江蘇古籍出版社，1997 年版，第 1～113 頁；錢大昕《三史拾遺・史記》，《嘉定錢大昕全集（四）》，第 1～31 頁。本稿引《考異》徑出作者名，引《拾遺》稱作錢大昕《拾遺》。
〔註4〕方苞《史記注補正》，收入《二十五史三編》第 1 冊，嶽麓書社，1994 年版，第 56～83 頁。
〔註5〕杭世駿《史記考證》，收入《二十五史三編》第 1 冊，第 92～158 頁。杭世駿《史記疏證》（影印北圖藏清鈔本），收入《續修四庫全書》第 264 冊，上海古籍出版社，2002 年版，第 1～556 頁；舊題作「佚名《史記疏證》」，第 1 頁舊鈔卷首題記引邵位西（邵懿辰）《簡明目錄》眉端語，疑是沈欽韓所著，謂「此書既與《漢書疏證》連續合鈔，且行款體例亦復相同，當亦欽韓作也」（第 1 頁），其說未確。董恩林考證是杭世駿所作，巢彥婷又作補證，其說都可信，可為定讞。杭世駿《史記疏證》當是《史記考證》增訂本，以二書覆之，相同條目其說大同，而《疏證》所說尤詳。董恩林《佚名〈史記疏證〉、〈漢書疏證〉作者考》，《歷史研究》2010 年第 3 期，第 183～188 頁。巢彥婷《杭世駿作〈史記疏證〉、〈漢書疏證〉補考》，《古典文獻研究》第 20 輯下卷，2017 年版，第 252～258 頁。本稿引《考證》徑出作

記辨證》〔註7〕，王筠《史記校》〔註8〕，丁晏《史記毛本正誤》〔註9〕，張文虎《校刊史記集解索隱正義札記》〔註10〕，王鳴盛《史記商榷》〔註11〕，洪亮吉《史記發伏》〔註12〕，周尚木《史記識誤》〔註13〕，林茂春《史記拾遺》〔註14〕，龍良棟《景祐本史記校勘記》〔註15〕，郭嵩燾《史記札記》〔註16〕，崔適《史記探源》〔註17〕，瞿方梅《史記三家注補正》〔註18〕，李笠《廣史記訂補》〔註19〕，黃侃《史記訂補箋識》〔註20〕，沈家本《史記瑣言》〔註21〕，王元啟《史記正譌》〔註22〕，成孺《史漢駢枝》〔註23〕，牛運震《讀史糾謬・史記》〔註24〕，錢馥《〈史記志疑〉識疑》〔註25〕，錢

者名，引《疏證》稱作杭世駿《疏證》。

〔註6〕梁玉繩《史記志疑》，中華書局，1981年版。

〔註7〕尚鎔《史記辨證》，收入《二十五史三編》第1冊，第898～931頁。

〔註8〕王筠《史記校》，收入《二十五史三編》第1冊，第932～973頁。

〔註9〕丁晏《史記毛本正誤》，收入《二十五史三編》第1冊，第989～993。

〔註10〕張文虎《校刊史記集解索隱正義札記》，中華書局，1977年版。

〔註11〕王鳴盛《史記商榷》，收入《十七史商榷》卷1～6，《嘉定王鳴盛全集》第4冊，中華書局，2010年版，第1～67頁。

〔註12〕洪亮吉《史記發伏》，收入《四史發伏》，《四庫未收書輯刊》第4輯第20冊，北京出版社，1997年影印出版，第68～81頁。

〔註13〕周尚木《史記識誤》，收入《二十四史訂補》第1冊，書目文獻出版社，1996年版，第462～516頁。

〔註14〕林茂春《史記拾遺》，收入《二十四史訂補》第1冊，第659～874頁。此文不按《史記》次序，本稿引用注明頁碼。

〔註15〕龍良棟《景祐本史記校勘記》，收入《二十四史訂補》第1冊，第925～1025頁。

〔註16〕郭嵩燾《史記札記》，商務印書館，1957年版；又《郭嵩燾全集》第5冊，嶽麓書社，2012年版。

〔註17〕崔適《史記探源》，中華書局，1986年版。

〔註18〕瞿方梅《史記三家注補正》卷1～8，《學衡》第40、42～45、55、57、58期，1925～1926年版；又收入《二十五史三編》第2冊，第80～125頁。

〔註19〕李笠《廣史記訂補》，復旦大學出版社，2001年版。

〔註20〕黃侃《史記訂補箋識》，收入《量守廬群書箋識》，武漢大學出版社，1985年版，第517～520頁。

〔註21〕沈家本《史記瑣言》，收入《二十五史三編》第2冊，第779～846頁。

〔註22〕王元啟《史記正譌》，收入《二十五史三編》第2冊，第881～927頁。

〔註23〕成孺《史漢駢枝》，收入《叢書集成新編》第111冊，新文豐出版公司，1985年版，第32～34頁。

〔註24〕牛運震《讀史糾謬》卷1《史記》，收入《續修四庫全書》第451冊，第1～34頁。

〔註25〕錢馥《〈史記志疑〉識疑》，收入《小學盦遺書》卷2，《叢書集成續編》第

塘《史記釋疑》〔註26〕，林伯桐《史記蠡測》〔註27〕，李慈銘《史記札記》
〔註28〕，魯實先《史記會注考證駁議》〔註29〕，張元濟《史記校勘記》、
《補遺》〔註30〕，朱師轍（少濱）《史記補注》〔註31〕，向宗魯《史記講誼》
〔註32〕，胡樸安《〈史記〉〈漢書〉用字考證》〔註33〕，吳國泰《史記解詁》
〔註34〕，章詒燕《史記諍言》〔註35〕，王駿圖、王駿觀《史記舊註平義》
〔註36〕，張森楷《史記新校注》〔註37〕，陳直《史記新證》〔註38〕，施之
勉《史記會注考證訂補》、《補遺》〔註39〕，錢穆《史記地名考》〔註40〕，王
叔岷《史記斠證》〔註41〕，徐復《史記臆解》〔註42〕，蔣禮鴻《史記校詁》

92 冊，上海書店，1992 年版，第 706～707 頁。

〔註26〕錢塘《史記釋疑》，收入《叢書集成續編》第 273 冊，臺灣新文豐出版公司，
1988 年版，第 57～99 頁。

〔註27〕林伯桐《史記蠡測》，收入《叢書集成三編》第 95 冊，新文豐出版公司，
1997 年印行，第 75～88 頁。

〔註28〕李慈銘《史記札記》，收入《越縵堂讀史札記全編》，北京圖書館出版社，
2003 年版，第 11～61 頁。

〔註29〕魯實先《史記會注考證駁議》，嶽麓書社，1986 年版。

〔註30〕張元濟《史記校勘記》、《補遺》，收入《百衲本二十四史校勘記》，商務印
書館，1997 年版。

〔註31〕朱師轍（少濱）《史記補注》，《國學彙編》1924 年第 2 集，第 1～10 頁；
又連載於《國學週刊》1924 年第 39～48 期。未完稿。

〔註32〕向宗魯《史記講誼》，存七篇，國家圖書館藏佚名《史記校注》手稿，收入
徐蜀主編《〈史記〉訂補文獻彙編》，北京圖書館出版社，2004 年版，第 599
～657 頁。據友人蘇芃博士考證，是向宗魯（承周）遺著。蘇芃《向宗魯
〈史記講義〉考論》，《文獻》2015 年第 1 期，第 185～191 頁。

〔註33〕胡樸安《〈史記〉〈漢書〉用字考證》，《國學週刊》1923～1924 年版。都是
短篇，分 31 期連載，未完稿。本稿引用注明出處。

〔註34〕吳國泰《史記解詁》，1933 年成都居易簃叢著本。此書偶有精到處，但常
常亂說通借，本文不一一駁正，以免辭費。

〔註35〕章詒燕《史記諍言》，收入《讀史諍言》卷 1，商務印書館，1935 年版，第
1～21 頁。

〔註36〕王駿圖、王駿觀《史記舊註平義》，正中書局，1936 年版。書中按語以「圖
按」、「觀按」分別二人說法。

〔註37〕張森楷《史記新校注》，中國學典館復館籌備處，1967 年版。

〔註38〕陳直《史記新證》，天津人民出版社，1979 年版。

〔註39〕施之勉《史記會注考證訂補》、《補遺》，華岡出版有限公司，1976 年版。《補
遺》見第 1782～1810 頁。本稿引用標舉《補遺》頁碼。

〔註40〕錢穆《史記地名考》，商務印書館，2001 年版；又收入《錢賓四先生全集》
第 34～35 冊，聯經出版事業公司，1998 年版。

〔註41〕王叔岷《史記斠證》，中央研究院歷史語言研究所專刊之七十八，1983 年

〔註43〕，張以仁《讀〈史記會注考證〉札記》〔註44〕，鄭良樹《史記賸義》〔註45〕，季洛生《史漢文辭異同斠釋》〔註46〕，徐仁甫《史記注解辨正》〔註47〕，李蔚芬《史記正義佚文纂錄》〔註48〕，張衍田《史記正義佚文輯校》〔註49〕，程金造《史記索隱引書考實》〔註50〕，張家英《史記十二本紀疑詁》〔註51〕，李人鑒《太史公書校讀記》〔註52〕，韓兆琦《史記箋證》〔註53〕，張玉春《〈史記〉日本古注疏證》〔註54〕，辛德勇《史記新本校勘》

版；又中華書局，2007 年版。

〔註42〕徐復《史記臆解》，收入《徐復語言文字學論稿》，江蘇教育出版社，1995 年版，第 125～129 頁；又題作《史記雜志》，收入《後讀書雜志》，上海古籍出版社，1996 年版，第 30～35 頁。

〔註43〕蔣禮鴻《史記校詁》，收入《蔣禮鴻集》卷 6，浙江教育出版社，2001 年版，第 4～86 頁。未完稿，至《孫子吳起列傳》止。

〔註44〕張以仁《讀〈史記會注考證〉札記》，《大陸雜志》第 26 卷第 12 期、第 29 卷第 1 期、第 32 卷第 6 期、第 37 卷第 6 期、第 38 卷第 5 期；收入《大陸雜志語文叢書》第 2 輯第 3 冊《校詁札記》，1970 年版，第 369～385 頁；又收入《張以仁語文學論集》，上海古籍出版社，2012 年版，第 270～293 頁。

〔註45〕鄭良樹《史記賸義》，收入《大陸雜志史學叢書》第 5 輯第 2 冊《史記考證‧秦漢中古史研究論集》，第 72～84 頁。

〔註46〕季洛生《史漢文辭異同斠釋》，弘道文化事業有限公司，1975 年印行。此書僅作文辭異同的簡單比較，而考訂之功淺，無甚創見，如常見通用字「修」與「脩」、「饟」與「餉」、「亨」與「烹」、「予」與「與」、「禽」與「擒」、「留」與「畱」、「慢」與「嫚」、「妒」與「妬」、「填」與「鎮」，此書徵引大量文獻論述之，甚無謂也。本稿只引用數條，以見一端。

〔註47〕徐仁甫《史記注解辨正》，四川大學出版社，1993 年版。

〔註48〕李蔚芬《史記正義佚文纂錄》，收入《二十四史訂補》第 1 冊，第 195～231 頁。

〔註49〕張衍田《史記正義佚文輯校》，北京大學出版社，1985 年版。

〔註50〕程金造《史記索隱引書考實》，中華書局，1998 年版。

〔註51〕張家英《史記十二本紀疑詁》，黑龍江教育出版社，1997 年版。

〔註52〕李人鑒《太史公書校讀記》，甘肅人民出版社，1998 年版。

〔註53〕韓兆琦《史記箋證》，江西人民出版社，2009 年版。

〔註54〕張玉春《〈史記〉日本古注疏證》，齊魯書社，2016 年版。其書錯誤無數，本稿不一一辨正。舉例如下：一、張氏誤錄處甚多，如「干」誤作「幹」，「斗」誤作「鬥」，「咸」誤作「鹹」等等，不可稱數。又如：①《蘇秦列傳》黃善夫本上方校記云：「言笴通於胸……笴括蔽。」「笴」字圖版作「笴」，甚是分明。《疏證》第 270 頁把二「笴」字分別誤錄作「箭可」、「箭」。②《王翦列傳》「夫秦王怚而不信人」，《集解》引徐廣曰：「怚，一作粗。」黃善夫本左方校記引貞云：「怚，麤也，言秦王之用心，其麤荒也。」《疏證》第 315 頁把「怚」並誤作「怛」，「麤」並誤作「鹿」。不思「怚」從旦，怎麼會「一作粗」邪？又不知「麤」是「粗」常見俗字，不思「怚」怎麼

〔註55〕，王華寶《〈史記〉金陵書局本與點校本校勘研究》〔註56〕。為避煩複，本稿引用此上文獻一般不標示頁碼。

還有一些專題單篇，列如下：盧文弨《〈史記‧惠景間侯者年表〉補闕並校》〔註57〕，孫星衍《〈史記‧天官書〉補證》〔註58〕，劉朝陽《〈史記‧天官書〉之研究》、《〈史記‧天官書〉大部分為司馬遷原作之考證》〔註59〕，張驥《〈史記‧扁鵲倉公傳〉補注》〔註60〕，劉光蕡《〈史記‧貨殖列傳〉注》〔註61〕，陳漢章《讀〈史記‧項羽本紀〉》〔註62〕，勞格《〈史

會訓「鹿也」，「鹿荒」又是何等語？如此整理古籍，真是「麃荒」已甚，無以復加！③《貨殖列傳》黃善夫本上方校記云：「都，一乍（作）『郡』。」《疏證》第 815 頁把「郡」誤錄作「君」。④《龜策列傳》黃善夫本上方校記云：「據音倨，敎也。」《疏證》第 811 頁錄「敎」作「教」，不思「據（倨）」何得訓「教」？（附記：瀧川《考證》引桃源鈔亦有此「據音倨，敎也」之語，「敎」字不誤；水澤利忠《校補》第 3442 頁引南化本、梅本《正義》亦誤作「教」。）⑤《太史公自序》黃善夫本上方校記云：「玩，本乍（作）『抏』。」又「肖，本乍（作）『省』。」《疏證》第 818 頁「抏」誤錄作「抗」，「省」誤錄作「者」。二、張氏識見亦陋，按語甚無發明。《疏證》第 292 頁錄日人校記云：「裁者，僅也。」（引者按：此實鈔吳師道說）張玉春按語說：「此『裁』字三家無注，費解。」「裁」用作「才」，故訓僅，字亦作「纔」、「財」、「材」、「在」、「哉」等，此二漢典籍中常義，故三家無注耳。張氏連這一常識都能「費解」，卻又敢作什麼《疏證》，至可異也！三、張玉春《疏證》亦有失錄處，如《龜策列傳》黃善夫本上方校記云：「捎，芟也，取也。」又云：「臑，臂節也。」又云：「著，『嗜』歟？」《疏證》第 811 頁皆未錄其文。《太史公自序》黃善夫本上方校記云：「側，乍（作）『則』。」《疏證》第 818 頁未錄其文。

〔註55〕辛德勇《史記新本校勘》，廣西師範大學出版社，2017 年版。

〔註56〕王華寶《〈史記〉金陵書局本與點校本校勘研究》，鳳凰出版社，2019 年版。

〔註57〕盧文弨《〈史記‧惠景間侯者年表〉補闕並校》，收入《續修四庫全書》第 1149 冊，上海古籍出版社，2002 年版，第 295～296 頁。

〔註58〕孫星衍《〈史記‧天官書〉補證》，收入《二十五史三編》第 2 冊，第 621～624 頁。

〔註59〕劉朝陽《〈史記‧天官書〉之研究》，《國立中山大學語言歷史學研究所週刊》第 7 卷第 73、74 期合刊，1929 年版；收入《國立中山大學語言歷史學研究所週刊全編》第 5 冊，第 327～386 頁。劉朝陽《〈史記‧天官書〉大部分為司馬遷原作之考證》，《國立中山大學語言歷史學研究所週刊》第 8 卷第 94～96 期合刊，1929 年版；收入《國立中山大學語言歷史學研究所週刊全編》第 6 冊，第 539～550 頁。二文不及《天官書》文本之考訂，本稿未引。

〔註60〕張驥《〈史記‧扁鵲倉公傳〉補注》（上、中、下），民國癸酉成都張氏刊本；又收入《二十五史三編》第 2 冊，第 708～768 頁。

〔註61〕劉光蕡《〈史記‧貨殖列傳〉注》，收入《二十五史三編》第 2 冊，第 769

記・六國表〉雜識》〔註63〕，潘吟閣《〈史記・貨殖傳〉新詮》〔註64〕，高
亨《〈史記・老子傳〉箋證》〔註65〕，譚戒甫《〈史記・老子傳〉考正》、《〈史
記・孟子荀卿列傳〉校釋》〔註66〕，陳槃《〈史記・吳太伯世家〉補注》、《〈史
記・齊太公世家〉補注》、《〈史記・魯周公世家〉補注》、《〈史記・燕召公
世家〉補注》〔註67〕，陳槃《〈史記・晉世家〉補注》〔註68〕，徐善同《讀
〈史記・秦始皇本紀〉》〔註69〕，馮永軒《〈史記楚世家會注考證〉校補》
〔註70〕，康全誠《〈史記・五帝本紀〉輯證》〔註71〕，黃慶萱《〈史記〉〈漢
書〉儒林列傳疏證》〔註72〕，朱瑗《〈史記・樗里子甘茂列傳〉疏證》〔註73〕，
何善周《〈史記・司馬穰苴列傳〉點注》〔註74〕。

　　清代以還學者學術筆記中也有涉及《史記》者：顧炎武《日知錄》

　　　　～778 頁。
〔註62〕陳漢章《讀〈史記・項羽本紀〉》，收入《綴學堂初槀》卷 2，光緒十九年
　　　　刻本，本卷第 1～4 頁。本文考辨「鴻溝」一詞。
〔註63〕勞格《〈史記・六國表〉雜識》，收入《讀書雜識》卷 1，收入《叢書集成
　　　　續編》第 93 冊，上海書店，1994 年版，第 872～873 頁。
〔註64〕潘吟閣《〈史記・貨殖傳〉新詮》，商務印書館，1931 年版。
〔註65〕高亨《〈史記・老子傳〉箋證》，《北強》第 1 卷第 1、2 期，1934 年版，第
　　　　47～59、47～60 頁；又收入《古史辨》第 6 冊，1938 年版，第 441～472
　　　　頁；又收入《高亨著作集林》卷 5，清華大學出版社，2004 年版，第 197
　　　　～233 頁。
〔註66〕譚戒甫《〈史記・老子傳〉考正》，國立武漢大學《文哲季刊》第 5 卷第 2
　　　　期，1936 年版，第 343～355 頁；又收入《古史辨》第 6 冊，1938 年版，
　　　　第 516～525 頁。譚戒甫《〈史記・孟子荀卿列傳〉校釋》，《中國歷史文獻
　　　　研究集刊》第 1 集，湖南人民出版社，1980 年版，第 84～94 頁。
〔註67〕陳槃《〈史記・吳太伯世家〉補注》、《〈史記・齊太公世家〉補注》、《〈史
　　　　記・魯周公世家〉補注》、《〈史記・燕召公世家〉補注》，收入《舊學舊史
　　　　說叢》，上海古籍出版社，2010 年版，第 591～773 頁。
〔註68〕陳槃《〈史記・晉世家〉補注》，《歷史語言研究所集刊》第 65 本第 3 分，
　　　　1994 年版，第 455～476 頁。
〔註69〕徐善同《讀〈史記・秦始皇本紀〉》，《大陸雜志》第 41 卷第 1 期；收入《大
　　　　陸雜志史學叢書》第 4 輯第 2 冊《史記考證研究論集》，第 441～448 頁。
〔註70〕馮永軒《〈史記楚世家會注考證〉校補》，湖北教育出版社，1993 年版。
〔註71〕康全誠《〈史記・五帝本紀〉輯證》，花木蘭文化出版社，2007 年版。
〔註72〕黃慶萱《〈史記〉〈漢書〉儒林列傳疏證》，花木蘭文化出版社，2008 年版。
〔註73〕朱瑗《〈史記・樗里子甘茂列傳〉疏證》，《國立編譯館館刊》第 1 卷第 4
　　　　期，1971 年版，第 101～120 頁。
〔註74〕何善周《〈史記・司馬穰苴列傳〉點注》，《古籍整理研究學刊》1997 年第 6
　　　　期，第 1～7 頁。

〔註75〕，梁玉繩《瞥記》〔註76〕，孫志祖《讀書脞錄》、《續編》〔註77〕，
洪頤煊《讀書叢錄》〔註78〕，劉寶楠《愈愚錄》〔註79〕，俞正燮《癸巳存
稿》〔註80〕，張文虎《舒藝室隨筆》〔註81〕，徐時棟《煙嶼樓讀書志》〔註82〕，
邵晉涵《南江札記》〔註83〕，姚鼐《惜抱軒筆記》〔註84〕，姚範《援鶉堂
筆記》〔註85〕，朱亦棟《群書札記》〔註86〕，沈濤《銅熨斗齋隨筆》〔註87〕，
蘇時學《爻山筆話》〔註88〕，何焯《義門讀書記》〔註89〕，查德基《學古
堂日記・史記》〔註90〕，朱錦綬《學古堂日記・史記校》〔註91〕，馬敘倫

〔註75〕顧炎武《日知錄》（陳垣校注）卷27，安徽大學出版社，2007年版，第1507
～1534頁。

〔註76〕梁玉繩《瞥記》卷3，收入《續修四庫全書》第1157冊，上海古籍出版社，
2002年版，第24～28頁。

〔註77〕孫志祖《讀書脞錄》卷3、《讀書脞錄續編》卷3，收入《續修四庫全書》
第1152冊，第238～240、315頁。

〔註78〕洪頤煊《讀書叢錄》卷17、18，收入《續修四庫全書》第1157冊，第705
～723頁。

〔註79〕劉寶楠《愈愚錄》卷4《史記》，收入《續修四庫全書》第1156冊，上海
古籍出版社，2002年版，第271～278頁。

〔註80〕俞正燮《癸巳存稿》卷7，收入《叢書集成初編》第362冊，中華書局，
1985年影印，第191～207頁。

〔註81〕張文虎《舒藝室隨筆》卷4《史記》，收入《續修四庫全書》第1164冊，
第348～363頁。

〔註82〕徐時棟《煙嶼樓讀書志》卷12《史記》，收入《續修四庫全書》第1162冊，
上海古籍出版社，2002年版，第550～553頁。

〔註83〕邵晉涵《南江札記》卷4《史記》，收入《續修四庫全書》第1152冊，第
383～384頁。

〔註84〕姚鼐《惜抱軒筆記》卷4，收入《續修四庫全書》第1152冊，第172～176頁。

〔註85〕姚範《援鶉堂筆記》卷15～16《史記》，收入《續修四庫全書》第1148冊，
第544～565頁。

〔註86〕朱亦棟《群書札記》卷1、4，收入《續修四庫全書》第1155冊，第19～
22、68～69頁。

〔註87〕沈濤《銅熨斗齋隨筆》卷3、4，收入《續修四庫全書》第1158冊，第639
～647頁。

〔註88〕蘇時學《爻山筆話》卷6《史記》，收入《四庫未收書輯刊》第7輯第11
冊，北京出版社，1997年影印出版，第415～416頁。

〔註89〕何焯《義門讀書記》卷13、14，中華書局，1987年版，第197～238頁。

〔註90〕查德基《學古堂日記・史記》，收入《二十四史訂補》第1冊，書目文獻出
版社，1996年版，第399～412頁。

〔註91〕朱錦綬《學古堂日記・史記校》，收入《二十四史訂補》第1冊，第413～418
頁。

《讀書續記》〔註92〕，吳承仕《經籍舊音辨證》〔註93〕，黃侃《經籍舊音辨證箋識》〔註94〕，阮廷焯《校書堂札迻・史記》〔註95〕。

現代的期刊論文及學位論文，本稿如有徵引，隨文標注出處。

日人著作，余僅見四種：瀧川資言《史記會注考證》〔註96〕，水澤利忠《史記會注考證校補》〔註97〕，池田四郎次郎《史記補注》（下文省稱作池田）〔註98〕，滕惟寅《〈扁鵲倉公列傳〉割解》〔註99〕。需要指出的是，瀧川資言的《考證》，大量剿襲中國學者的意見，上起唐宋、下迄民國，而不注明出處（剿襲梁玉繩、張文虎、王先謙說特多），魯實先、施之勉、王叔岷舉證夥矣〔註100〕，諸家未及者，本稿也隨文出之。茲舉一顯證：《史記・趙世家》「又取藺、郭狼」，王應麟《通鑑地理通釋》卷8：「《地理志》『西河郡有藺、皋狼』二縣……『郭狼』疑是『皋狼』。」梁玉繩從王說〔註101〕。瀧川資言曰：「《漢・地理志》『西河郡有藺、皋狼』，『郭狼』疑是『皋狼』。」瀧川氏明顯全襲王說〔註102〕。學術著作而涉嫌剿竊，此為大不德、大惡事也。

《史記》的版本，余所見者有：北宋景祐監本《史記集解》（簡稱景祐本），南宋紹興刊《史記集解》（簡稱紹興本），南宋慶元建安黃善夫《史記集解索隱正義》合刻本（簡稱黃善夫本），南宋乾道七年蔡夢弼東塾刻本

〔註92〕馬敍倫《讀書續記》卷5，中國書店，1985年版，本卷第23～26頁。

〔註93〕吳承仕《經籍舊音辨證》卷4《史記裴駰集解、司馬貞索隱》，中華書局，2008年版，第312～325頁。

〔註94〕黃侃《經籍舊音辨證箋識》，附於吳承仕《經籍舊音辨證》，中華書局，2008年版，第398～401頁。

〔註95〕阮廷焯《校書堂札迻》，香港《聯合書院學報》第6期，1967年版，第127～128頁。

〔註96〕瀧川資言《史記會注考證》，北嶽文藝出版社，1999年版。

〔註97〕水澤利忠《史記會注考證校補》，廣文書局，1972年版。

〔註98〕池田四郎次郎《史記補注》（池田英雄增補），日本明德出版社，1975年版。其書缺卷13～30，即《十表》、《八書》部分。池田四郎次郎（1864～1933）名胤，字公承，自號蘆洲。

〔註99〕滕惟寅《〈扁鵲倉公列傳〉割解》（滕惟正路補考），明和六年（1769）刊本。

〔註100〕魯實先指出瀧川《考證》有七失，其第六端曰「多所剿竊」，「大凡立說疏妄，出自瀧川；頗有思致，必為攘竊」。參見魯實先《史記會注考證駁議》，嶽麓書社，1986年版，第188～189頁。

〔註101〕梁玉繩《史記志疑》卷23，中華書局，1981年版，第1063頁。

〔註102〕瀧川資言《史記會注考證》，北嶽文藝出版社，1999年版，第2674頁。

《史記集解索隱》（簡稱乾道本），南宋淳熙八年耿秉刻本《史記集解索隱》（簡稱淳熙本），元至元二十五年彭寅翁《史記集解索隱正義》合刻本（簡稱元刻本），元大德十年九路刊《史記集解索隱》（殘存《楚元王世家》），日本慶長古活字本（簡稱慶長本），本文取校此上各本以及四庫全書本、光緒二十九年五洲同文書局石印殿本，統稱作宋元各本及慶長本、四庫本、殿本；另有明清各種刊刻本十數種，暫未入校。敦煌漢簡有《史記・滑稽列傳》殘簡〔註103〕，此乃今所見《史記》之最早傳本，惜僅殘存 30 字。還見到唐代敦煌寫卷殘存幾個殘卷：P.2627《史記・管蔡世家》、《伯夷列傳》、《燕召公世家》，Дx2663＋Дx2724＋Дx5341＋Дx5784《史記・王翦列傳》〔註104〕，Дx2670《史記・李斯列傳》。日本殘卷：日本石山寺藏六朝寫本《史記・張丞相列傳》殘卷、《酈生陸賈列傳》，日本高山寺藏唐鈔本《史記・夏本紀》、《殷本紀》、《秦本紀》（皆《集解》本），日藏唐鈔本《史記・河渠書》殘卷，日本早稻田大學藏古活字本《史記・司馬相如列傳》，日本宮內廳藏鎌倉寫本《史記・高祖本紀》、《范雎蔡澤列傳》，日本延久五年鈔本《史記・呂后本紀》、《孝景本紀》，日本東北大學圖書館藏鈔本《史記・孝文本紀》，日本國立國會圖書館藏江戶末期青山延光寫本《史記・項羽本紀》。

　　中華書局 1959 年出版顧頡剛等《史記》點校本，2013 年出版趙生群等《史記》點校本修訂本，二本都以金陵書局本為底本。茲依據中華書局 2013 年版修訂本為底本作校補。該書一些小的標點問題，本稿一般不作修正。如《項羽本紀》「籍何以至（生）此」、「何辭為」，二句句末皆當施問號，而修訂者皆誤標句號。

　　引用各類書所據版本為：《治要》日鈔本、天明刊本（即四部叢刊本），《書鈔》孔廣陶校刻本，《初學記》古香齋本，《類聚》南宋刻本，《白氏六帖事類集》南宋刻本，《御覽》景宋本，《事類賦注》南宋刻本，《冊府元龜》、《記纂淵海》四庫本（此二書亦有宋刻殘本，如據宋刻，另加標示）。

〔註103〕 羅振玉、王國維編著《流沙墜簡》，中華書局，1993 年版，第 218 頁。唐蘭作《燉煌所出漢人書〈太史公記〉殘簡跋》，收入《唐蘭全集》，上海古籍，2015 年版，第 47 頁。

〔註104〕 《俄藏敦煌文獻（9）》定名作《史記・秦本紀》，非是，上海古籍出版社，1998 年版，第 323 頁。

十二 《本紀》校補

卷一 《五帝本紀》

（1）軒轅之時，神農氏世衰。諸侯相侵伐，暴虐百姓，而神農氏弗能征

《正義》：《帝王世紀》云：「神農氏……又曰魁隗氏，又曰連山氏，又曰列山氏。」《括地志》云：「厲山在隨州隨縣北百里，山東有石穴。曰神農生於厲鄉，所謂列山氏也。春秋時為厲國。」

按：瀧川資言曰：「博士家本《史記異字》引楓山、三條、南化本云：『「能征」之征，作「正」。』」水澤利忠曰：「征，南化、楓、梅、三、狩、中彭、中韓『正』。」王叔岷曰：「征，《御覽》卷 304 引作『正』，征猶正也。」康全誠襲取王氏說〔註 105〕。王說非是，「正」乃省借字。佚名《靈寶五符經》卷上引作「明主弗能正也」〔註 106〕，已作「正」字，日鈔本《治要》卷 11 引亦作「正」（天明刊本作「征」）。征，伐也。《正義》所引，「列」、「厲」並「連」字聲轉。《水經注·溠水》：「溠水北出大義山，南至厲鄉西，賜水入焉。水源東出大紫山，分為二水，一水西逕厲鄉南，水南有重山，即烈山也。山下有一穴，父老相傳，云是神農所生處也。故《禮》謂之烈山氏……亦云賴鄉，故賴國也，有神農社。賜水西南流入於溠，即厲水也，賜、厲聲相近，宜為厲水矣。」《後漢書·郡國志》劉昭注引《荊州記》：「縣北界有重山，山有一穴，云是神農所生。」《初學記》卷 7 引盛弘之《荊州記》：「隨郡北界有厲鄉村〔註 107〕，村南有重山，山下有一穴，父老相傳云神農所生。」「賴」、「賜」又「厲」音轉。「連山」即「重山」之誼，指山之重疊相連。《周易》卷首鄭康成注：「連山者，象山之出雲連連不絕。」鄭說「雲連連不絕」，未確。張文虎謂《正義》所引《括地志》「山東有石穴曰神農生於厲鄉」有譌誤，是也，但改「曰」作「昔」則未確。施之勉從張說，謂「曰」是「昔」脫誤，亦非。新版《史記》點校本第 57 頁《校

〔註 105〕康全誠《〈史記·五帝本紀〉輯證》，花木蘭文化出版社，2007 年版，第 5 頁。據其書附錄《參考文獻》，第 122 頁列有王叔岷《史記斠證》，第 18 頁也引用過王說。

〔註 106〕《靈寶五符經》必是晉代前古書，晉葛洪《抱朴子內篇·仙藥》引《靈寶五符》，梁陶弘景《真誥》卷 20：「楊書《靈寶五符》一卷。」

〔註 107〕《太平寰宇記》卷 144、《玉海》卷 24、《路史》卷 39 引同，《御覽》卷 189 引「厲」誤作「廟」。

勘記》只說有譌誤，未從張說校「曰」作「昔」，慎也。「山東」疑「重山」誤倒，疑當作「〔有〕山東（重山），〔山下〕有石穴，〔父老相傳〕曰神農生於厲鄉」。《御覽》卷78引《荊州圖記》：「永陽縣西北二百三十里厲鄉，山東有石穴，昔神農生於厲鄉，《禮》所謂烈山氏也。」亦誤。

（2）於是軒轅乃習用干戈，以征不享，諸侯咸來賓從

《索隱》：謂用干戈以征諸侯之不朝享者。本或作「亭」，亭訓直，以征諸侯之不直者。

按：洪頤煊曰：「《詩·韓奕》『榦不庭方』，毛傳：『庭，直也。』《國語·周語》『以待不庭不虞之患』，韋昭注：『庭，直也。』《左氏·襄十六年傳》『同討不庭』。『不亭』即『不庭』，古字通用。」向宗魯從洪說。瞿方梅曰：「『享』字是也。《周本紀》曰『賓服者享』、『有不享則修文』，又曰『予必以不享征之』。」池田、施之勉從瞿說。吳國泰曰：「《說文》：『享，獻也。』」王叔岷曰：「《御覽》卷304引『習』作『集』。」康全誠曰：「《大戴禮記·五帝德》：『（禹）舉干戈以征不享、不庭、無道之民。』王聘珍《解詁》：『享，獻也。』或本作『亭』未允。」[註108]《御覽》引「咸」作「或」，王氏失校。《御覽》並形聲相近而誤。享，《御覽》、《冊府元龜》卷5、《賓退錄》卷7引同。作「亭」也可能是「庭」聲誤，佚名《靈寶五符經》卷上引正作「不廷」。「不庭」也作「不廷」、「不寧」，猶言不來朝[註109]。不享，猶言不行享獻、進貢之禮也，吳國泰說是。《索隱》說「亭訓直」，誤也。

（3）而蚩尤最為暴，莫能伐

《集解》：瓚曰：《孔子三朝紀》曰：「蚩尤，庶人之貪者。」

按：王叔岷曰：「《書·呂刑》疏引『暴』下有『虐』字，『伐』下有『之』字。」佚名《靈寶五符經》卷上引作「而蚩尤最為暴，莫之能伐」，《御覽》卷304引同今本。今本「莫」下脫「之」字。《孔子三朝紀》「貪」，《漢書·高帝紀》顏師古注引臣瓚、《太平寰宇記》卷46引同，《大戴禮記·用兵》亦同[註110]；《四庫考證》、杭世駿《疏證》指出《周禮·肆師》賈公彥疏

〔註108〕康全誠《〈史記·五帝本紀〉輯證》，花木蘭文化出版社，2007年版，第5頁。

〔註109〕參見楊伯峻《「不廷」「不庭」說》，《中國語文》1963年第4期；又收入《楊伯峻學術論文集》，嶽麓書社，1984年版，第55～59頁。

〔註110〕《御覽》卷270、《永樂大典》卷8275引《大戴》同今本，是舊本固作「貪」字。

引《三朝記》作「強」，按許慎《五經異義》引《三朝記》亦作「強」。

（4）治五氣，蓺五種

《集解》：王肅曰：「五行之氣。」駰案：蓺，樹也。《周禮》曰「穀宜五種」，鄭玄曰：「五種，黍、稷、菽、麥、稻也。」

《索隱》：謂春甲乙木氣，夏丙丁火氣之屬，是五氣也。藝，種也，樹也。五種即五穀也。

《索隱》：蓺音魚曳反。種音腫。

按：①水澤利忠曰：「蓺，慶、中統、彭、游、索、南、殿『藝』。」乾道本、淳熙本亦作「藝」，《永樂大典》卷 8275 引同，明刊本《譚津文集》卷 8 引形誤作「薆」（元刊本作「蓺」不誤）。佚名《靈寶五符經》卷上引作「治藝五種」，脫「五氣」二字。《黃帝內經素問·六節藏象論》：「天食人以五氣，地食人以五味。」下文分別以「夏氣、秋氣、冬氣、春氣、土氣」解說之，王冰注稱「五氣」為臊氣、焦氣、香氣、腥氣、腐氣。下文「治氣以教化」，亦謂治五氣。②向宗魯曰：「蓺五種，《大戴》、《家語》並作『設五量』，王肅云：『五量，權衡、斗（升）斛、尺丈、里步、十百。』」《類聚》卷 11 引《帝王世紀》亦作「設五量」。宋人陳祥道《禮書》卷 103 引《漢書·律曆志》「量者，龠、合、升、斗、斛也」說之，王聘珍、孔廣森說同〔註111〕。王、陳、孔說皆誤。「蓺」、「設」二字上古音相近，文獻中有大量讀蓺為設的用例〔註112〕。《大戴》之「設」當據本書讀作「蓺」。「量」是「重」形誤，「重」是「種」省文。《書鈔》卷 17 引《大戴》、《玉海》卷 8 引《家語》並同今本，是唐人已誤。《五行大義》卷 5 引《禮含文嘉》「治五氣，設五星」，「星」亦誤。五種即五穀之種，《呂氏春秋·貴信》：「秋之德雨，雨不信，其穀不堅，穀不堅則五種不成。」《淮南子·泰族篇》：「后稷墾草發菑，糞土樹穀，使五種各得其宜〔註113〕，因地之勢也。」是其確證。五穀之種，具體所指不一。鄭玄謂黍、稷、菽、麥、稻為五種，《漢書·地理志》顏師古注說同；《漢書·食貨志》「種穀必雜五種」顏師古注謂黍、

〔註111〕 王聘珍《大戴禮記解詁》，孔廣森《大戴禮記補注》，並轉引自方向東《大戴禮記匯校集解》，中華書局，2008 年版，第 697 頁。

〔註112〕 參見裘錫圭《再談古文獻以「蓺」表「設」》，何志華、沈培等編《先秦兩漢古籍國際學術研討會論文集》，社科文獻出版社，2010 年版；又收入《裘錫圭學術文集》卷 4，復旦大學出版社，2012 年版，第 484～495 頁。

〔註113〕 《御覽》卷 837 引「使五種」作「使五穀之五種」。

稷、麻、麥、豆為五種，睡虎地秦簡《日書》乙種「五種忌日」又以禾、麥、黍、叔（菽）、稻為五種。治五氣、藝五種者，謂因其天時而種植五穀，與「五量」無涉。

（5）撫萬民，度四方

《集解》：王肅曰：「度四方而安撫之。」

按：《大戴禮記・五帝德》、《家語・五帝德》同。佚名《靈寶五符經》卷上引「撫」上有「拯」字。《文選・景福殿賦》「望祠山川，考時度方」，李善注引本書，又引王齊（肅）注：「隔定四方而撫安之。」《家語》王肅注作：「商度四方而安定之。」王聘珍曰：「度，計量也。」孔廣森曰：「度地宅民。」〔註114〕池田從孔說。余謂「度四方」即《書・呂刑》「度作刑，以詰四方」，《釋文》引馬融曰：「度，法度也。」此文作動詞用。

（6）披山通道

《集解》：徐廣曰：「披，他本亦作『陂』字〔註115〕。蓋當音詖。陂者，旁其邊之謂也。『披』語誠合今世，然古今不必同也。」

《索隱》：披音如字，謂披山林草木而行以通道也。徐廣音詖，恐稍紆也。

按：《集解》「音詖」，黃善夫本、紹興本、乾道本、淳熙本誤作「為詖」。披，《御覽》卷56引同，《後漢書・馮衍傳》、《西域傳》李賢注引作「陂」。《河渠書》：「佗小渠披山通道。」日本神田文庫藏唐鈔本「披」作「陂」，《漢書・溝洫志》同，顏師古曰：「陂山，因山之形也。道，引也。陂音彼義反。道讀曰導。一曰：陂山，遏山之流以為陂也，音彼皮反。」羅振玉曰：「今本『陂』譌『披』。陂山者，鑿高使夷如陂也。」〔註116〕顏氏二說皆誤，羅說亦非。「道」即「道路」之道，不讀作導訓引。下文云：「唯禹之功為大，披九山，通九澤，決九河，定九州。」《說苑・修文》作「禹陂九澤，通九道，定九州」，二文可互訂，當作「披（陂）九山，通九道，決九河，定九州」。「披（陂）九山通九道」即此文「披山通道」也。《索隱》

〔註114〕 王聘珍、孔廣森說並轉引自方向東《大戴禮記匯校集解》，中華書局，2008年版，第697頁。

〔註115〕 「字」字新點校本屬下句。

〔註116〕 羅振玉《古寫本〈史記〉殘卷》跋語，收入《羅雪堂先生全集》第7編第3冊，臺北大通書局，1968～1977年影印，第960頁。

說是，池田從之。《六書故》：「披，撥開也。《史記》曰『披山通道』。」其說亦近是。披、陂，並讀為柀。《說文》：「柀，一曰折（析）也。」〔註117〕猶言分開。《廣韻》：「披，開也。」俗字或作劈，《集韻》：「劈，刀析也。」「披山」即「隨山刊木」之誼，指斫山上的樹枝。《說文》：「栞，槎識也。《夏書》曰：『隨山栞木。』讀若刊。」《繫傳》：「木識，謂隨所行林木，斫其枝為道記識也。开蓋其斫木低折狀。隨其行山路栞之也。《史記》述黃帝『披山通道』，是也。」亦稱作「槎山通道」，見《三國志・魏延傳》。「槎」謂邪斫樹木也。「陂」是披山通道的專字，故從昌，與表示山坡的「陂」是同形異字。《說文》：「披，從旁持曰披。」段玉裁曰：「披、陂皆有旁其邊之意，中散能知之。而《索隱》云云，此則司馬貞不知古義之言。蓋俗解訓披為開，《廣韻》云：『披，開也，分也，散也。』《木部》柀訓析也，『柀靡』字如此作。而淺人以披訓析，改『柀靡』為『披靡』，莫有能諟正者。」向宗魯、王叔岷、康全誠從段說〔註118〕。王引之曰：「披，傍也。傍，步浪反。徐廣云云……《後漢書・馮衍傳》『陂山谷而閒處兮』，李賢亦曰『陂謂傍其邊側也』，引《史記》『陂山通道』為證矣。」〔註119〕王氏從徐廣說，查德基、施之勉亦從徐說，辛德勇從王說駁羅振玉氏〔註120〕。皆非是。

（7）登雞頭

《索隱》：山名也。後漢王孟塞雞頭道，在隴西。一曰崆峒山之別名。

《正義》：《括地志》云：「笄頭山一名崆峒山，在原州平高縣西百里，禹貢涇水所出。《輿地志》云：『或即雞頭山也。』」

按：張森楷曰：「『雞頭』即『笄頭』，本作『开頭』，《漢書・地理志》安定郡涇陽下开頭山在西，即雞頭也。」張說是也，《書・禹貢》孔疏引《地理志》「开頭」作「岍頭」。《秦始皇本紀》：「始皇巡隴西、北地，出雞頭山。」《說文》：「涇，〔涇〕水出安定涇陽开頭山，東南入渭。」雞、笄（开、岍）

〔註117〕段玉裁改「折」為「析」。段玉裁《說文解字注》，上海古籍出版社，1981年版，第242頁。

〔註118〕康全誠《〈史記・五帝本紀〉輯證》，花木蘭文化出版社，2007年版，第11頁。

〔註119〕王引之《經義述聞》卷31，江蘇古籍出版社，1985年版，第732頁。

〔註120〕辛德勇《史記新本校勘》，廣西師範大學出版社，2017年版，第397～398頁。

一聲之轉。《禮記·問喪》鄭玄注：「雞斯，當為『笄纚』，聲之誤也。」《呂氏春秋·季夏紀》、《淮南子·說林篇》高誘注並云：「蚈，讀蹊徑之蹊也。」《淮南子·時則篇》高誘注：「蚈，音谿。」《周禮·夏官·大馭》《釋文》：「斬，劉音雞。」並是其證。《急就篇》卷4顏師古注又作「汧頭山」。

（8）以師兵為營衛

《正義》：環繞軍兵為營以自衛，若轅門即其遺象。

按：師兵，《治要》卷11、《初學記》卷9、《御覽》卷79、335引同，《御覽》卷157、《玉海》卷88、《事物紀原》卷9引倒作「兵師」。「營衛」同義連文，《正義》說誤。《玄應音義》卷4「營衛」條引《蒼頡篇》：「營，衛也。」

（9）舉風后、力牧、常先、大鴻以治民

《正義》：《封禪書》云：「鬼臾區號大鴻，黃帝大臣也。死葬雍，故鴻冢是。」《藝文志》云「《鬼容區兵法》三篇」也。

按：《漢書·郊祀志》「黃帝問於鬼臾區」，顏師古曰：「鬼臾區，黃帝臣也。《藝文志》云『鬼容區』，而此《志》作『臾區』。臾、容聲相近，蓋一也。今流俗書本『臾』字作『申』，非也。」顏說是也，臾、容一聲之轉。「從諛」、「縱臾」音轉作「從容」，《說文》「鵒」或作「鶹」，是其比。

（10）時播百穀草木

《集解》：王肅曰：「時，是也。」

《正義》：言順四時之所宜而布種百穀草木也。

按：吳國泰曰：「時者，『蒔』之省文。」瀧川資言說同，蔣禮鴻從其說。王叔岷曰：「《家語》作『播時百穀』。王肅注『時，是也』，則所據正文亦必作『播時』。下文『汝后稷播時百穀』，《集解》引鄭玄曰：『時讀曰蒔。』《廣雅》：『蒔，種也。』此文時亦當訓種，於義為長。」康全誠全襲王說〔註121〕。吳、王說「時」讀作蒔，是也，其說本於段玉裁〔註122〕。但王氏乙作「播時」則誤。《家語》作「播時」，王肅順其文誤訓作「是」（其說實本於《書·舜典》孔傳），《集解》取其說，不能必定本書亦作「播時」。

〔註121〕康全誠《〈史記·五帝本紀〉輯證》，花木蘭文化出版社，2007年版，第19頁。康書無甚發明，此下不再引述。

〔註122〕段玉裁《古文尚書撰異》卷1，收入《四部要籍注疏叢刊》，中華書局，1998年版，第1813頁。

佚名《靈寶五符經》卷上、《治要》卷 11、《長短經・君德》引作「時播」，
《大戴》同〔註123〕。「時播」是同義連文，故《家語》倒作「播時」〔註124〕。
又「草木」不可言播種，《家語・五帝德》「草木」上有「嘗味」二字，佚
名《靈寶五符經》卷上引已脫，《大戴》亦脫。《初學記》卷 20 引《帝王世
記》：「黃帝使岐伯嘗味草木，典醫療疾。」

（11）淳化鳥獸蟲蛾

《索隱》：蛾音牛綺反。一作「豸」。（豸）言淳化廣被及之。

《正義》：蛾音魚起反。又音豸，豸音直氏反。蟻，蚍蜉也。《爾雅》
曰：「有足曰蟲，無足曰豸。」

按：乾道本正文「蛾」誤作「娥」，注文《索隱》不誤。方以智謂蛾讀
為蟻，丁晏、吳玉搢、顧藹吉、何焯、池田、向宗魯、王叔岷說同〔註125〕，
《冊府元龜》卷 58 引正作「蟻」。馬王堆帛書《胎產書》「毋令蟲蛾能入」，
亦即「蟲蟻」。《新序・雜事二》「下為蟲蛾食已」，《御覽》卷 457 引作「蟲
蟻」，《戰國策・楚策四》作「螻蟻」。佚名《靈寶五符經》卷上引「蟲蛾」
作「蠶桑」，蓋誤解「蛾」為「蠶蛾」〔註126〕，因改作「蠶桑」。《索隱》
所見一本「蛾」作「豸」，是異文，《正義》說「蛾，又音豸」，邵晉涵從其
說〔註127〕，郝懿行謂「豸通作蛾」〔註128〕，鄒漢勛謂「蛾之與豸，當為通
借字。蟲蛾即蟲豸，而蛾不僅目蚍蜉也」〔註129〕，皆非是。《列子・黃帝》
「末聚禽獸蟲蛾」，《釋文》引《爾雅》：「有足曰蟲，無足曰蛾。」今《爾
雅》作「有足謂之蟲，無足謂之豸」，《說文》「蟲」字條說同，是《列子
釋文》所見本亦是「豸」字，《釋文》又指出「一本作『蟲蟻』」，即今本之

〔註123〕 《書鈔》卷 8 引同今本。
〔註124〕 參見王引之說，王引之說轉引自王念孫《廣雅疏證》，收入徐復主編《廣
雅詁林》，江蘇古籍出版社，1992 年版，第 775 頁。
〔註125〕 方以智《通雅》卷 1，收入《方以智全書》第 1 冊，上海古籍出版社，1988
年版，第 89～90 頁。吳玉搢《別雅》卷 3，收入《叢書集成新編》第 38
冊，新文豐出版公司，1985 年版，第 360 頁。顧藹吉《隸辨》卷 3，中國
書店，1982 年影印康熙 57 年玉淵堂刻版，第 336 頁。
〔註126〕 「蠶蛾」字《說文》作「蠺」，與「蛾」別。
〔註127〕 邵晉涵《爾雅正義》卷 16，收入《續修四庫全書》第 187 冊，上海古籍
出版社，2002 年版，第 274 頁。
〔註128〕 郝懿行《爾雅義疏》卷下之三，上海古籍出版社，1983 年版，第 1168 頁。
〔註129〕 鄒漢勛《讀書偶識》卷 10，中華書局，2008 年版，第 217 頁。

「蟲蛾」。林伯桐謂《正義》說「最為包括」，何焯說「偏而不舉」〔註130〕，則是不知「豸」、「蟻」字異。

（12）勞勤心力耳目，節用水火材物

《正義》：節，時節也。水，陂障決洩也。火，山野禁放也。材，木也。物，事也。《大戴禮》云：「孔子曰：『勞勤心力耳目，節用水火材物。』」

按：今本《大戴》脫「勤」字，餘同。《家語》作「勞耳目，勤心力，用水火財物以生民」。材，《大戴》同，日鈔本《治要》卷11引作「財」（天明刊本作「材」），《後漢書‧馮衍傳》李賢注、《御覽》卷79、837引《大戴》同。材物，即「財物」，《冊府元龜》卷56、58、75引正作「財物」，《後漢書‧馮衍傳》李賢注、《御覽》卷79、837引《大戴》同。《正義》誤也。材，《治要》卷11引同，佚名《靈寶五符經》卷上引誤作「什」，《長短經‧君德》引誤作「時」（王叔岷謂「時」是「財」誤）。下文「取地之財而節用之」，《靈寶五符經》引「財」作「物」，亦指財物。《晏子春秋‧內篇問下》「稱財多寡而節用之」，亦同。

（13）黃帝居軒轅之丘，而娶於西陵〔氏〕之女，是為嫘祖

《集解》：徐廣曰：「祖，一作『姐』。嫘，力追反。」

《索隱》：一曰「雷祖」，音力堆反。

《正義》：嫘，一作「儽」。

按：向宗魯曰：「嫘祖，《御覽》卷135引作『累祖』（卷79作『嫘』，蓋據今本改），《漢書‧人表》作『絫祖』。」王叔岷曰：「《正義》引一本『嫘』作『儽』，《路史》作『儽』，『儽』即『儽』之省。《御覽》卷79引『嫘』下有注云：『音縲。』卷135引『嫘』作『累』，引《帝王世紀》同。」佚名《靈寶五符經》卷上引作「累祖」。《山海經‧海內經》：「黃帝妻雷祖，生昌意。」郭璞注引《世本》：「黃帝娶於西陵氏之子，謂之纍祖，產青陽及昌意。」《國語‧晉語四》：「黃帝之子……青陽方雷氏之甥也。」韋昭注：「方雷，西陵氏之姓也。《帝繫》曰：『黃帝取於西陵氏之子，曰纍祖，實生青陽。』」今本《大戴‧帝繫》作「嫘祖」。《漢書‧古今人表》有「絫祖氏」。《集韻》：「嫘、纍：嫘祖，黃帝妃，西陵氏女，或從纍，通作累。」

〔註130〕林伯桐《史記蠡測》，收入《叢書集成三編》第95冊，新文豐出版公司，1997年印行，第75頁。

西陵氏女姓方雷，《路史》卷 16 作「方儽氏」。「雷」是其本字，「累」、「纍」是其同音借字，「嫘」、「纝」、「儽」、「儡」又其增旁分別字。

（14）黃帝崩，葬橋山

《集解》：《皇覽》曰：「黃帝冢在上郡橋山。」

《索隱》：《地理志》橋山在上郡陽周縣，山有黃帝冢也。

《正義》：《爾雅》云：「山銳而高曰橋也。」

按：《爾雅》：「（山）銳而高，嶠。」《釋文》：「嶠，《字林》作『嶢』，云：『山銳而長也。』」橋，讀作喬。《說文》：「喬，高而曲也。」山高皃的專字作「嶠（嶢）」。《釋名》：「山銳而高曰嶠〔註131〕，形似橋也。」《漢書·楚元王傳》劉向上疏：「黃帝葬於橋山。」《漢紀》卷 26 作「喬山」。《御覽》卷 79 引《帝王世紀》：「（黃帝）葬於上郡陽周之喬山。」

（15）靜淵以有謀，疏通而知事

按：吳國泰曰：「《說文》：『靜，審也。』言帝能審慎深淵而有謀略也。」王叔岷曰：「《後漢書·馮衍傳》注引『靜淵』作『沈深』，《類聚》卷 11 引『淵』作『深』，唐人避高祖諱改。《大戴禮·五帝德篇》『靜淵』作『洪淵』。」《類聚》卷 11 引作「靜深」，佚名《靈寶五符經》卷上引作「淵淳」，《開元占經》卷 120 引《大戴》「洪淵」作「端拱」。「拱」是「洪」形誤，因易作「端拱」。「靜淵」倒言則作「淵靜」，淵者，深也。靜，沉靜，本字作「竫」，吳國泰說誤。《莊子·天地》：「淵靜而百姓定。」又《在宥》：「其居也淵而靜。」《家語》脫「靜」字。

（16）養材以任地，載時以象天

《索隱》：言能養材物以任地。《大戴禮》作「養財」。載，行也。言行四時以象天。《大戴禮》作「履時以象天」。履亦踐而行也。

按：王叔岷曰：「今本《大戴禮》作『養材』，《家語·五帝德篇》作『養財』。材、財古通。《家語》『載』亦作『履』。」佚名《靈寶五符經》卷上引作「養財」，《開元占經》卷 120 引《大戴》同，《書鈔》卷 10 引《大戴》作「養才」。材指財物，時指四時。《書鈔》卷 5 有「履四時以象天」，孔廣陶謂《史記》、《大戴》脫「四」字〔註132〕，非是，《書鈔》卷 10 引《大戴》

〔註131〕今本誤作「土銳而長曰嶠」，據《初學記》卷 5、《御覽》卷 38 所引改。

〔註132〕《北堂書鈔》卷 5（孔廣陶校注本），收入《續修四庫全書》第 1212 冊，上海古籍出版社，2002 年版，第 86 頁。

亦無「四」字。

（17）動靜之物，大小之神，日月所照，莫不砥屬

《集解》：王肅曰：「砥，平也。四遠皆平而來服屬。」

《索隱》：依王肅音止蜀，據《大戴禮》作「砥礪」也。

《正義》：砥，磨石也，取其平也。（據瀧川資言《考證》本）

按：吳汝綸曰：「『砥』、『底』同字，至也。砥屬，猶言來服也。」施之勉從其說。王叔岷曰：「『砥屬』疑本作『砥厲』。《書鈔》卷10引作『底屬』，屬，俗屬字。今本《家語》亦作『底屬』。『底』當作『氐』，『氐』與『砥』同。『屬』當作『厲』。『砥厲』複語，義亦為平。今本《大戴禮》作『祗勵』，乃『砥厲』之借字。《御覽》卷79引《大戴》作『砥礪』，《長短經》注亦作『砥礪』。」王念孫校《大戴》曰：「『祗勵』本作『祗屬』。祗，敬也，言四海之外，莫不敬屬，猶《皋陶謨》言『敢不敬應』也。此文言『莫不祗屬』，下文言『莫不從順』、『莫不說夷』、『莫不賓服』，皆凡有血氣莫不尊親之謂，無取於砥礪也。動靜之物，大小之神，又不得言砥礪也……故《開元占經·龍魚蟲蛇占》引《大戴》作『祗屬』，而後人遂改『祗屬』為『砥礪』，謬矣。自小司馬所見本已作『砥礪』，而孔又為之說曰『砥礪，喻平均也』，其失也鑿矣。《史記》作『砥屬』，《家語》作『底屬』……雖『砥』、『底』與『祗』異文，而下一字皆作『屬』，且『屬』與『木』為韻（此篇文多用韻）……若作『厲』、『勵』、『礪』，則皆失其韻矣。」[註133]池田說同王氏，當即襲其說耳。張家英從王念孫說。王叔岷解全誤，王念孫說得失參半。砥屬，《治要》卷11、《類聚》卷11、《玉海》卷17、《永樂大典》卷10112引同（日鈔本《治要》「砥」作俗字「䃑」），《書鈔》卷10引作「庍屬」（「庍」即「底」俗字），《記纂淵海》卷60引《大戴》亦作「砥礪」，四庫本《開元占經》卷120引《大戴》作「祗屬」（與王氏所見本作「祗屬」不同）。吳汝綸說是也，此二字當作「底屬」，《書鈔》所引及《家語》不誤。底，至也，字亦作抵。《廣雅》：「抵，至也。」《史記·天官書》《索隱》：「抵，屬也。」《大戴》作「祗」，即「抵」形誤。底屬，猶言歸屬。《真誥·稽神樞》作「莫不屬焉」，《後漢書·郡國志》劉昭注作「莫不底焉」，雖各用單音詞，亦得其誼。方向東曰：「祗讀曰底，應訓為至。勵

〔註133〕王念孫說轉引自王引之《經義述聞》卷12，江蘇古籍出版社，1985年版，第290～291頁。

讀曰屬。底屬，來至歸服之義。」〔註134〕方氏亦得其誼，但以「底」為本字，讀勵為屬，則誤也。

（18）高辛父曰蟜極

《正義》：蟜音居兆反。本作「橋」，音同。

按：王叔岷曰：「《家語》作『喬極』，《路史》作『僑極』，亦同。」蟜極，《大戴》同，佚名《靈寶五符經》卷上引作「喬極」，《禮記·祭法》孔疏引《大戴》亦作「喬極」，《書·舜典》孔疏引《大戴》及《世本》作「僑極」，《漢書·古今人表》亦作「僑極」。《慧琳音義》卷97引王道珪《帝紀》：「帝嚳高辛氏，黃帝曾孫喬極之子。」

（19）高辛生而神靈，自言其名

《正義》：《帝王紀》云：「帝俈高辛，姬姓也。其母生見其神異，自言其名曰岌。」

《校勘記》：岌，疑當作「夋」。上文《索隱》引皇甫謐作「夋」。《金樓子·興王》、《初學記》卷9引《帝王世紀》亦作「夋」。（1／58）

按：張文虎曰：「岌，《索隱》作『夋』〔註135〕，《初學記》引《世紀》同，蓋形近譌為『岌』。」郭嵩燾、池田從其說。施之勉曰：「《初學記》卷9引《帝王世紀》云『自言其名曰夋』，《御覽》卷80引《帝王世紀》云『自言其名曰逡』。《正義》作『岌』誤。」《五行大義》卷5引《文耀鉤》作「逡」，同「夋」，《山海經·大荒東經》稱作「帝俊」。《路史》卷18：「高辛，曰嚳，一曰逡。」羅苹注：「見《世紀》。一作『夋』。《山海經》作『俊』，言帝俊處甚多，皆謂嚳。郭景純皆以為舜，謂舜、俊聲相近，失所考矣。」沈欽韓曰：「帝後（俊）即帝嚳也，郭璞注為帝舜，誤。」〔註136〕

（20）普施利物，不於其身

按：吳國泰曰：「普施者，『溥敉』之借。」其說是也。《大戴》「普」作「博」，博亦讀作溥。

（21）順天之義，知民之急

按：瀧川資言曰：「『急』字當依《戴記》作『㥥』，讀如『勤恤民隱』

〔註134〕方向東《大戴禮記匯校集解》，中華書局，2008年版，第709頁。

〔註135〕引者按：上文《索隱》字作「夋」。

〔註136〕沈欽韓《漢書疏證》卷6，收入《續修四庫全書》第266冊，上海古籍出版社，2002年版，第185頁。

之隱。」施之勉曰：「《路史‧後紀九》亦作『急』。」戴震校《大戴》曰：
「袁氏本『急』作『悹』，義當作『隱』。」〔註137〕王引之校《大戴》曰：
「知民之急，元、明本及《史記‧五帝紀》並同，宋本『急』作『悹』，朱
本改『悹』為『隱』。孔氏《補注》曰：『悹，痛也。讀如勤恤民隱之隱。』
引之謹案：元、明本從《史記》作『急』是也。宋本作『悹』即『急』字
之譌。或改『悹』為『隱』，或即以『悹』為『隱』字，皆非也。『急』與
『服』為韻……若作『悹』則失其韻矣……《家語》襲用此篇之文，而改
『知民之急』為『知民所急』，則原文本是『急』字又可知。」〔註138〕瀧
川氏乃襲孔說，池田從孔說，皆非是。王說是也，佚名《靈寶五符經》卷
上引正作「急」，《路史》卷18同。《御覽》卷26引《尚書大傳》：「知民之
緩急。」〔註139〕《秦始皇本紀》：「以佐百姓之急。」

（22）其色郁郁，其德嶷嶷

《索隱》：郁郁猶穆穆也。嶷嶷，德高也。今案：《大戴禮》「郁」作「神」，
「嶷」作「俟」。

　按：錢大昕曰：「今《大戴禮》亦作『郁郁』、『嶷嶷』，與小司馬所見
本不同，蓋後人據《史記》轉改。」池田從錢說。王叔岷曰：「《御覽》卷
80引《大戴禮》『郁』作『蟜』，『嶷』作『浂』。」施之勉校同王氏。《治要》
卷11、《長短經‧君德》、《御覽》卷80引本書同今本（《御覽》卷80又引
《大戴》，王、施二氏已出校），佚名《靈寶五符經》卷上引作「其色恢恢，
其德巍巍」。「嶷嶷」同「薿薿」、「儗儗」，「儗儗」脫誤作「俟俟」，又誤作
「浂浂」矣。山高貌為嶷，草盛貌為薿，禾盛貌為儗，德盛貌為儗，其義
一也。改「嶷嶷」作「巍巍」，乃臆改。改「郁郁」作「恢恢」、「蟜蟜」，
不通。

（23）帝嚳溉執中而徧天下

《集解》：徐廣曰：「古『既』字作水旁。『徧』字一作『尹』。」

《索隱》：即《尚書》「允執厥中」是也。

《正義》：溉音既。言帝嚳治民，若水之溉灌，平等而執中正，徧於

〔註137〕戴震《再與盧侍講書》，收入《東原文集》卷3，《戴震全書》第6冊，黃
　　　　山書社，1994年版，第288頁。
〔註138〕王引之《經義述聞》卷12，江蘇古籍出版社，1985年版，第291頁。
〔註139〕《禮記‧月令》孔疏引《書緯考靈耀》、《說苑‧辨物》同。

天下也。

按：洪頤煊曰：「溉，古通作『概』字。概，平也。言平執中以徧及於天下。」李笠曰：「『溉』當為『既』之借字，張氏曲為之說，非也。《大戴禮・五帝德篇》『徧』作『獲』，孫詒讓《斠補》曰：『獲天下，《史記》作「徧天下」，義並難通。此獲當為護之叚字。護猶云辨護也。辨、護皆理董監治之義。』笠按：孫說是也。《家語》云『育護天下』，『育護』亦即『辨護』之意。『徧』蓋即『辨』之叚音。《大戴禮》當依《家語》作『護』。《史記》自作『辨』，與彼字異義同。《集解》引一本作『尹』，《說文》：『尹，治也。』《爾雅》：『尹，正也。』亦並與理董監治義合。」瀧川資言從洪、孫、李說，池田從李笠說謂「溉」即「既」。黃侃曰：「獲讀為布濩之濩。」吳國泰曰：「溉者，『概』之借字。概者，量也。概量猶權衡也。言權衡事物能用中道而徧及於天下也。」王叔岷曰：「張守節《論字例》云：『既字作溉，緣古少字，通共用之。』是此『既』之作『溉』，正存《史記》之舊。而《正義》乃以『溉灌』字釋之，豈非望文生訓者邪！『徧』借為『辯』，《說文》：『辯，治也。』一本『徧』作『尹』，尹亦治也。《大戴禮》作『獲』，《家語》作『育護』。『獲』借為『育護』字。『育護』與『治』義近。」佚名《靈寶五符經》卷上引作「帝嚳既執中而尸天下」，《大戴》作「執中而獲天下」，《家語》作「育護天下」。「溉」是「既」增旁借字，李笠說是。王氏讀徧作辯，是也，「辨」亦借字。一本「徧」作「尹」，李、王二氏訓治，義固得通。《五符經》作「尸」，尸亦主治義。然「尹」、「尸」形近，余謂是「徧」字脫誤。諸家謂「獲」當作「護」，余謂「獲」、「護」當作「權」，形近而訛。《孟子・盡心上》：「子莫執中，執中為近之，執中無權，猶執一也。」孟子言執中而知權衡之，故《大戴》言「執中而權天下」。《家語》「育」是衍文。「執中」固即《尚書》「允執厥中」，亦即《老子》第5章之「守中」，《越絕書・越絕外傳枕中》范蠡所謂「執其中和」也。

（24）日月所照，風雨所至，莫不從服

按：王叔岷曰：「《書鈔》卷10、《類聚》卷11引『服』並作『助』。」佚名《靈寶五符經》卷上、日鈔本《治要》引亦作「助」（天明刊本《治要》作「服」），《御覽》卷80、《玉海》卷17、《冊府元龜》58引仍作「服」，《大戴》作「順」，《家語》作「化」。「助」是「服」形訛。《秦始皇本紀》：「日月所照，莫不賓服。」張玉春曰：「似作『助』、作『順』均較作『服』義

切。」其說非是，「順」、「服」一義，怎見得作「服」不切，又怎見得《秦始皇本紀》亦不切？

（25）娶娵訾氏女，生摯

《正義》：《帝王紀》云「帝俈有四妃……次妃娵訾氏女，曰常儀，生帝摯」也。

按：正文「摯」，各本同，獨淳熙本、池田本作「摰」。《帝王紀》「帝摯」，《類聚》卷11、《御覽》卷80引並作「帝摯」〔註140〕。《慧琳音義》卷86引《世本》：「娵訾，帝嚳次妃，生帝摯。」《類聚》卷15引作「帝摯」。《五行大義》卷5引《禮含文嘉》：「少昊金天氏，姬姓，名摯，字青陽。」《御覽》卷79引《帝王世紀》：「少昊帝名摯，字青陽。」《類聚》卷11、《初學記》卷9引作「名摯」。「摰」是「摯」形訛。今本《竹書紀年》卷上：「帝摯少昊氏。」《大戴禮記·帝繫》：「帝嚳……次妃，娵訾氏之女也，曰常儀氏，產帝摯。」《左傳·昭公十七年》：「我高祖少皞摯之立也，鳳鳥適至，故紀於鳥，為鳥師。」《釋文》：「摯，音至。」帝摯紀於鳥，為鳥師，即取名於鷙鳥。《釋文》音至，其字必當從執得聲。《文選·七命》李善注、《御覽》卷915引《左傳》皆誤作「摰」，《家語·辯物》誤同。《逸周書·嘗麥解》：「乃命少昊清司馬鳥師，以正五帝之官，故名曰質。」「質」是「摯」音轉（《逸周書》蓋訓質為正），尤足證其字當從執作「摯」。《路史》卷16：「小昊青陽氏，紀姓，名質，是為摯。」羅苹注：「『質』、『贄』同，故史傳多云『名摯』，而以為高辛之子，誤矣。《世紀》云『少皓名摯』，亦見《世本》，宜與『摯』通。即攷『挈』本作『栔』，乃契刻字，故《年代歷》云：『少昊名栔，或云名契。』」羅說「質」與「摯」通，是也，但說與「挈（栔、契）」通，則誤。考《大戴禮記·帝繫》「帝嚳十其妃，嚳之子而皆有天下，上妃有邰氏之女也，曰姜嫄氏，產后稷；次妃有娀氏之女也，曰簡狄氏，產契〔註141〕；次妃曰陳隆氏，產帝堯；次妃曰娵訾氏，產帝摯。」是簡狄氏之子名契〔註142〕，娵訾氏之子名摯，是二人耳，《年代歷》誤混，而羅

〔註140〕 《類聚》據宋刊本，明嘉靖本同，四庫本作「帝摯」。下同。

〔註141〕 一本「契」誤作「棄」，「棄」即后稷。《御覽》卷135引《世本》：「帝嚳次妃，有娀氏之女簡狄，是產契。」《毛詩譜·商頌譜》：「有娀氏之女名簡狄者，吞鳦卵而生契。」《列女傳》卷1：「契母簡狄者，有娀氏之長女也……簡狄得而含之，誤而吞之，遂生契焉。」

〔註142〕 《說文》：「偰，高辛氏之子，堯之司徒，殷之先也。」「偰」同「契」。

氏不辨。

（26）富而不驕，貴而不舒

《索隱》：舒猶慢也。《大戴禮》作「不豫」。

按：池田曰：「《大戴禮》『舒』作『豫』，樂也。」吳國泰曰：「作『豫』者本字，作『舒』者借字也。《說文》：『舒，伸也，一曰：緩也。』『豫，象之大者。』引申為大義。貴而不豫者，猶言貴而不自尊大也。」王叔岷曰：「《論語·學而篇》：『富而無驕。』《逸周書·小開解》：『貴而不傲，富而不驕。』《索隱》釋舒為慢，不慢猶不傲也。《家語·五帝德》作『能降』，不傲即能降矣。《大戴禮》『舒』作『豫』，古字通用。」王說是也，而尚探本。舒、豫，並讀作紓，寬緩、怠慢。《說文》：「紓，緩也。」又「舒，一曰緩也。」「舒」正是「紓」借字。《范雎蔡澤列傳》：「貴富而不驕怠。」「怠」字是其誼也。《管子·形勢解》：「貴而不驕，富而不奢。」又《霸言》：「貴而無禮者復賤……富而驕肆者復貧。」《家語·入官》：「貴而不驕，富而能供（恭）。」皆足互證。

（27）黃收純衣

《集解》：徐廣曰：「純，一作『紂』。」駰案：鄭玄曰：「純衣，士之祭服。」

《索隱》：純，讀曰緇。

按：純不得讀曰緇，《索隱》以讀音改誤字也。「純」一作「紂」，「紂」同「緇」，此是異文。《集韻》：「緇，《說文》：『帛黑也。』《周禮》：『七入為緇。』或作紂、純。」段玉裁、朱駿聲、徐灝、邵瑛、郭慶藩、吳國泰都說「純」是「紂」形誤〔註 143〕，是也。《玉篇殘卷》：「紂，《周禮》：『入幣[illegible]帛。鄭玄曰：『實緇字也。古作緇，以才為聲。』』「[illegible]（纯）」即「純」俗字，是「紂」形誤。今《周禮·媒氏》作「純帛」。據鄭注「古緇以才為聲」，是鄭氏所據本即作「紂」字，故云「紂，實緇字也」。王念孫曰：「純當讀黗。《說文》：『黗，黃濁黷也。』《廣雅》：『黗，黑也。』《廣韻》：『黗，黃黑色也。』《史記》云云。」〔註 144〕王說雖辯，未必當也。孫星衍曰：「《五帝本記》稱堯『黃收純衣』，純衣即黃黼黻衣，言其元質則曰純，言其畫采

〔註 143〕諸說參見《說文解字詁林》，中華書局，1988 年版，第 12674～12675 頁。

〔註 144〕王念孫說轉引自王引之《經義述聞》卷 10，江蘇古籍出版社，1985 年版，第 232 頁。

有華蟲則曰黃也。」〔註145〕池田曰：「純，不駁雜也。」其說皆非是。

（28）象鄂不懌

按：池田曰：「鄂，同『愕』。」王叔岷曰：「殿本『鄂』作『愕』。鄂、愕，古、今字。」王說非是。《孟子·萬章上》孫奭疏引作「愕」。《說文》：「遷（遷），相遇驚也。」「愕」是俗字，「鄂」是借字。

（29）夔夔唯謹

《集解》：徐廣曰：「夔夔，和敬貌。」

按：《集韻》：「夔，一曰夔夔，悚懼兒。」桂馥曰：「《方言》：『愯，悸也。』郭注：『謂悚悸也。』《集韻》：『愯與悚同，心動也。』《大禹謨》『夔夔齋慄』，即『愯愯』。」〔註146〕胡吉宣說同〔註147〕。池田曰：「《孟子》作『夔夔齋栗』，趙注云：『敬慎戰懼貌。』」吳國泰曰：「夔者，惕之借字，憂也。」桂說是也。《集韻》：「愯，愯愯，竦悸也。」《說文》：「矦，左右兩視。」又「睽，目不相聽（視）也。」〔註148〕心有所懼，故左右兩視。「矦」是「矦（睽）」的分化字，又音轉作「悸」，《方言》「愯，悸也」是聲訓字。《玉篇》：「葵，音葵，又音悸。」《廣韻》「矦」、「葵」與「悸」同音其季切，《集韻》「穎」、「睽」、「矦」、「葵」、「親」、「蹊」、「榮」與「悸」同音其季切。《文苑英華》卷356皮日休《九諷·悲遊》舊注：「愯，音悸。」《唐文粹》卷11同。

卷二《夏本紀》

（1）禹為人敏給克勤

按：王叔岷曰：「《大戴禮·五帝德》『勤』作『濟』，《家語·五帝德》『勤』作『齊』。濟、齊聲近義同。《廣雅》：『濟濟，敬也。』『齊，敬也。』勤借為謹，謹、敬義近。」克勤，《御覽》卷82引同，《金樓子·興王》亦同，佚名《靈寶五符經》卷上引作「聰濟」，《大戴》作「克濟」，《家語》作「克齊」。勤，亦作懃、懂、懭，指憂勞、操勞、勤苦於政事。《方言》

〔註145〕孫星衍《虞書五服五章今文論》，收入《平津館文稿目錄》卷上，《孫淵如詩文集》，《四部叢刊》集部初編本。

〔註146〕桂馥《說文解字義證》「悸」字條，齊魯書社，1987年版，第904頁。桂馥《札樸》卷1說同，中華書局，1992年版，第8頁。

〔註147〕胡吉宣《玉篇校釋》，上海古籍出版社，1989年版，第1644頁。

〔註148〕《易·睽》《釋文》引「聽」作「視」。

卷1:「濟，憂也。」字亦作懠，《廣雅》:「懠，愁也。」「齊」是省借字。

（2）其惠不違，其仁可親

按：違，《金樓子》同，《大戴》作「回」，《家語》作「爽」。王肅注：「爽，忒。」違、回，並讀為薆，衺也。

（3）命諸侯百姓興人徒以傅土

《集解》:《尚書》「傅」字作「敷」。馬融曰:「敷，分也。」

《索隱》:《尚書》作「敷土」。今案:《大戴禮》作「傅土」，故此紀依之。傅即付也，謂付功屬役之事。若《尚書》作「敷」，敷，分也，謂令人分布理九州之土地也。

按：吳國泰曰:「敷，正字。傅，借字也。」王叔岷曰:「《御覽》卷82引『傅』作『敷』，蓋據《書‧禹貢》改。今《大戴禮》『傅』亦作『敷』，亦據《禹貢》改。馬氏訓敷為分。分有治理義。」王氏說「分有治理義」，其義太寬泛。佚名《靈寶五符經》卷上引亦作「敷」。《書》孔傳:「禹分布治九州之土。」孔訓分布，是也，吳說亦近之。傅，讀為尃、敷。西周《燹公盨》銘文「天命禹尃土」，正作「尃」字。《說文》:「尃，布也。」又「敷，㪔也。」又「㪔，敷也。」「敷」是「㪔」俗字，與「布」一聲之轉。《小爾雅》:「敷，布也。」字亦作溥，《荀子‧成相》:「禹溥土，平天下。」楊倞註:「溥，讀為敷。」《山海經‧海內經》:「禹鯀是始布土，均定九州。」郭璞注:「布，猶敷也。《書》曰:『禹敷土，定高山大川。』」此「傅」、「敷」、「溥」訓布之確證〔註149〕。《索隱》未達通假，強分為二義，非是。

（4）卑宮室，致費於溝淢

《集解》:包氏曰:「方里為井，井間有溝，溝廣深四尺。十里為成，成間有淢，淢廣深八尺。」

按：水澤利忠曰:「成，天養、南化、楓、井『城』。」王叔岷曰:「《治要》引『淢』作『洫』，《論語‧泰伯篇》同。洫、淢，正、假字。包說本《考工記‧匠人》，今《考工記》『淢』作『洫』;《論語》包注『淢』亦作『洫』。」日本高山寺藏唐鈔本「淢」作「洫」，「成」作「城」。二「成」字，《說文》「洫」字條同，《論語》何晏《集解》引苞氏注作「城」。佚名《靈寶五符經》卷上引下句作「盡力於溝洫」，《論語‧泰伯篇》作「而

〔註149〕參見桂馥《說文解字義證》「尃」字條，齊魯書社，1987年版，第257頁。

盡力乎溝洫」,《路史》卷 22 作「而垂意溝洫」。「費」不指財物,當讀為勑(勢)。《玉篇》:「勑,勇壯也。」《集韻》:「勑,多力皃,或書作勢。」又「勈,壯也。」《說文》作「曩」,云:「曩,壯大也。」俗亦作奰,P.2011 王仁昫《刊謬補缺切韻》:「奰,壯,亦作勑。」《淮南子・墜形篇》:「食木者多力而奰。」《大戴禮記・易本命》「奰」作「拂」。《玄應音義》卷 7:「力曩:古文奰、怘、奰三形,今作勑,同。《說文》:『曩,壯大也。』謂作力怒也。《詩》云:『不醉而怒曰奰。』」《大戴》「奰」作「拂」,即本書之「費」字,正多力之義。致費,致其勇壯之力,即《論語》「盡力」之誼。

(5)既載壺口,治梁及岐

《集解》:孔安國曰:「堯所都也。先施貢賦役載於書也。」

按:佚名《靈寶五符經》卷上引作「既為壺口,斷梁及岐」。「斷」當是「料」形誤,料亦治也,理也。《書》蔡沈注:「經始治之謂之載。」載,行也,為也,治理之義。孔說「載於書」,非是。

(6)淮夷蠙珠臮魚

《索隱》:蠙,一作「玭」,並步玄反。臮,古「暨」字。臮,與也。又作「濱」,濱,畔也。

按:王叔岷曰:「《禹貢》《釋文》云:『蠙,字又作蚍。』『蠙』與『玭』同,『蚍』蓋『玭』之俗。《說文》:『玭,珠也。蠙,《夏書》玭從虫、賓。』《繫傳》引《書》『蠙』作『玭』。『蠙』、『濱』形近,又涉上文『泗濱』字而誤也。」蠙,《書・禹貢》同。《說文》:「紕,讀若《禹貢》『玭珠』。」是許氏所見《書》作「玭」字。古音賓、比相轉,「蠙」與「蚍」、「玭」是改易聲符的異體字,字亦作琕、璸。《大戴禮記・保傅》「玭珠以納其間」,《周禮・天官・冢宰》鄭玄注引《詩傳》、《御覽》卷 692 引《三禮圖》、《賈子・容經》並作「蠙珠」。音轉又作蜯、蚌。「蠙珠」即「蚌珠」也。

(7)其土青驪

《集解》:孔安國曰:「驪,色青黑也。」

按:瀧川資言曰:「《尚書》『驪』作『黎』。」王叔岷曰:「《地理志》亦作『黎』。驪、黎,正、假字。《小爾雅》:『驪,黑也。』」王說非是。本字為黧,亦作黎,黑黃色。《釋名》:「土青曰黎,似黎草色也。」瘦黑曰癗,馬黑色曰驪,鳥黃黑色曰鵹(鸝、雞),皆其分別字。

（8）道渭自鳥鼠同穴

《正義》：《山海經》云「鳥鼠同穴之山，渭水出焉」，郭璞注云：「鳥名鵌。鼠名䶂，如人家鼠而短尾。鵌似鶉而小，黃黑色。穴入地三四尺，鼠在內，鳥在外。」鵌音余。䶂，扶廢反。鶉音丁刮反，似雉也。

按：張文虎曰：「鳥鼠同穴之『䶂』，徒忽反，此作『䶂』，音扶廢反，乃別一物，張自誤憶，非今本傳寫之譌。」水澤利忠曰：「䶂，南化、梅、狩、高、殿『䶂』。」黃善夫本、元刻本、慶長本、瀧川資言《考證》本作「䶂」，殿本作「䶂」。黃善夫本上方有校注：「䶂，扶廢反，本作『䶂』。《廣韻》：『䶂，徒忽反。』」張文虎說是也，《正義》自誤作「䶂」，故讀音作「扶廢反」也〔註150〕。據《正義》引文，字則當作「䶂」。道藏本《山海經·西山經》郭璞注作：「鳥名曰鵪，鼠名曰䶂，䶂如人家鼠而短尾。鵪似燕而黃色，穿地入數尺。鼠在內，鳥在外而共處。」䶂䶂，四部叢刊影明刊本作「鼠䶂」，四庫本作「䶂䶂」，《御覽》卷40、《長安志》卷8引作「䶂䶂」。此二字當作「䶂䶂」，餘皆形訛或脫誤。《爾雅》：「鳥鼠同穴，其鳥為鵌，其鼠為䶂。」郭璞注：「䶂如人家鼠而短尾。鵌似鶉而小，黃黑色。突入地三四尺。鼠在內，鳥在外。」P.2011 王仁昫《刊謬補缺切韻》：「䶂，鼠

〔註150〕段玉裁曰：「『鼩』當作『鼣』。按《釋文》：『鼩，字或作鼣，符廢反。舍人云：『其鳴如犬也。』』《集韻》：『鼣、鼣，鼠名，其鳴如犬吠，或從發。』是丁度等所據《釋文》本作『鼣』，舍人云『其鳴如犬』，『犬』下脫一『吠』字。《廣韻》亦云『如犬吠』。《藝文類聚》卷95引《爾雅》作『鼣鼠』，音吠。犮、發聲相近，今本從犬訛。」王念孫從段說，又有申述。段、王說未必然也。朱駿聲說「鼣」從吠省聲，是也，故其字音扶廢反。黃侃指出「鼣」即「吠」後出分別字，亦是也，指鼠鳴如犬吠也。「吠」是會意字，亦音符廢反。《山海經·中山經》、《玉篇》、《廣韻》都作「鼣」字，郭璞注：「鼣音狗吠之吠。」方成珪謂《集韻》「鼩」當作「鼣」。楊寶忠曰：「故宮本《王韻·廢韻》：『鼣，鼠名。』故宮本《裴韻》同一小韻作『鼣』，此『鼣』訛作『鼩』之早見者。《篆隸萬象名義》亦誤作『鼩』。「鼣」形訛作「鼩」，因又改易聲符作「鼣」，而聲符『犮』、『發』恰又與『扶廢反』相合。「吠」俗誤作「犮」，是其比也。段玉裁說見《爾雅注疏校勘記》卷10，收入《十三經注疏校勘記》，中華書局，1980年版，第2657頁。王念孫說轉引自王引之《經義述聞》卷28，江蘇古籍出版社，1985年版，第680頁。朱駿聲《說文通訓定聲》，武漢市古籍書店，1983年版，第642頁。黃侃《字通》、《說文外編箋識》，並收入《說文箋識》，中華書局，2006年版，第111、484頁。方成珪《集韻考正》卷7，收入《續修四庫全書》第253冊，上海古籍出版社，2002年版，第295頁。楊寶忠《疑難字續考》，中華書局，2011年版，第506頁。

名鼷。」P.3694V《箋注本切韻》:「鼷，鼠名。」

（9）鴻水滔天，浩浩懷山襄陵，下民皆服於水

按：下句《益稷》作「下民昏墊」。服於水，孫星衍、吳闓生解作「伏藏於水」，牟庭解作「服習於水」，吳國泰解作「匍服於水中」，皆誤。周尚木改「皆服」作「昏殁」，尤無據。服，懼也。墊，讀作慹，音轉亦作慴、攝、攝、慴，恐懼慴服義〔註 151〕。

卷三《殷本紀》

（1）見玄鳥墮其卵

按：王叔岷曰:「《論衡・案書篇》『《殷本紀》言遇玄鳥墜卵』，遇，見也。墜，此作『墮』，義同。《列女傳》亦作『墜』。」墮，日本高山寺藏唐鈔本同；景祐本、黃善夫本、紹興本、乾道本、淳熙本、元刻本、慶長本作「憧」，《御覽》卷 83 引同，水澤利忠失校。「憧」是借字。

（2）后稷降播，農殖百穀

按:《書・呂刑》:「稷降播種，農殖嘉穀。」《墨子・尚賢中》引「降」作「隆」。王念孫曰:「農，勉也，言勉殖嘉穀也。《大戴禮・五帝德篇》曰：『使后稷播種，務勤嘉穀。』文皆本於《呂刑》。務勤，即勉殖之謂也。《廣雅》曰：『農，勉也。』」孫星衍亦訓農為勉，劉逢祿從王說〔註 152〕。「隆」是「降」借字〔註 153〕。

（3）殷道衰，諸侯或不至

按：或，各本同，獨乾道本誤作「咸」。《楚世家》:「當周夷王之時，王室微，諸侯或不朝。」文例同。

（4）於是迺使百工營求之野，得說於傅險中

《集解》：徐廣曰:「《尸子》云『傅巖在北海之洲』。」

《索隱》：舊本作「險」，亦作「巖」也。

〔註 151〕參見蕭旭《尚書解故》（二則）。

〔註 152〕王念孫說轉引自王引之《經義述聞》卷 4，江蘇古籍出版社，1985 年版，第 103～104 頁。孫星衍《尚書今古文注疏》卷 27，中華書局，1986 年版，第 525 頁。劉逢祿《尚書今古文集解》卷 27，收入《清經解續編》卷 349，上海書店，1988 年版，第 2 冊，第 392 頁。

〔註 153〕參見王念孫《墨子雜志》，收入《讀書雜志》卷 9，中國書店，1985 年版，本卷第 43～44 頁。

　　《正義》:《地理（括地）志》云:「傅險即傅說版築之處,所隱之處,窟名聖人窟。」工,官也,營,謂刻畫所夢之形象,於野外求之。《墨子》云:「傅說衣褐帶索,傭築於傅巖。」（據瀧川資言《考證》本）

　　按:張文虎曰:「險,《御覽》引作『巖』。」李笠曰:「險、巖古字通,《左傳·隱元年》『制,巖邑也』,『巖邑』即『險邑』。彼以巖為險,猶此以險為巖耳。《遊俠傳》亦云『傅說匿於傅險』。」瀧川資言略取李說,而未注明。吳國泰曰:「營者,夐之借字。《說文》:『夐,營求也。』營求者,謂迴環而求之也,蓋借為『縈』也。險者,巖之借字。《說文》:『巖,穴也。』」王叔岷曰:「古寫本『險』字旁注『巖』字,《御覽》卷83引『險』亦作『巖』。《離騷》、《潛夫論·五德志篇》、《書·說命上》及《御覽》卷83引《帝王世紀》、《帝王略論》皆作『巖』。」蔣禮鴻曰:「《說文》曰:『夐,營求也。從夏從人,在穴上。《商書》曰:「高宗夢得說,使百工夐求,得之傅巖。」』則《書》『營求』本亦作『夐求』。竊謂營即夐。夐,遠也。」李笠說實本於楊慎,楊氏云:「險,《史記·游俠傳》『傅說匿於傅險』。古巖、險二字互用,《左傳》『制,巖邑也』,是以巖為險也。《史》稱傅險,是以險為巖也。《易》『天險』或作『天巖』。」〔註154〕吳國泰、蔣禮鴻讀營為夐是也〔註155〕,「夐」之解當取蔣說,吳氏又讀為「縈」則誤。李笠、瀧川讀險為巖,是也,但無解釋。《書·說命》序「使百工營求諸野,得諸傅巖」,漢石經「巖」作「險」。《長短經·是非》引《遊俠傳》作「傅巖」。《說文》「夐」字條引《商書》後說云:「巖,穴也。」此是正解,指巖穴,即《括地志》「窟」字之誼。《賈生列傳》《索隱》引夏靖書:「猗氏六十里黃河西岸吳阪下,便得隱穴,是〔傅〕說所潛身處也。」《書鈔》卷158引白袞（襃）《魯國記》:「吳反（阪）之下,便得隱穴,傍入三里,穹隆蒙密,傅說所瓚（潛）身,武丁之所墓。」〔註156〕此尤「巖」訓穴之確證。

〔註154〕楊慎《古音附錄》,收入景印文淵閣《四庫全書》第239冊,臺灣商務印書館,1986年初版,第327頁。

〔註155〕「營」、「夐」聲轉,參見桂馥《說文解字義證》,齊魯書社,1987年版,第271頁。

〔註156〕孔廣陶謂「白袞」當作「田襃」,非是,又於「反」、「瓚」二字未能校正。《左傳·襄公四年》《釋文》、《元和姓纂》卷2注、《路史》卷27都引白襃《魯國記》。《北堂書鈔》卷158（孔廣陶校注本）,收入《續修四庫全書》第1213冊,上海古籍出版社,2002年版,第130頁。

（5）天既附命正厥德

《集解》：孔安國曰：「天以信命正其德，謂其有永有不永。」

《索隱》：附，依《尚書》音孚。

按：吳國泰曰：「附即孚之借字，孔傳『信』即釋『孚』也。」池田引恩田仲任曰：「附，託也，寄也。」曾運乾曰：「孚，讀為罰。」〔註157〕王叔岷曰：「漢石經《尚書》殘碑『附』作『付』。付、附，古、今字（段玉裁《古文尚書撰異》有說）。」《書・高宗肜日》作「孚」，《漢書・孔光傳》引《書》亦作「付」。桂馥、朱駿聲並讀孚為付〔註158〕，是也。付，授予也。

（6）材力過人，手格猛獸

《正義》：《帝王世紀》云「紂倒曳九牛，撫梁易柱」也。

按：所引《帝王世紀》，《御覽》卷83引同，《路史》卷37引「曳」作「拽」。《列子・仲尼》：「吾之力者能裂犀兕之革，曳九牛之尾。」「倒曳九牛」即「曳九牛之尾」。曳，讀作抴，俗作拽，拖也。

（7）於是使師涓（延）作新淫聲，北里之舞，靡靡之樂

按：瀧川資言曰：「《淮南子・原道訓》『耳聽朝歌北鄙靡靡之樂』，『北鄙』即『北里』。」王叔岷曰：「《列女傳》『北里』作『北鄙』。《樂書》：『紂為朝歌北鄙之音。』」《家語・辯樂解》：「殷紂好為北鄙之聲。」《說苑・脩文》略同。《後漢書・邊讓傳》《章華賦》：「設長夜之淫宴，作北里之新聲。」里，讀為俚，亦鄙也，故「北里」即「北鄙」。《樂書》又云：「北者敗也，鄙者陋也。」

（8）維王淫虐用自絕，故天棄我，不有安食

《集解》：鄭玄曰：「王暴虐於民，使不得安食。」

按：虐，《書・西伯戡黎》作「戲」。鄭氏解作「暴虐」雖誤，但可知其所據本亦是「虐」字，與《史記》合。《左傳・昭公四年》：「紂作淫虐，文王惠和。殷是以隕，周是以興。」孫星衍曰：「『戲』為『虐』者，古文也。或『謔』字省。」〔註159〕牟庭曰：「『虐』當為『謔』，此蓋真孔古文，

〔註157〕曾運乾《尚書正讀》卷3，中華書局，1964年版，第112頁。

〔註158〕桂馥《說文解字義證》，齊魯書社，1987年版，第691頁。朱駿聲《說文通訓定聲》，武漢市古籍書店，1983年版，第272頁。

〔註159〕孫星衍《尚書今古文注疏》卷8，中華書局，1986年版，第250頁。

訓戲為謔。《史記》以訓字代經字也。《釋詁》曰:「戲,謔也。」」〔註160〕虐,讀為謔,亦戲也。《說文》:「謔,戲也。《詩》曰:『善戲謔兮。』」《慧琳音義》卷24引《考聲》:「戲,謔也,悅也。」「淫戲」猶言戲樂無節度,即指上文所說的紂王「好酒淫樂,嬖於婦人……大冣樂戲於沙丘,以酒為池,縣肉為林,使男女倮相逐其閒,為長夜之飲」而言。《論衡·語增》:「傳又言:『紂懸肉以為林,令男女倮而相逐其間。』是為(謂)醉樂淫戲無節度也。」江聲謂「戲」為「慮(虐)」字之誤(吳汝綸從江說)〔註161〕,莊述祖謂戲讀為虐〔註162〕,朱駿聲謂戲叚為謔〔註163〕,楊筠如謂作「虐」義長〔註164〕,吳闓生校「戲」作「虐」〔註165〕,顧頡剛、劉起釪用鄭注謂「淫虐」意同「暴虐」〔註166〕,皆不可信。

(9)比干曰:「為人臣者,不得不以死爭。」迺強諫紂

《正義》:《括地志》云:「比干見微子去,箕子狂,乃歎曰:『主過不諫,非忠也。畏死不言,非勇也。過則諫,不用則死,忠之至也。』進諫不去者三日。」

按:爭,讀為諍,亦諫也。上文「鄂侯爭之強」同。《括地志》之文本於《韓詩外傳》卷4。《外傳》「主過」作「主暴」,「進諫」作「遂諫」;《新序·節士》「主過」亦作「主暴」,「進諫」上有作「遂」字。《正義》引脫「遂」字。

卷四《周本紀》

(1)姜原出野

按:野,《類聚》卷9、《御覽》卷68引脫誤作「里」。

(2)踐之而身動如孕者

按:動,《御覽》卷135引脫誤作「重」。

〔註160〕 牟庭《同文尚書》,齊魯書社,1981年版,第548頁。

〔註161〕 江聲《尚書集注音疏》卷4,收入《四部要籍注疏叢刊》,中華書局,1998年版,第1583頁。吳汝綸《尚書故》卷2,收入《續修四庫全書》第50冊,上海古籍出版社,2002年版,第607頁。

〔註162〕 莊述祖《尚書今古文考證》卷2,收入《續修四庫全書》第46冊,第428頁。

〔註163〕 朱駿聲《說文通訓定聲》,武漢市古籍書店,1983年版,第394頁。

〔註164〕 楊筠如《尚書覈詁》,陝西人民出版社,1959年版,第123頁。

〔註165〕 吳闓生《尚書大義》卷1,《四存月刊》第1期,1921年版,第28頁。

〔註166〕 顧頡剛、劉起釪《尚書校釋譯論》,中華書局,2005年版,第1050頁。

（3）居期而生子

《正義》：期，滿十月。（據瀧川資言《考證》本）

按：梁玉繩曰：「《詩》『誕彌厥月』，疏曰：『人十月而生，此言終月，必終人之常月〔註167〕。《周本紀》云「及朞而生子」〔註168〕，則終一年矣。馬遷之言，未可信也。』……余謂『期』宜讀如字，言及十月之期也，與《詩》『彌月』合。讀者誤為期年耳。又疏引《周紀》作『及朞』，疑此『居』字是傳寫之誤。」池田從梁說。吳國泰曰：「居者，『至』之借字。」施之勉曰：「居期，猶至期也。」王叔岷曰：「『居期』猶『如期』。《詩・生民》疏引『居』作『及』，『及』亦與『如』同義。《御覽》卷388引『居期』作『朞月』，雖非此文之舊，而『朞月』正猶《詩》之『彌月』也。」「朞」指足十月，《正義》及梁、王說是。居期，《公羊・宣公三年》徐彥疏、《御覽》卷57、84、135、360引同，《初學記》卷7、《御覽》卷68引作「期」，《類聚》卷9引作「暮」。「暮」是「朞」形誤。居，猶至也，及也。

（4）棄為兒時，屹如巨人之志

按：梁玉繩引程一枝《史詮》：「『屹』作『忔』，誤。」張文虎曰：「游、王、柯本並作『屹』，凌、毛本譌作『忔』，吳校改作『仡』。」水澤利忠曰：「仡，金陵、游、王、柯、殿『屹』，各本『仡』字作『忔』。陳仁錫云：『湖本仡作忔，誤。』按瀧本『仡』，『屹』訛。」池田引重野子潤曰：「『忔』與『仡』、『佶』通。佶，壯健之貌。」王叔岷曰：「景祐本、黃善夫本『仡』作『忔』，殿本作『屹』。《說文》：『仡，勇壯也。』屹，俗字。忔，誤字。」紹興本、乾道本、淳熙本、元刻本、慶長本作「忔」，《資治通鑑外紀》卷1、《班馬字類》卷5引同；《永樂大典》卷20425引作「汔」。是早期刊本皆作「忔」，亦「仡」借字。「如」是詞尾，猶然也。

（5）行者有資，居者有畜積

按：池田曰：「資者，『資斧』之資也。《孟子》引公劉之《詩》，且釋之曰：『故居者有積倉，行者有裹囊也。』」〔註169〕引《孟子》是也，但讀作「資斧」之資，非是。《鹽鐵論・取下》：「居者有積，行者有囊。」資，亦作貲，貲財。吳國泰讀資為齎，訓作持；韓兆琦讀資為賚（引者按：即

〔註167〕引者按：「此言」二句孔疏原文在『終一年矣』下，梁氏誤置於上。

〔註168〕引者按：《詩》疏引「子」作「棄」。

〔註169〕一本「囊」作「糧」，《永樂大典》卷6558引作「糧」。

俗『齎』字），訓作攜帶、盤纏，均非是。

（6）伯夷、叔齊在孤竹，聞西伯善養老，盍往歸之

按：梁玉繩曰：「『盍』字當衍。」瀧川資言曰：「蓋，各本作『盍』，後人依《孟子》改，今從楓、三、南本。」吳國泰曰：「盍者，『蓋』之省文。蓋，語詞也。」施之勉曰：「盍，何不也，字亦作蓋。」王叔岷曰：「『盍』非衍文。盍、蓋古通，亦無煩改字。《伯夷列傳》作『盍往歸焉』，《考證》云：『楓山本、三條本、敦煌本盍皆作蓋。』與此同例。盍，猶試也。」張家英曰：「《爾雅》：『盍，合也。』盍往歸之，即伯夷、叔齊一同往歸西伯。」《御覽》卷 83 引《尚書大傳》：「盍歸於亳，盍歸於亳，亳亦大矣。」可證作「盍」是舊本。「盍往歸之（焉）」上脫「曰」字，《伯夷列傳》亦然。《孟子·盡心上》：「伯夷辟紂，居北海之濱，聞文王作興，曰：『盍歸乎來！吾聞西伯善養老者。』」又《離婁上》同。施說是也，「盍」表示祈使語氣。

（7）孳孳無怠

按：池田曰：「孳孳，勤勉之意。」《說文》：「孜，汲汲也。《周書》曰：『孜孜無怠。』」《詩譜序》、《詩·大明》孔疏並引《泰誓》「孜孜無怠」，今《書》無此文，蓋佚文。孜、孳，正、借字。

（8）膺受大命

按：「受」原作「更」。張文虎曰：「《文選》王元長《曲水詩》注序引《周書》云『膺受大命，革殷，受天明命』，與《史》同，今本《逸周書》失此十字，而其注猶存。『更』古作『夏』，每與『受』相混。」郭嵩燾、瀧川資言從其說。水澤利忠曰：「更，蜀『受』。」李笠曰：「夏、受古字通用，張氏非也。」張說是也，「更」、「受」形誤，而非通借。「膺受大命」是金文成語，習見於《毛公鼎》、《秦公鎛》、《逨鼎》等銘文。

（9）命南宮括、史佚展九鼎保玉

《集解》：徐廣曰：「保，一作寶。」

按：梁玉繩引董斯張《吹景集》：「《周書》『括』作『伯達』，當從。《周書》『展』作『遷』，『保玉』作『三巫』。孔晁注：『三巫，地名。』按鼎遷於洛邑。三巫，未詳。」瀧川資言、池田引同，皆從董說。吳國泰曰：「展，假作陳。」施之勉曰：「《齊太公世家》『展』作『遷』。」王叔岷曰：「《類

聚》卷 12 引《帝王世紀》作『命南宮伯達、史逸遷九鼎於洛邑』。」韓兆琦曰:「展,展示。」《左傳・桓公二年》「武王克商,遷九鼎於雒邑」,《竹書紀年》卷下「十五年冬,遷九鼎於洛」,亦作「遷」字。《說文》:「展(展),轉也。」即運轉、遷移義。音轉亦作遭、趲,《廣雅》:「遭,轉也。」《玉篇》:「遭,轉也,移也。」又「趲,移也。」P.2011 王仁昫《刊謬補缺切韻》:「趲,移。」

(10) 我未定天保,何暇寐

《正義》:我雖滅殷,尚未定知天之保安我否,何暇寐而不憂乎?(據瀧川資言《考證》本)

按:瀧川資言引岡白駒曰:「定天保,保定天命也。《詩》:『天保定爾,亦孔之固。』」池田引龍洲曰:「定天保,保定天命也。《詩》云云。」吳國泰曰:「天保,猶天佑。」施之勉曰:「《文選・西征賦》:『憂天保之未定。』張銑注曰:『保,位也。』」胡紹煐校《文選》曰:「據此因悟《小雅》『天保定爾』句當讀『天保』二字連文。保,猶道。天保,即天道。《廣韻》:『寶,道也。』『保』與『寶』古字通。」陸宗達讀保為部,謂「天保」指北極星,引申指政治中樞,張家英從之,又說《詩》「天保」亦同。諸說非是,此文及《西征賦》「天保」連文,《詩》「保定」連文〔註 170〕,二文不相涉,不當引《詩》以證《史記》。保,守也。天保,天之所守,即天位也。《詩》之「保定」,猶言安定,同義複詞。暇,猶言敢也。

(11) 昭王南巡狩不返,卒於江上

《正義》:《帝王世紀》云:「昭王德衰,南征,濟於漢,船人惡之,以膠船進王,王御船至中流,膠液船解,王及祭公俱沒於水中而崩。其右辛游靡長臂且多力,游振得王,周人諱之。」

按:瀧川資言曰:「《帝王世紀》本《呂氏春秋・音初篇》。振者,振其尸也。」施之勉曰:「振,猶收也。振得王者,收得王尸也。」王叔岷曰:「《御覽》卷 85 引《帝王世紀》『振』作『拯』。《考證》『振者,振其尸也』,本孫星衍說(見畢沅《呂氏春秋新校正》)。」畢沅但稱作「孫云『振者,振其尸也』」,此孫指孫志祖,而非孫星衍,王氏失檢。梁玉繩亦說指「振

〔註170〕《韓詩外傳》卷 6:「《小雅》曰:『天保定爾,亦孔之固。』言天之所以仁義禮智保定人之甚固也。」是其確證。鄭玄箋:「保,安。天之安定女,亦甚堅固。」則亦是以「保定」為詞。

王之尸」，沈欽韓亦說「振者蓋出其尸也」〔註171〕，則瀧川亦可能是襲梁說或沈說，當然瀧川用語與孫說同，更可能是襲孫說。《永樂大典》卷8909引《帝王世紀》亦作「拯」。《文選‧蜀都賦》劉淵林注：「昔周昭王涉漢，中流而隕。其右辛游靡拯王，遂卒不復還。」亦同。沈欽韓曰：「『振』同『抍』，《方言》：『出休為抍。』」〔註172〕「抍」同「拯」。馬敍倫曰：「振借為拯。孫氏亦不明振之為拯也。」楊樹達曰：「《說文》：『振，舉救也。』『振』如字讀，義固可通。『振』在痕部，『拯』在登部，二字音不同也。」〔註173〕沈、馬說是，「振」、「抍（拯）」前後鼻音可以相通，楊說非是。施之勉說亦通。

（12）有不祭則脩意

按：意，《長短經‧七雄略》誤作「德」。「德」或作「悳」，與「意」形近。

（13）劓辟疑赦，其罰倍灑

《集解》：徐廣曰：「灑，一作蓰。五倍曰蓰。」

《索隱》：灑音戾。蓰音所解反。

按：段玉裁曰：「『灑』當讀如醴酒之釃，即倍差也。徐廣云云。玉裁按：五倍曰蓰，此本《孟子》趙注。其實《書》之『倍差』，《孟子》之『倍蓰』，《史記》之『倍灑』，三字同在支歌，古音相近，謂倍之而又不止於倍也。『差』是正字。」〔註174〕朱駿聲謂「蓰」是本字，「古或藉以紀數，如捌、玖之比」〔註175〕。黃侃曰：「蓰者莑之譌。作『差』、作『灑』、作『蓰』，皆借字也。」〔註176〕吳國泰曰：「倍者，陪之借字。灑、差、蓰，皆『卅』之借字。」灑、蓰古音同。《孟子‧滕文公上》：「或相倍蓰，或相什伯，或相千萬。」趙歧注：「蓰，五倍也。」《書‧呂刑》及本書下文有

〔註171〕 沈欽韓《春秋左氏傳補註》卷3，收入《續修四庫全書》第125冊，上海古籍出版社，2002年版，第28頁。

〔註172〕 沈欽韓《漢書疏證》卷11，收入《續修四庫全書》第266冊，第339頁。

〔註173〕 馬敍倫、楊樹達說並轉引自王利器《呂氏春秋注疏》，巴蜀書社，2002年版，第624頁。

〔註174〕 段玉裁《古文尚書撰異》卷29，收入《四部要籍注疏叢刊》，中華書局，1998年版，第2038頁。

〔註175〕 朱駿聲《說文通訓定聲》，武漢市古籍書店，1983年版，第163頁。

〔註176〕 黃侃《說文外編箋識》，收入《說文箋識》，中華書局，2006年版，第441頁。

「倍差」，此「倍灑」當不同。朱、黃說是「筵」之借或訛，備一通也。余謂其為數名，本字疑是「蒴」，或省作「析」，算籌也。

（14）共王游於涇上，密康公從

《正義》：《括地志》云：「陰密故城在涇州鶉觚縣西，東接縣城，故密國也。」

按：《括地志》「故密國」，下文「伐密須」《正義》引作「古密國」，《秦本紀》「遷陰密」《正義》引作「古密須國」。「故」當作「古」。

（15）子懿王囏立

《索隱》：囏，《系本》作「堅」。

按：梁玉繩曰：「『囏』字誤，《索隱》曰『一作堅』，是也。各處皆作『堅』。」韓兆琦從梁說。王叔岷曰：「《御覽》卷85引《帝王世紀》作『子堅代立』，《竹書紀年》、《三代世表》、《漢書・人表》『囏』亦作『堅』。」梁說誤，王氏但出異文，亦未作判斷。據《說文》，「囏」是「艱」籀文，「艱」、「堅」見母雙聲，古音喜、艮、臤聲轉。

（16）懿王之時，王室遂衰，詩人作刺

按：遂，猶漸也。

（17）夫利，百物之所生也，天地之所載也

按：《國語・周語上》同。韋昭注：「載，成也。地受天氣以成百物。」戴震曰：「古字『載』與『栽』通。栽，猶殖也……注云：『載，成也。』載之為成，緣辭生訓耳。義皆當為蕃殖。《中庸》『栽者培之』鄭康成注云：『栽，讀如文王初載之載。栽或為茲。』蓋栽、載古並音茲。」〔註177〕戴說是，載讀為滋，生長、蕃殖。《中庸》鄭注又云：「栽，猶殖也。今時人名草木之殖曰栽。」戴氏未引，亦當出之，義更明晰。載亦生也，《釋名・釋天》：「載，生物也。」韋昭注訓「成」，謂生成，其義相因。王懋竑曰：「此言百物生於利，天地亦載於利。注未然。」〔註178〕池田曰：「淇口（此字不可辨）曰：『百物賴利以生，天地賴利以載。』胤案：『載』上省『覆』

〔註177〕戴震《毛鄭詩考正》卷3，收入《戴震全書》第1冊，黃山書社，1994年版，第633～634頁。「栽或為茲」亦鄭氏注語，標點本標在引號外，則是誤作戴震語。

〔註178〕王懋竑《國語存校》，收入《讀書記疑》卷11，《續修四庫全書》第1146冊，上海古籍出版社，2002年版，第341頁。

字。」其說皆非是。

（18）是不布利而懼難乎

按：不，猶非也。

（19）匹夫專利，猶謂之盜，王而行之，其歸鮮矣

按：王念孫曰：「『歸』與『終』本同義，物之所歸即物之所終也。故《雜卦》傳曰：『歸妹，女之終也。』《周語》曰：『匹夫專利，猶謂之盜，王而行之，其歸鮮矣。』言屬王之必不能終也。（上文『王能久乎』，是其證。韋注：『謂歸附周者鮮。』失之。）」〔註179〕池田誤作王引之說，而從之。王說此文未允，瀧川資言從韋注，是也。李笠指出「其歸鮮矣」猶上文云「其與能幾何」，亦是也，「與」亦歸附、趨從義，舊說皆未得「與」字之誼，不具引。

（20）是以事行而不悖

按：韋昭注：「悖，逆也。」悖，惑亂，亦通。

（21）宣王既亡南國之師，乃料民於太原

《集解》：韋昭曰：「料，數也。」

按：今本《竹書紀年》卷下：「（宣王）四十年，料民於太原。」《鬼谷子·捭闔》：「捭之者，料其情也。」陶弘景注：「料而簡擇。」《說文》：「料，量也。」音轉亦作敹。《說文》：「敹，擇也。《周書》曰：『敹乃甲冑。』」謂簡擇而計量之。字或作繚，銀雀山漢簡《孫臏兵法·威王問》：「繚適（敵）計險。」又《篡卒》：「量適（敵）計險。」《孫子·地形》「料敵制勝。」又作撩，《慧琳音義》卷100：「敹柬：《考聲》：『敹，理也。』《通俗文》作『撩』，今時用多作『撩』。『敹』雖正體字，為涉古難用，集中從米從斤作斦（料）。」

（22）四十六年，宣王崩

《正義》：《周春秋》：「宣王會諸侯田於圃。」

按：田於圃，公序本《周語上》韋昭注引《周春秋》引同，明道本「圃」作「囿」，《御覽》卷881引韋注同；《開元占經》卷113、《永樂大典》卷2952引《周春秋》作「田於囿」，《墨子·明鬼下》引《周春秋》作「田於

〔註179〕王念孫說轉引自王引之《經義述聞》卷31，江蘇古籍出版社，1985年版，第731頁。

圃田」，《太平廣記》卷 119 引《冤魂志》作「遊圃田」，《法苑珠林》卷 84 引《墨子》作「田於甫田」。「甫田」即「圃田」。「囿」是形誤。《論衡·死偽》引《傳》作「宣王將田於囿」，黃暉亦訂「囿」作「圃」〔註 180〕。

（23）今三川實震，是陽失其所而填陰也

《集解》：韋昭曰：「為陰所鎮笮也。」

按：瀧川資言引中井積德曰：「填，滿也，塞也。」池田引履軒曰：「陽不居其所而填塞於陰位。」〔註 181〕李笠曰：「鎮、填古今字。」王叔岷曰：「《周語》『填』作『鎮』，古字通用。」「鎮」是本字，壓也。《漢書·五行志》、《說苑·辨物》亦作借字「填」。中井說誤。

（24）厲王使婦人裸而譟之

按：裸，《文選·運命論》李善注引作「躶」，《金樓子·箴戒》亦作「躶」，《漢書·五行志》作「臝」，《列女傳》卷 7 作「裸」，《御覽》卷 135 引《國語》作「倮」（今本《鄭語》作「不韡」）。「裸」是正字，或作「臝」，「躶」、「臝」、「倮」是俗字（「臝」是雙聲符字），「裸」是形誤字。

（25）幽王為燧燧大鼓

按：《列女傳》卷 7 同。施之勉曰：「《御覽》卷 338 引《吳氏春秋》曰：『周宅酆鄗，近戎人，與諸侯約，為高堡，置鼓其上，遠近相聞。戎寇至，傳鼓相告，諸侯之兵皆至，救天子。褒姒大悅，笑之。王欲褒姒之笑也，因數擊鼓，諸侯兵數至而無寇。後戎寇真至，幽王擊鼓，諸侯兵不至。幽王之身，乃死驪山之下，為天下笑。』」李人鑒曰：「下文三言『舉烽火』，未嘗及於『大鼓』，此有可疑者。《類聚》卷 80 及《御覽》卷 15 引《史記》皆云『為烽燧火鼓』〔註 182〕，文又略有不同。竊疑此《紀》『大』本作『火』，原無『燧』、『鼓』二字。」《御覽》卷 338 所引出《呂氏春秋·疑似》，「吳」是「呂」誤字。李說誤，「鼓」非衍文，《類聚》、《御覽》「火」是「大」形誤。《御覽》卷 135 引《國語》作「烽火，大鼓譟」，「譟」是衍文。

（26）有寇至則舉燧火

按：《類聚》卷 80 引「有」上有「似」字，無「則」字。

〔註 180〕黃暉《論衡校釋》，中華書局，1990 年版，第 885～886 頁。
〔註 181〕中井積德號履軒。
〔註 182〕引者按：《御覽》見卷 85。

（27）為王計者，周於秦因善之，不於秦亦言善之

《正義》：代言為王計者，周親秦，因而善之；周不親，亦言善之。

按：吳國泰曰：「兩『於』字皆借作『為』。」王叔岷曰：「因、言互文，言猶因也。」徐仁甫曰：「《戰國策》『言』有作『然』用者。亦言，亦然也。」韓兆琦曰：「於，通『與』，聯合、結黨。『言』字語辭，無義。」二「於」，讀為與，親也。言，猶云聲稱。

（28）秦破韓、魏，扑師武

《集解》：徐廣曰：「扑，一作『仆』。」

按：《永樂大典》卷 13194 引「扑」作「仆」。

（29）弓撥矢鉤

按：瀧川資言曰：「撥，弓反也。鉤，矢鋒屈也。」池田引子潤曰：「撥，撥刺也，謂反張失體。鉤，曲也。」吳國泰曰：「撥鉤，『址句』之借字。《說文》：『址，足刺址也。』引申有亂義。《荀子·正論篇》之『撥弓曲矢』正與此同意。」王叔岷曰：「《荀子·正論篇》：『羿、蠭門者，天下之善射者也，不能以撥弓曲矢中。』楊倞注：『撥弓，不正之弓。』撥借為址，《說文》：『址，足刺址也〔註 183〕，讀若撥。』引申凡不正或反皆得謂之址。鉤借為句，曲也。《考證》云云，本《西周策》鮑注。」吳、王說是也，但其說讀撥為址，清人王引之、桂馥、俞樾早已言之，惠士奇、王引之、俞樾又指出《周禮·弓人》「則弓不發」之「發」為「撥」省借〔註 184〕，王氏失檢。又吳氏解「撥」為「亂」，亦誤。鉤，《西周策》作「拘」，亦讀作句。

（30）今又將兵出塞，過兩周，倍韓，攻梁

按：池田曰：「倍，與『背』通。」韓兆琦曰：「倍，通『背』，跨越。」《西周策》「將兵」作「以秦兵」，「倍」作「踐」。《古史》卷 5「倍」作「背」。以，表示率領，與「將」同義。「倍」、「過」同義對舉，倍猶言踐履、踰越、跨過，作「背」非是。《齊策一》「倍韓、魏之地，過衛陽晉之道」，《蘇秦列傳》、《長短經·七雄略》同，「倍」、「過」亦同義對舉。《齊策一》「未嘗

〔註 183〕引者按：「刺」當作「刺」。「刺址」是疊韻詞。
〔註 184〕參見王引之《經義述聞》卷 9，江蘇古籍出版社，1985 年版，第 228 頁。桂馥《說文解字義證》，齊魯書社，1987 年版，第 145 頁。俞樾《管子平議》，收入《諸子平議》卷 1，上海書店，1988 年版，第 19 頁。惠士奇說轉引自《周禮注疏校勘記》卷 42，收入《十三經注疏校勘記》，中華書局，1980 年版，第 938 頁。

倍太山、絕清河、涉渤海也」,《蘇秦列傳》同;《魏策三》「若道河內,倍鄴、朝歌,絕漳、滏之水而以與趙兵決勝於邯鄲之郊,是受智伯之禍也」,帛書《戰國縱橫家書》、《魏世家》同;二例「倍」、「絕」同義對舉。《秦策二》「今王倍數險,行千里而攻之」,《甘茂列傳》同,「倍」字亦同義。《孫子・九地》「入人之地深,背城邑多者,為重地」,「背」當據銀雀山漢簡本作「倍」,《長短經・地形》、《後漢書・高彪傳》李賢注、《通典》卷 159 引同,《中山策》「引兵深入,多倍城邑」,尤足為確證。《春申君傳》「秦踰黽隘之塞而攻楚,不便,假道於兩周,背韓、魏攻楚」,「背」亦當據《韓策一》作「倍」,「倍」、「踰」同義對舉;《范雎列傳》「越韓、魏而伐齊綱、壽」,《蔡澤列傳》「越韓、魏而攻彊趙」,「越」字是其誼。倍,讀作踣、仆,用作動詞,引申為踐踏、跨越。《蘇秦列傳》《正義》:「言秦伐齊,背韓魏地而與齊戰。」張氏讀倍為背,非是。

（31）周王病甚矣,犯請後可而復之

《索隱》:《戰國策》「甚」作「瘉」。犯請後可而復之者,言王病愈,所圖不遂,請得在後有可之時以鼎入梁也。

《正義》:復,重也。秦既破華陽軍,今又出兵境上,是周國病秦久矣。犯前請卒戍周,諸侯皆心疑梁取周,後可更重請益卒守周乎

按:瀧川資言曰:「『甚』作『瘉』為長,言王病瘉矣,鼎不可得也,姑待可得之時。岡白駒曰:『復如「復命」之復,言報入鼎之約也。』瞿方梅曰:「復者,白也,當與《曲禮》『願有復也』、《孟子》『有復於王』之復同義,《正義》失旨。」池田、施之勉從瞿說。王駿觀曰:「犯言此時秦兵又出,則周王之病甚矣,請待病可時再言入鼎之事。」吳國泰曰:「復者,『白』之借字。可,猶止也,謂病已止也。」李人鑒曰:「犯請後可而復之者,謂俟周王病稍愈而復命於周王也。小司馬釋『復之』為『以鼎入梁』,謬妄之甚。」今本《戰國策》佚此文。甚,讀為湛,舒緩、緩解也。《方言》卷 13:「湛,安也。」《太玄・告》:「是故地坎而天嚴,月遄而日湛。」范望注:「遄,疾也。湛謂潭潭徐遲之貌也。」音轉亦作沈,《釋名》:「沈,澹也,澹然安著之言也。」復,讀《論語・學而》「言可復也」之復,猶言踐約、踐行、兌現,舊說均非是。《大戴禮記・曾子立事》:「君子行必思言之,言之必思復之;思復之,必思無悔言。亦可謂慎矣。」《左傳・僖公九年》:「吾與先君言矣,不可以貳,能欲復言而愛身乎?」《國語・晉語二》

作「吾言既往矣，豈能欲行吾言而又愛吾身乎？」此「復」訓「行」之確
證。《左傳‧哀公十六年》：「吾聞勝也好復言。」《國語‧楚語下》：「復言
而不謀身，展也。」韋昭注：「復言，言可復，不欺人也。」字亦作覆，《家
語‧王言解》：「其禮可守，其言可覆，其跡可履。」四庫本、范家相本、
寬永本、宗智本「覆」作「復」，《肇論疏》卷 2 引作「復」，《大戴禮記‧
主言》亦作「復」。二句言周王病有好轉，等以後適宜之時再兌現。吳氏訓
「可」為「止」，大誤。

（32）周令其相國之秦，以秦之輕也，還其行

《正義》：以秦輕易周相，故相國於是反歸周也。

按：杭世駿《疏證》引徐孚遠曰：「按《戰國策》作『留其行』，注：『留，
不進也。』此『還』字，恐『遲』字之誤。宋本作『還』。」梁玉繩、瀧川
資言、池田引凌稚隆《評林》說同〔註185〕。所引《策》注，是鮑彪注。下
文「公不如急見秦王」與此文相對，「還」是「遲留」、「徘徊」之義，當讀
為緩，緩慢也。或讀作般，字亦作盤、班，盤旋、徘徊不進也。凌氏得其
義，未得其字。張氏訓反歸，非是。《東周策》「急」作「遂」，「遂」是「遽」
形誤，治《策》者皆未校正。遽亦急促也、疾速也。

（33）盡獻其邑三十六，口三萬

按：三萬，《論衡‧儒增》同，《御覽》卷 85 引作「三十萬」。三十六
邑人口三萬，不合情理，疑今本脫「十」字。

卷五《秦本紀》

（1）是時蜚廉為紂石北方，還，無所報，為壇霍太山而報，得石棺

《集解》：徐廣曰：「皇甫謐云：『作石椁於北方』。」

《索隱》：「石」下無字，則不成文，意亦無所見，必是《史記》本脫。
皇甫謐尚得其說。徐雖引之，而竟不云是脫何字，專質之甚也。

按：梁玉繩曰：「考《水經注》卷 6 述此事，言『飛廉先為紂使北方』，
《御覽》卷 551 引《史記》亦曰『時飛廉為紂使北方』，『使』字甚確，當
因傳寫訛『使』為『石』，非字有脫。皇甫說不足據，因下有『石棺』而妄
言之。徐廣引之以著異同，元非以補《史》缺，而亦不知其誤也。至《御
覽》卷 40 引《史》，又言『蜚廉先為紂作石椁』，必兼採徐注以臆增改耳。

〔註185〕梁氏未引「宋本作還」四字，瀧川、池田亦未引，蓋皆轉鈔耳。

《古史》於『石』下加『棺』字，亦非。」池田、張森楷從梁說。洪頤煊曰：「《水經·汾水注》作『飛廉先為紂使北方』，『石』當是『使』字之譌。」張文虎從梁、洪說。段玉裁曰：「『石』當作『使』，聲之誤也。蜚廉使於北方，還而國滅紂死矣，故曰『無所報，乃為壇於霍太山而報』，此處句絕。下文『得石棺』是別一事，與漢滕公事略同，文理極明。而皇甫《帝王世紀》云『作石槨於北方』然則玄晏之學，博而不精。」〔註186〕宋翔鳳曰：「石，王伯申尚書讀為使。」〔註187〕洪亮吉曰：「今考文義，當是『紂』字下有脫字，不如《索隱》說也。徐廣引皇甫謐云『作石槨於北方』，蓋因下『報得石棺』句約略言之，非本脫『槨』字也。」〔註188〕沈濤曰：「下文云『還無所報，為壇霍太山而報，得石棺』，則此『為石』非為石槨也。蓋蜚廉為紂采石北方，如後世花石綱之類，士安謂『作石槨』，涉下文而誤。小司馬遂疑為脫文，非也。」〔註189〕姚範曰：「按疑『石』字本誤，皇甫謐因下『報得石棺』而為此說，又以棺為槨耳。又酈注《汾水》下『為紂使北方』。」〔註190〕瀧川資言曰：「『石』當作『使』。梁玉繩云云，洪頤煊、沈濤、姚範、張文虎說同。」郭嵩燾曰：「為石北方，當是令蜚廉求石霍太山……求石以為宮室也。」吳國泰曰：「石者祏之省文。《說文》：『祏，衣祏。』引申為推廣義，即『拓』之本字也。石北方者，言飛廉為紂開拓北方也。」辛德勇從梁氏等說，改「石」作「使」〔註191〕。瀧川說殊為疏略，張文虎只是採用梁、洪說，不得謂說同；沈濤謂「為石」是「采石」，姚範未說「石」是何字之誤，與梁說根本不同。《水經注》、《御覽》卷551引作「使」者，乃以意改之。清華簡（一）《金縢》「周公石東三年」，李學勤、褘健聰讀石為迺、踖，訓往、適，褘氏並聯繫了《史記》此文〔註192〕，是

〔註186〕段玉裁《古文尚書撰異》卷1，收入《四部要籍注疏叢刊》，中華書局，1998年版，第1809頁。

〔註187〕宋翔鳳《過庭錄》卷5，中華書局，1986年版，第90頁。所引王引之說，不見於今本王氏四種。

〔註188〕洪亮吉《史記發伏》，收入《四史發伏》，《四庫未收書輯刊》第4輯第20冊，北京出版社，1997年影印出版，第69頁。

〔註189〕沈濤《銅熨斗齋隨筆》卷3，收入《續修四庫全書》第1158冊，上海古籍出版社，2002年版，第640頁。

〔註190〕姚範《援鶉堂筆記》卷15，收入《續修四庫全書》第1148冊，上海古籍出版社，2002年版，第547頁。

〔註191〕辛德勇《史記新本校勘》，廣西師範大學出版社，2017年版，第310頁。

〔註192〕李學勤《由清華簡〈金縢〉看周初史事》，收入《初識清華簡》，中西書局，

也。蹢、適一聲之轉。字或作趈，P.2011 王仁昫《刊謬補缺切韻》：「趈，行皃。」《廣韻》：「趈，行也。」馬王堆帛書《十大經‧本伐》：「故口者，趈者〔也〕；禁者，使者也。」字或作跖，《漢書‧揚雄傳》：「秦神下讋，跖魂負沴。」王先謙曰：「『跖』與『蹢』同字。《說文》：『楚人謂跳躍曰蹢。』言秦神讋懼其靈魂跳躍遠避而負倚坻岸也。」〔註193〕字或作遮，睡虎地秦簡《日書》：「利以遮野外。」

（2）得驥、溫驪、驊騮、騄耳之駟

《集解》：徐廣曰：「溫，一作『盜』。」駰案：郭璞云：『為馬細頸。驪，黑色。」

《索隱》：溫音盜。徐廣亦作「盜」。鄒誕生本作「駣」，音陶。劉氏音義云：「盜驪，騉驪也。騉，淺黃色。」八駿既因色為名，騉驪為得之也。

按：梁玉繩曰：「『溫』字誤，徐廣云『一作盜』，是。《世家》及《穆天子傳》、《列子‧穆王篇》、《博物志》並作『盜』，乃淺青色馬。《索隱》直以溫音盜，非。鄒誕生本作『駣』，亦非。」張森楷從梁說。洪頤煊曰：「《後漢書‧東夷傳》李賢注引《史記》作『盜驪』，即徐廣本。『溫』即『盜』字之譌。」瀧川資言曰：「『溫』當從一本作『盜』，《世家》及《穆天子傳》、《列子‧穆王》、《後漢‧東夷傳》李賢注可證。」瀧川是襲梁、洪說。杭世駿《疏證》引金甡曰：「『溫』與『盜』字形相類，傳寫互異耳。以『溫』字從盜音，似未妥協。」王叔岷曰：「《穆天子傳》卷1郭璞注引此『溫驪』作『盜驪』。」《索隱》「溫音盜」，以注音正其誤字，非「溫」有「盜」音也〔註194〕。《初學記》卷29、《御覽》卷890引亦誤作「溫」。既誤作「溫」，後世因製專字「驪」。「盜」、「駣」通，亦作「桃」，梁說非是。盜謂盜色，即竊色，言顏色相雜，淺色者也。騉之言旵，指馬毛色不正，「驊」亦其音轉，與「盜」同義〔註195〕。

2013 年版，第 119 頁。禤健聰《〈史記〉釋讀札記二則》，《文獻》2014 年第 2 期，第 122～123 頁；又收入《戰國楚系簡帛用字習慣研究》，科學出版社，2017 年版，第 557～559 頁。

〔註193〕王先謙《漢書補注》，書目文獻出版社，1995 年版，第 1497 頁。

〔註194〕張維思說「借『溫』為『盜』」，非是。張維思《冰廬讀書隨錄（《荀子》簡記四則）》，《責善》半月刊，第 2 卷第 6 期，1941 年版，第 23 頁。

〔註195〕參見蕭旭《「桃華馬」名義考》，《中國文字研究》第 22 輯，2015 年 12 月出版，第 187～191 頁。

（3）徐偃王作亂

《集解》：《尸子》曰：「徐偃王有筋而無骨。」駰謂號偃由此。

按：《漢書・古今人表》作「徐隱王」。沈欽韓曰：「隱、偃聲相近。」章太炎說同〔註196〕。朱駿聲曰：「隱，叚借為偃。」〔註197〕《荀子・非相》楊倞注：「其狀偃仰而不俯，故謂之偃。」

（4）惡來革者，蜚廉子也

按：陳仁錫曰：「『惡來』二字衍文，『革』蓋蜚廉別子。」韓兆琦從其說。方苞曰：「惡來其號而革其名，或惡來其名而革其號也。」池田引子潤曰：「革，惡來之字。」《說苑・雜言》：「昔者費仲、惡來革，長鼻決耳。」本篇上文「蜚廉生惡來」，《趙世家》「蜚廉有子二人，而命其一子曰惡來」，余謂「惡來」蓋是省稱。下文言惡來革四代孫大駱生非子，《潛夫論・志氏姓》云「惡來後有非子」，是其證也。又稱作「來革」，《楚辭・惜誓》：「梅伯數諫而至醢兮，來革順志而用國。」

（5）周厲王無道，諸侯或叛之

按：張文虎曰：「《元龜》引『或』作『咸』。」李人鑒曰：「『或』乃『咸』字之誤。唐鈔本及《冊府元龜》皆作『咸』，當據訂正（《鄭世家》有『幽王以褒后故，王室治多邪，諸侯或畔之』句，『或』字亦『咸』字之誤）。」李說非是，「或」字不誤，高山寺藏唐鈔本作「𢁷」，仍是「或」字。所引《冊府元龜》，卷182誤作「咸」〔註198〕，卷237作「或」不誤。《殷本紀》、《三代世表》「殷道衰，諸侯或不至」，《楚世家》「王室微，諸侯或不朝」，文例並同，可證此文及《鄭世家》都不誤。唐鈔本「叛」作「畔」。

（6）臣不及臣友蹇叔

按：清華簡（七）《子犯子餘》簡7有人名「邗詈」，整理者曰：「邗，從邑，干聲，讀為蹇。」認為「邗詈」即「蹇叔」〔註199〕。《韓子・難二》：「蹇叔處干而干亡，處秦而秦霸。」蹇叔曾居處於干（邗）地，因稱作「干

〔註196〕 沈欽韓《漢書疏證》卷10，收入《續修四庫全書》第266冊，上海古籍出版社，2002年版，第304頁。章太炎《新方言》卷2，收入《章太炎全集（7）》，上海人民出版社，1999年版，第69頁。

〔註197〕 朱駿聲《說文通訓定聲》，武漢市古籍書店，1983年版，第785頁。

〔註198〕 《冊府元龜（校訂本）》（周勛初等校訂）失校，鳳凰出版社，2006年版，第2018頁。

〔註199〕 《清華大學藏戰國竹簡》（七），中西書局，2017年版，第96頁。

（邢）叔」，音轉則作「蹇叔」。

（7）還而馬驚

《正義》：驚音致，又敕利反。《國語》云：「晉師潰，戎馬還濘而止。」韋昭云：「濘，深泥也。」

按：瀧川資言曰：「驚，疑當作『縶』。」韓兆琦從其說。施之勉曰：「《金樓子·說蕃篇》引『驚』正作『縶』。」池田引謁文曰：「驚，馬重皃。」吳國泰曰：「《說文》：『驚，馬重皃也。』」王叔岷曰：「《說文》：『驚，馬重皃。』」（段注本改『驚』為『驚』，從馬，埶聲。）《晉世家》作『惠公馬驚不行』，《索隱》：『謂馬重而陷之於泥。』《金樓子》『驚』作『縶』，與《考證》說合。」《冊府元龜》卷 865 亦作「縶」。瀧川說非是，「驚」是本字。「驚」謂馬重陷於泥濘，從埶之字多有下義〔註 200〕。段氏改「驚」作「驚」，非是。池田、吳國泰、王叔岷引《說文》說之，是也，然明、清人已見及此。王念孫、桂馥引此文及《晉世家》用《說文》義，席世昌引此文以證《說文》，張自烈、段玉裁、王筠、朱駿聲引《晉世家》以證《說文》〔註 201〕。

（8）於是岐下食善馬者三百人馳冒晉軍，晉軍解圍，遂脫繆公，而反生得晉君

按：「反」不是副詞，同「返」。讀作：「遂脫繆公而反，生得晉君。」《類聚》卷 72、《永樂大典》卷 12043 引「反」作「返」。

（9）從而見繆公窘，亦皆推鋒爭死，以報食馬之德

按：方苞曰：「『推』當作『摧』。推鋒者乘勝之辭，時穆公見窘晉師，得雋爭死以摧其鋒也。」吳國泰曰：「推者摧（摧）之省文。」方說非是，《治要》卷 11、《文選·魏都賦》李善注、《白孔六帖》卷 23、《記纂淵海》卷 72、《事文類聚》別集卷 31、《合璧事類備要》續集卷 52 引同今本，《冊府元龜》卷 243 亦同。「推鋒」謂推己之鋒，不是摧敵之鋒。《龜策列傳》「猛將推鋒執節，獲勝於彼」，亦其例。吳說亦誤，「摧」是敲擊義，於義無取。

〔註200〕 參見蕭旭《〈說文〉「霸」、「藙」二字疏證》。
〔註201〕 張自烈《正字通》卷 12，康熙二十四年清畏堂刻本。王念孫《管子雜志》，收入《讀書雜志》卷 8，中國書店，1985 年版，本卷第 26 頁。桂馥、席世昌、段玉裁、王筠、朱駿聲說並見《說文解字詁林》，中華書局，1988 年版，第 9637～9638 頁。

（10）遂發兵，使百里傒子孟明視，蹇叔子西乞術及白乙丙將兵。行日，百里傒、蹇叔二人哭之

按：瀧川資言曰：「楓、三、南本『日』上重『行』字。」水澤利忠曰：「天養、英房、桃古、南化、楓、三、尾、中彭『將兵行，行日』。」王叔岷曰：「《御覽》卷383引『日』上亦重『行』字。『使百里傒』至『將兵行』為句，『行日』為句。」高山寺藏唐鈔本亦重「行」字。「行」字不當重。池田以「兵行日」為句，非是。

（11）戎王處辟匿，未聞中國之聲

按：王叔岷曰：「《治要》引『辟』作『僻』，《韓非子》同。僻、辟，正、假字。《外傳》、《長短經》注亦並作『僻』。」辟匿，猶言隱僻，《資治通鑑外紀》卷5作「辟陋之地」，「陋」字誤。

（12）以奪其志

《集解》：徐廣曰：「奪，一作『徇』。」

按：徇，高山寺藏唐鈔本誤作「旬」。奪，喪失也，改變也。一本作「徇」者，順也。朱駿聲曰：「奪，叚借為遂。」〔註202〕非是。

（13）殺其將景快

按：水澤利忠曰：「快，殿『缺』。」丁晏曰：「景缺，王本作『景快』，是。」丁氏底本是毛本，毛本亦作「景快」，不作「景缺」。瀧川資言曰：「《六國表》、《楚世家》『景快』並作『景缺』，上文『拔新城』《正義》引同，今本惟此文作『景快』，各本皆同，或傳寫誤。然殺景缺在昭襄七年，而此在九年，疑是錯簡，抑別有『景快』耶？」瀧川全襲張文虎說，幾一字不易。《資治通鑑》卷3作「景缺」。

卷六《秦始皇本紀》

（1）蒙驁、王齮、麃公等為將軍

《集解》：徐廣曰：「齮，一作『齕』。」

《索隱》：王齮即王齕。

按：梁玉繩曰：「徐云『一作齕』，是也。《秦紀》、《白起傳》並作『齕』，此兩書皆作『齮』，誤。《年表》既作『齕』，又作『齮』，亦誤。」瀧川資言曰：「作『齕』是也。」乃暗襲梁說。王叔岷曰：「《呂不韋列傳》『王齮』

〔註202〕朱駿聲《說文通訓定聲》，武漢市古籍書店，1983年版，第685頁。

同。齮、齕古通，說已詳《秦本紀》。」王氏校《秦本紀》曰：「齮、齕古通，《魯世家》『高齕』，《左‧昭二十六年傳》作『高齮』，與此同例。」《戰國策‧趙策一》「令公孫起、王齮以兵遇趙於長平」，亦作「王齮」。梁說誤，《魯世家》「高齕」，梁氏亦謂「乃『高齮』之誤」，瀧川資言從其說，亦非。王叔岷謂二字古通，亦不足取。「齮」、「齕」古音雖近，但語源不同，不得視作同源詞。《說文》：「齮，齧也。」《玄應音義》卷 7 引《蒼頡篇》：「齊人謂齧咋為齮。齮，側齧也。」「咋」同「齚」，即「齰」，亦齧也。又卷 13 引許慎曰：「齮，側齧也。」《高祖本紀》《索隱》：「齮，音蟻，許慎以為側齧也。」齮之言奇也，取偏側義，故齮訓側齧。《說文》：「齕，齧也。」齕、齧疊韻，齧之言折，斷也。故《禮記‧曲禮上》鄭玄注：「齕，不橫斷。」「齕」俗作「吃」，亦作「喫」，「喫」即「齧」字。「齮」、「齕」語源雖不同，但同訓齧則一也。《田儋列傳》：「則齮齕用事者墳墓矣。」《集解》引如淳曰：「齮齕，猶齚齧。」《索隱》：「齮，音蟻。齕，音紇。齮齕，側齒齚也。」此「齮齕」近義連文。「王齮」一作「王齕」，「高齕」一作「高齮」者，以近義詞易之耳。王引之則謂名齕字齮〔註203〕。

（2）九年……四月寒凍，有死者

《正義》：四月建巳之月，孟夏寒凍，民有死者，以秦法酷急，則天應之而史書之。

按：王叔岷曰：「《御覽》卷 879 引《史記》云：『四月，大寒，人凍死。』『人』蓋本作『民』。凍有死者，《五行志》、《通鑒》並作『民有凍死者』，疑存此文之舊。今本既脫『民』字，『有凍』二字又誤倒耳。」今本只是「有」上脫「民」字，「寒凍」連文未必誤。《御覽》卷 34 引《洪範五行傳》：「秦始皇九年四月寒凍，民有死者。」《史記》不必同《漢書》，《御覽》卷 879 據《漢書》改耳。

（3）秦王覺，固止，以為秦國尉

按：張文虎曰：「《御覽》引『固止』下有『之』字。」施之勉曰：「《通志》卷 4 引『固止』下有『之』字，《御覽》卷 86、《冊府元龜》卷 206 引無。」張氏所據《御覽》見卷 729，《冊府元龜》卷 860 引亦同。《冊府元龜》卷 206 誤作「因止」。

〔註203〕　參見王引之《春秋名字解詁》，收入《經義述聞》卷 22，江蘇古籍出版社，1985 年版，第 536 頁。

（4）治馳道

《集解》：應劭曰：「馳道，天子道也，道若今之中道然。」

按：《漢書・成帝紀》顏師古注引應劭曰：「馳道，天子所行道也，若今之中道。」《三輔黃圖》卷 1 引此文，又引注曰：「馳道，天子道也。」又引蔡邕曰：「馳道，天子所行道也，〔若〕今之中道然。」今本疑脫「蔡邕曰馳道天子所行也」十字，「若」上「道」字是其脫而存者。《漢書》注亦有脫文。

（5）乃遂上泰山，立石，封，祠祀

按：《書鈔》卷 91 引「石」誤作「名」，無「祀」字。

（6）昭隔內外，靡不清淨，施於後嗣

《集解》：徐廣曰：「隔，一作『融』。」

按：梁玉繩謂作「融」是。張森楷曰：「《左・昭五年》『明而未融』，杜注：『融是大明，故為朗也。』」（引者按：此孔疏，非杜注）《詩》『昭明有融』，鄭箋：『融，明之盛者。』」（引者按：此朱子注，非鄭箋）此『昭融』之誼。『昭隔』不詞，當依一作為是。」池田引下文會稽刻石「防隔內外」說之。李人鑒不從梁說，亦據下文謂「昭隔」當作「防隔」。梁、張說是，方以智亦曰：「『昭融』不當作『隔』。」〔註 204〕昭融，猶言明朗，言始皇之德光耀內外也。《國語・周語下》：「故高朗令終，顯融昭明。」「顯融昭明」四字同義連文。亦作「昭庸」，《周語中》「服物昭庸」，王引之讀庸為融〔註 205〕。

（7）普天之下，搏心揖志

《索隱》：搏，古「專」字。《左傳》云：「如琴瑟之搏壹。」揖音集。

按：方以智曰：「專一，一作『搏壹』、『嫥一』、『搏揖』。《史》『搏心揖志』，與『專一』同。注以為『輯志』，『輯』、『揖』自通，然此是專一。按《管子・內業篇》『一意搏心，耳目不淫，雖遠若近。』」〔註 206〕席世昌曰：「揖，義作『輯』，漢碑皆以『揖』為『輯』。馬融《書》傳云：『斂也。』」

〔註 204〕方以智《通雅》卷 31，收入《方以智全書》第 1 冊，上海古籍出版社，1988 年版，第 972 頁。

〔註 205〕王引之《經義述聞》卷 20，江蘇古籍出版社，1985 年版，第 482 頁。

〔註 206〕方以智《通雅》卷 6，收入《方以智全書》第 1 冊，上海古籍出版社，1988 年版，第 264 頁。

〔註207〕錢大昕曰：「『搏』當作『傅』。《說文》：『傅，壹也。』輯，古『揖』字，《書》『輯五瑞』，《史記》亦作『揖』。」瀧川資言、池田、王叔岷從錢說。吳國泰曰：「搏者，專之借字，實即傅也。揖者，輯之借字。」張森楷曰：「『揖』通作『輯』。揖，斂也，合也。此『揖志』誼同。」韓兆琦曰：「揖，合，統一。」「搏」字方、錢、吳說是，「揖」字方說是。「揖」或作「擅」，故讀為壹。《管子·五輔》「心一而意專」，《荀子·性惡》「專心一志」，《新語·懷慮》「專心一意」，《漢書·翟方進傳》「專心壹意」，並其例。

（8）方伯分職，諸治經易

《正義》：言方伯分職治，所理常在平易。

按：瀧川資言引中井積德曰：「『經』疑當作『徑』。」池田亦引其說。吳國泰曰：「經者，更之借字。言方伯分職，百凡政治，皆更易一新也。張氏之言非是。」經，讀為徑，直也，亦易也，不煩改字。《正義》「治」字屬下句（張森楷說是衍文）。

（9）以古非今者族

按：吳國泰曰：「族者，鉏之借字。」（又《高祖本紀》「種族」，吳氏讀作「誅鉏」。）王叔岷曰：「《書鈔》卷45引『以』上有『有』字，卷41引『以古』作『是古』。」《治要》卷11、《文選·移書讓太常博士》李善注、《御覽》卷86、647、《通鑒》卷7引同今本；《書鈔》卷101、《御覽》卷614引作「以古非今者族之」，《論衡·語增》作「以古非今者族滅」，皆以意增之。族，即滅族，吳說殊不可信。

（10）除道，道九原抵雲陽，塹山堙谷，直通之

按：池田曰：「道，由也。」王叔岷曰：「《說苑·反質篇》『道』作『從』，道猶從也。《書鈔》卷14引『堙』作『湮』，湮借為堙，塞也。」道、由一聲之轉，故訓從也、自也，《元和郡縣志》卷3作「向」，義亦同。下文「自殿下直抵南山」、「遂從井陘抵九原」，文例相同。除道，猶言修治道路，《說苑》作「治大馳道」。《韓子·說林下》：「知伯將伐仇由，而道難不通。乃鑄大鐘遺仇由之君，仇由之君大說，除道將內之。」

（11）博士雖七十人，特備員弗用

按：張文虎曰：「吳校宋板無『雖』字。」瀧川資言曰：「慶長本亦無。」

王叔岷曰：「北宋監本、黃善夫本並有『雖』字，《治要》引同。無『雖』字者，誤脫也。」慶長本鈔落，右側旁補「雖」字，瀧川失檢。王說是，紹興本、乾道本、淳熙本亦有「雖」字，元刻本脫「雖」字。特，鈔本《治要》卷11引誤作「將」（天明刊本不誤），鈔本《治要》誤字甚多，本文不全部出校。

（12）盡取石旁居人誅之，因燔銷其石

按：《通典》卷170引無「銷」字，餘同今本。鈔本《治要》卷11引作「盡取石旁舍誅之」（天明刊本「舍」作「居人」），《後漢書·襄楷傳》李賢注引作「盡取石傍舍〔人〕誅之，因燔其石」，《開元占經》卷76引作「盡取石旁舍人誅之，燔其石」，《御覽》卷51引作「盡誅石勞（旁）人，燔銷其石」，《事類賦注》卷7引作「盡誅石傍人，燔銷其石」，《論衡·紀妖篇》作「盡取石旁家人誅之，因燔銷其石」，S.713《春秋後語》作「盡取石傍人誅之，焚其石」。

（13）使者從關東夜過華陰平舒道

《正義》：《括地志》云：「平舒故城在華州華陰縣西北六里。《水經注》云『渭水又東經平舒北，城枕渭濱，半破淪水，南面通衢。昔秦之將亡也，江神送璧於華陰平舒道』，即其處也。」

《校勘記》：送，殿本作「返」。按：《水經注·渭水》作「返」。《後漢書·郡國志》劉昭注引孟康曰：「長安西南有鎬池，秦始皇江神反璧曰：『為吾遺鎬池君。』」（1／370）

按：「送」是「返」形訛[註208]，「送璧」則是藺相如典。《文選·西征賦》：「憶江使之反璧，告亡期於祖龍。」唐·李益《華嶽南廟》：「常聞坑儒後，此地曾返璧。」即用秦始皇此典。《御覽》卷883引「舒」誤作「野」。

（14）渡海渚

《正義》：按：舒州在江中，疑「海」字誤。

按：水澤利忠曰：「海，英房、南化、楓、梜、三、中彭、中韓『梅』。」王叔岷曰：「《御覽》卷86引『海』作『梅』，《論衡·實知》同。『海』疑『梅』之誤，或江渚舊名梅渚與？」《真誥》卷11、《南嶽總勝集》卷上、《茅

〔註208〕 參見蘇芃《南宋黃善夫本〈史記〉校勘研究》，南京師範大學2010年博士學位論文，第53頁。

山志》卷6亦作「梅」字。

（15）水波惡，乃西百二十里從狹中渡

按：王叔岷曰：「《論衡》作『從陝中度』，《通鑒》『狹』作『陿』。《說文》：『陿也。』狹、陿並俗字。」《真誥・稽神樞》作「從峽中度」。蓋謂從山峽中渡。

（16）皇帝休烈，平一宇內，德惠脩長

《索隱》：脩亦長也，重文耳。王劭按張徽所錄會稽南山《秦始皇碑文》，「脩」作「攸」。

按：《嘉泰會稽志》卷16引作「攸」，《冊府元龜》卷192、205、《雲谷雜紀》卷2作「修」。《類聚》卷58引梁元帝《伐侯景檄文》：「平一宇內。德惠攸長。」《梁書・文帝本紀》「攸」作「悠」，正用本文。脩、修、悠、攸，並一聲之轉。

（17）群臣誦功，本原事迹，追首高明

《索隱》：今檢會稽刻石文「首」字作「道」，雅符人情也。

按：梁玉繩曰：「首，有本作『守』者，非。」瀧川資言曰：「楓、三本，凌引一本『首』作『守』。」吳國泰曰：「作『首』者『道』之省文也。」王叔岷曰：「首、守並道之借字。道字古讀若守，守、首同音。王氏《雜志・餘編上》有說。」黃善夫本、乾道本、元刻本、慶長本正文作「守」，而《索隱》則作「首」。又王氏《管子雜志》亦有說〔註209〕。但王說未盡。道，讀作蹈。東漢《平輿令薛君碑》：「今也薛君追蹈厥緒，身歿言存。」

（18）行為辟方

按：瀧川資言曰：「方，讀為放。《孟子》『放辟邪侈（佟）』。」張森楷曰：「《詩》『宛然左辟』，箋：『讓而避者必左。』（引者按：此朱子說，『避』作『辟』，非鄭箋）避猶違也。方，道也。」施之勉曰：「方，放也。」韓兆琦從瀧川說，又云：「辟方，邪惡，放肆。」辟，讀為僻。《孟子》「放」非放縱、放肆義，韓說誤也。「方」之本字為「旁」，不正也。《荀子・議兵》「旁辟曲私之屬為之化而公」，正作本字。「辟方」即「旁辟」。字亦作趽，《賈子・道術》「衷理不辟謂之端，反端為趽」，「辟」、「趽」同義。

〔註209〕王念孫《管子雜志》，收入《讀書雜志》卷8，中國書店，1985年版，本卷第1頁。

（19）今上禱祠備謹

按：瀧川資言曰：「楓、三本『備』作『慎』。」水澤利忠曰：「備，南化、楓、梅、三、中彭、中韓『慎』，紹『備謹』互倒。」施之勉曰：「《說文》：『備，慎也。』」紹興本「備謹」未誤倒，水澤氏誤檢。《御覽》卷86引同，又卷881引無「備」字。宋元各本及慶長本都作「備」，是其舊本，施說是也。《逸周書・大明武》：「既踐戎野，備慎其殃。」備亦慎也。《漢書・西域傳》「今事漢甚備」，《王莽傳》「行甚敕備」，亦其例。備亦可讀為倍。

（20）葬始皇酈山……穿三泉，下銅而致椁

《集解》：徐廣曰：「銅，一作『錮』。錮，鑄塞。」

按：梁玉繩曰：「作『錮』是也，劉向說此事云『下錮三泉』。」池田、張森楷從其說。瀧川資言引胡三省曰：「治銅錮塞之也。」王叔岷曰：「《通鑑》『銅』亦作『錮』。《說苑・反質篇》云：『錮三泉之底。』」梁說是也，劉向語見《漢書・楚元王傳》劉向上疏。《通鑑》卷7胡三省作「冶銅」，瀧川引「冶」誤作「治」。《水經注・渭水》「下錮三泉，以銅為椁」，正本此文。《御覽》卷44引《三輔故事》：「始皇葬驪山，起陵高五十丈，下錮三泉。」S.713《春秋後語》作「下洞三泉」，「洞」亦「錮」誤。

（21）於是二世乃遵用趙高，申法令

按：梁玉繩引《史詮》曰：「洞本『遵』作『尊』。」張文虎曰：「《治要》引作『尊用』。」吳國泰曰：「遵者，尊之借字。」王叔岷曰：「《治要》舊本『遵』字同。尊、遵，正、假字。」鈔本《治要》卷11引作「尊」，天明刊本上方校云：「尊，舊作『遵』。」所謂舊作「遵」，指《史記》如此，非指《治要》舊本也，王說未晰。宋元各本及慶長本都作「遵」，《御覽》卷645引同；《文選・六代論》李善注引作「尊」。「遵」是正字，猶言遵循，王說俱矣。

（22）大臣鞅鞅，特以貌從臣

按：池田曰：「『鞅』與『怏』通。」吳國泰曰：「鞅者，怏之借字。《說文》：『怏，不服懟也。』」張森楷、王叔岷說同吳氏。鈔本《治要》卷11引作「怏怏」，「從」誤作「徒」。（天明刊本《治要》、《御覽》卷645引同今本）。S.713《春秋後語》亦作「怏怏」。

（23）而六公子戮死於杜

按：瀧川資言曰：「《李斯傳》云『公子十二人僇死咸陽市，十公主矺

死於杜』，與此異。」杜，天明刊本《治要》卷 11、《通典》卷 170 引同；鈔本《治要》、《大學衍義》卷 25 引作「社」。S.713《春秋後語》、《班馬字類》卷 5「砒」字條、《大學衍義》卷 6 引《李斯傳》亦作「社」。「社」字義長。如是「杜」，指杜縣。

（24）雖監門之養，不觳於此

《索隱》：謂監門之卒。養即卒也，有厮養卒。觳音學，謂盡也。又占學反。

《正義》：又苦角反。《爾雅》云：「觳，盡也。」雖監守門之人，供養亦不盡，此之疏陋也。

按：《索隱》「占學反」，其「占」字，黃善夫本、乾道本、淳熙本、元刻本、四庫本、慶長本作「古」，是也，當據校正〔註210〕。觳，《李斯傳》同，《集解》引徐廣曰：「觳音學。觳，一作轂，推也。」《索隱》：「觳音學。《爾雅》：『觳，盡也。』」言監門下人，飯猶不盡此。若徐氏云『一作轂。轂，推也』，則字宜作『較』。鄒氏音角。」《韓子·五蠹》「觳」作「虧」，S.713《春秋後語》「觳」作「穀」。《集韻》「觳，盡也」，引《史記》，則是取《索隱》說。《六書故》：「觳，猶言下也。」余有丁曰：「觳，當作斛，訓為粗。」《四庫考證》、杭世駿《疏證》並從從余說。方苞曰：「《莊子·天下篇》：『其生也勤，其死也薄，其道太觳。』注：『無潤澤也。』〔註211〕蓋粗薄之義。」王念孫曰：「《索隱》以養為卒，以觳為盡，皆非也。《正義》以養為供養，是也，而誤解觳字。觳者，薄也。《管子·地員篇》曰：『五粟之土〔註212〕，淖而不肕，剛而不觳。』尹知章曰：『觳，薄也。』故薄土謂之墝埆，『埆』與『觳』同義。《莊子·天下篇》云云，與此『觳』字同義。《韓子》作『虧』，虧與觳義亦相近。」池田從王說，章詒燕說略同王氏，張森楷亦引《管子》注為說。朱駿聲曰：「觳，叚借為羹。」〔註213〕王駿圖曰：「『養』當作奉養解。《管子·地員篇》注：『觳，薄也。』」吳國泰曰：「觳者，䀛之借字。《說文》：『䀛，角長貌。』引申為麤大不精之義。」方氏、二王說是也，瀧川資言從其說，但其說猶未盡。吳說全乖訓詁。「觳」

〔註210〕蘇芃亦有此說。

〔註211〕引者按：郭象注原文無「澤」字。

〔註212〕引者按：「土」當作「狀」。

〔註213〕朱駿聲《說文通訓定聲》，武漢市古籍書店，1983 年版，第 373 頁。下文引同。

當音苦角反，朱駿聲、顧實指出《莊子》讀為确〔註214〕，得其本字。《說文》：「确，磬石也。」字或作㲉，俗作埆。《慧琳音義》卷83引《聲類》：「㲉，磽确，薄也。」《御覽》卷80引《韓子》「虧」作「敵」，陳本《書鈔》卷143（孔本不同）、《御覽》卷849引作「厭」，蔣禮鴻指出「皆『㲉』字形近之誤」〔註215〕。《荀子·富國》：「墨子大有天下，小有一國，將蹙然衣麤食惡，憂戚而非樂，若是則瘠，瘠則不足欲，不足欲則賞不行。」楊倞注：「瘠，奉養薄也。《莊子》說墨子曰：『其生也勤，其死也薄，其道也大㲉。』郭云：『㲉，無潤也。』義與『瘠』同。㲉，苦角反。」楊注亦是也。馬敘倫校《莊子》曰：「『㲉』讀如《李斯傳》『方作㲉抵優俳之觀』之㲉。正字當為『觳』，《說文》：『觳，抵也。』此言生勤而死薄，其道相抵觸也。」〔註216〕其說非是。養，供養，此作名詞，猶言俸祿也。

（25）決河亭水，放之海

《正義》：亭，平也。又云「決亭壅之水」。

按：《正義》又說是。王筠曰：「長亭、短亭皆人亭留之所，故凡亭留皆用之，後乃作『停』以為別。」瀧川資言曰：「楓、三、南本『亭』作『停』。」王叔岷曰：「《李斯傳》無『河』字，『亭』作『淳』。停、淳並俗字，當以作『亭』為正字。」池田、李人鑒謂「河」字衍文。S.713《春秋後語》殘存「決淳」二字。亭之言定，止也，俗作停、淳、淀。《李斯傳》「放」作「致」，徐廣曰：「致，一作『放』。」「致」是「放」形訛。吳國泰曰：「亭者訂之借字。《說文》：『訂，平議也。』引申之有平義。」非是。

（26）二世夢白虎齧其左驂馬

按：齧，《文選·為袁紹檄豫州》李善注引作「嚙」，《御覽》卷530引作「囓」，皆「齧」俗字。

（27）繕津關，據險塞，修甲兵而守之

按：《御覽》卷86引同，《賈子·過秦論下》「繕」、「修」二字互易。

〔註214〕顧實《〈莊子·天下篇〉講疏》，收入《〈莊子·天下篇〉注疏四種》，華夏出版社，2009年版，第28頁。

〔註215〕蔣禮鴻《讀〈韓非子集解〉》，收入《蔣禮鴻集》卷4，浙江教育出版社，2001年版，第201頁。

〔註216〕馬敘倫《〈莊子·天下篇〉述義》，收入《〈莊子·天下篇〉注疏四種》，第254頁。

（28）鉏櫌白梃

按：梃，元刻本、慶長本作「挺」，《御覽》卷 86 引同，《賈子·過秦論下》亦同（《御覽》卷 353 引同）。《呂氏春秋·簡選》「鋤櫌白挺」，亦作「挺」。「梃」是「挺」分別字，直也，用作名詞，指大杖。

（29）安土息民

《索隱》：賈誼書「安」作「案」。

按：梁玉繩曰：「今本《新書》作『安士』，而《索隱》引『安』作『案』，則當為『案士』，猶言案兵也。『安』乃『案』之譌脫。」朱起鳳曰：「『土』即『堵』字之省。」〔註217〕王叔岷曰：「明潛庵子彙本《新書》『案士』。『安士』當為『安士』。『安士』猶『案士』也。『安』非『案』之譌脫，古通。」王說是也，明正德刊本、明刻兩京遺編本《新書》亦作「案士」。當校「土」作「士」。「士」指甲士，梁說「猶案兵」，亦是也，指秦人不當「使章邯將而東征」、「延入戰而為之開關」，但閉關拒守即可。案、偃一聲之轉，「案士」即「偃兵」之誼。《楚世家》「案兵息民」，《漢書·高祖本紀》「偃兵息民」，是其誼也。洪頤煊校《新書》云：「案《始皇本紀》作『安土息民』，然則今本作『安士』者，是後人改也。」〔註218〕非也。

（30）然所以不敢盡忠拂過者

按：瀧川資言曰：「拂，讀為佛。」池田曰：「『拂』與『弼』同，匡也。」吳國泰曰：「拂者，弼之借字。」張森楷曰：「拂，《說文》：『過擊也。』《廣韻》：『去也。』或讀作『法家拂士』之拂，音弼，亦通。」施之勉從張說。高步瀛曰：「拂，咈之通借字。《說文》曰：『咈，違也。』」〔註219〕諸說皆非是。拂，《御覽》卷 86 引同，鈔本《治要》卷 11 引作「咈」（天明刊本作「拂」）。咈、拂，並讀為弗，矯正也，《賈子》王謨本正作「弗」。《說文》：「弗，撟（矯）也。」又「怫，鬱也。」「怫」非其誼。

（31）拑口而不言

按：高步瀛曰：「『拑』、『箝』字通，《說文》：『箝，籋也。』」〔註220〕王叔岷曰：「《治要》引『拑』作『鉗』。漢魏叢書本《新書》作『箝』，並

〔註217〕朱起鳳《辭通》卷 13，上海古籍出版社，1982 年版，第 1306 頁。
〔註218〕洪頤煊《讀書叢錄》卷 15，收入《續修四庫全書》第 1157 冊，第 694 頁。
〔註219〕高步瀛《兩漢文舉要》，中華書局，1990 年版，第 22 頁。
〔註220〕高步瀛《兩漢文舉要》，中華書局，1990 年版，第 22 頁。

古字通用。子彙本《新書》作『闔』，義同，恐非此文之舊。」王氏所據《治要》乃天明刊本，鈔本引仍作「拑」（《御覽》卷 86 引同）。子書百家本《新書》亦作「箝」。

（32）以飾法設刑

按：張文虎曰：「飾法，《治要》『飭法』。」瀧川資言襲其說。吳國泰曰：「飾者，飭之借字。設者，『嚴』之字壞訛而為『設』也。」王叔岷曰：「漢魏叢書本《新書》亦作『飭』，古字通用。」瀧川所據《治要》乃天明刊本，鈔本引作「餝」，俗「飾」字。設刑，設置刑罰。吳氏改「設」作「嚴」，純是臆說。

（33）去就有序，變化有時

按：王念孫曰：「『變化有時』當從宋本作『變化應時』……《治要》引正作『變化應時』，《賈子·過秦篇》作『因時』，宋淔祐本作『應時』，與《治要》合，是古本《賈子》、《史記》皆作『應』也。」龍良棟從王說，並指出「南宋重刊本正作『應時』」；池田亦從王說。張文虎曰：「中統、游本作『應』。」王叔岷曰：「漢魏叢書本及子彙本《新書》亦作『應時』。」新版《史記》點校本第 372 頁《校勘記》：「有，景祐本、紹興本、耿本作『應』。按：《重廣會史》卷 15 引作『變化應時』。」乾道本亦作「應時」，明正德刊本、明刻兩京遺編本、子書百家本、四庫本《新書》都作「應時」，《永樂大典》卷 922 引同。本篇上文「應時動事」，亦其證。黃善夫本、慶長本、元刻本誤作「有時」。

（34）常以十倍之地，百萬之眾，叩關而攻秦

按：叩，《治要》引同，《文選》亦同；《陳涉世家》、《賈子》、《漢書》、《漢紀》卷 2、《類聚》卷 11 作「仰」。《陳涉世家》《索隱》：「『仰』字亦作『卬』，並音仰。謂秦地形高，故並仰向關門而攻秦。有作『叩』字，非也。」顏師古、梁玉繩、王念孫、段玉裁、張文虎、朱駿聲、王耕心、瀧川資言、池田、施之勉、王叔岷、方向東並謂「叩」是「卬（仰）」形誤。姚鼐《古文辭類纂》卷 1 指出當以「叩」為是，池田、高步瀛從其說，高氏又指出本字為「敂」〔註221〕，是也。

〔註221〕 高步瀛《兩漢文舉要》，中華書局，1990 年版，第 5 頁。另參見蕭旭《漢書校補》，收入《群書校補》，廣陵書社，2011 年版，第 256 頁；又《賈子校補》，收入《群書校補（續）》，花木蘭文化出版社，2014 年版，第 549

（35）然後斬華為城，因河為津

《集解》：徐廣曰：「斬，一作『踐』。」駰案：服虔曰：「斷華山為城。」

《索隱》：斬，亦作「踐」，亦出賈本論。又崔浩云：「踐，登也。」

按：《漢書》顏師古注從晉灼說：「踐，登也。」瀧川資言曰：「踐，猶據也。」池田曰：「《世家》、《文選》亦作『踐』，似優。」吳國泰曰：「按斬者踐之借字。崔浩是也，服虔非也。」施之勉曰：「《御覽》86 引『斬』作『塹』。《莊子·外物篇》《釋文》：『塹，掘也。』又《釋名》：『踐，殘也，使殘壞也。』朱駿聲曰：『假借為踐。斬、踐雙聲。』」王叔岷曰：「《陳涉世家》、《漢書》、《漢紀》、《文選》、《賈長沙集》皆作『踐』。《御覽》卷 86 引『斬』作『塹』。斬、塹並踐之借字，循也。謂依循華山以為城耳。」《類聚》卷 11、《書鈔》卷 119、《白氏六帖事類集》卷 3、《初學記》卷 5、24、《御覽》卷 320 引《過秦論》亦作「踐」。諸說唯服虔說及施之勉前說得之，高步瀛取服說〔註222〕。踐、斬，讀為塹，即上文「塹山堙谷」之塹，指掘華山而築長城〔註223〕。《趙世家》「斬常山而守之」亦同。

（36）贏糧而景從

按：瀧川資言曰：「『贏』當作『贏』，與『裹』同，包也。」吳國泰曰：「贏者，裹之借字。」施之勉曰：「『贏』不當作『贏』，《考證》非。」王叔岷曰：「漢魏叢書本《新書》、《漢紀》、《文選》『贏』並作『贏』。《文選》注：『《莊子》曰：「贏糧而趣之。」《方言》曰：「贏，擔也。」』今本《莊子·胠篋篇》『贏』作『贏』，《方言》卷 7 作『擴，儋也』。贏、贏、擴古並通用。《考證》謂『贏當作贏』，大誤。」施、王說是也，但猶未盡。《陳涉世家》作「贏」，《後漢書·黨錮列傳》李賢注引同，《漢書·陳勝傳》亦同；慶長本誤作「贏」，鈔本《治要》卷 11 引誤同（天明刊本作「贏」）。諸字並讀為籯，《說文》：「籯，笭也。」用為動詞，即為擔負之義〔註224〕。

頁。諸說並見舊文所引，朱駿聲說見《說文通訓定聲》，武漢市古籍書店，1983 年版，第 891 頁。

〔註222〕高步瀛《兩漢文舉要》，中華書局，1990 年版，第 8 頁。

〔註223〕參見蕭旭《漢書校補》，收入《群書校補》，第 256～257 頁。

〔註224〕參見朱駿聲《說文通訓定聲》，武漢市古籍書店，1983 年版，第 858～859 頁。

卷七《項羽本紀》

（1）梁父即楚將項燕，為秦將王翦所戮者也

按：戮，《史通·點煩》引作「殺」。

（2）渡浙江

《索隱》：浙音「折獄」之折。晉灼音逝，非也。蓋其流曲折，《莊子》所謂「澗河」，即其水也。澗、折聲相近也。

按：《索隱》引《莊子》「澗河」，水澤利忠曰：「金陵同，各本『澗』字作『制』。」《莊子·外物》作「制河」，《釋文》：「制，依字應作『浙』，《漢書音義》音逝。」《索隱》說是，浙之言折也。《御覽》卷65引虞喜《志林》注亦曰：「今錢塘江口折（浙）山正居江中〔註225〕，潮投山下折而曲。一云江有反濤，水勢折歸，故云浙江。」唐·盧肇《海潮賦》序：「浙者，折也，蓋取其潮出海屈折而倒流也。」《元和郡縣志》卷26：「《莊子》云『浙河』，即謂浙江，蓋取其曲折為名。」《通鑑》卷2胡三省注：「浙，折也，言水屈折於群山之間也。」

（3）徇下縣

《集解》：李奇曰：「徇，略也。」如淳曰：『徇音『撫徇』之徇。徇其人民。」

按：如淳說是。「徇」同「狥」。《說文》：「狥，行示也。」音轉亦作巡、循〔註226〕，「撫徇」即「撫巡」。

（4）欲置長，無適用，乃請陳嬰

按：適，《漢書·項籍傳》同。顏師古曰：「適，主也，音與『的』同。」瀧川資言、池田從其說。曾國藩曰：「『適』蓋願安之詞。《孟子》云『寡人願安承教』，謂心願而意安之也。《莊子》『忘足履之適也』、『忘腰帶之適也』，亦願而安之也。」〔註227〕王叔岷曰：「適，猶所也。」諸說皆非。適，恰當、適宜。

（5）與懷王都盱台

《集解》：鄭氏曰：「盱台，音煦怡。」

〔註225〕《太平寰宇記》卷93、《咸淳臨安志》卷31引「折」作「浙」。
〔註226〕參見朱駿聲《說文通訓定聲》，武漢市古籍書店，1983年版，第832頁。
〔註227〕曾國藩《求闕齋讀書錄》卷3《漢書》，收入《續修四庫全書》第1161冊，第162頁。

《正義》：盱，況於反。眙，以之反。盱眙，今楚州，臨淮水，懷王都之。

按：《集解》「鄭氏」，宋元各本及慶長本、四庫本作「鄭玄」。黃善夫本、乾道本「盱」誤作「肝」，元刻本誤作「盰」。施之勉引王鳴盛曰：「康成不注《史》、《漢》，此所引鄭注，當是鄭德《漢書》注。」〔註228〕王叔岷曰：「《御覽》卷86引『盱台』作『盱眙』，《通鑑》同，與《正義》合。」《史記・秦楚之際月表》、《漢書》作「都盱台」，《御覽》卷169、434引《漢書》「台」作「眙」。《嘉慶重修一統志》卷134：「許慎曰張目為盱，舉目為眙。城居山上，可以眺遠，故名。」錢穆說同〔註229〕。

（6）當是時，諸將皆慴服，莫敢枝梧

《集解》：如淳曰：「梧音悟。枝梧猶枝捍也。」瓚曰：「小柱為枝，邪柱為梧，今屋梧邪柱是也。」

按：王叔岷曰：「《御覽》卷87引『慴』作『慹』，字略同。梧借為牾，逆也。」讀梧為牾，前人已及之，桂馥、朱駿聲、徐灝、吳國泰、池田引子潤都作是說〔註230〕。方以智讀為捂〔註231〕，亦同源。《漢書・項籍傳》「慴」作「讋」，《御覽》卷434引「讋」作「慹」，字亦同〔註232〕。

（7）諸侯軍無不人人惴恐

按：惴恐，《漢書・項籍傳》、《通鑑》卷8同，《漢紀》卷1作「怖懼」。

（8）輕折辱秦吏卒

按：王筠、王先謙、李慈銘指出《漢書》「輕」下衍「重」字〔註233〕。折辱，侮辱。音轉亦作「折衄」，《釋名》：「辱，衄也，言折衄也。」銀雀山漢簡（二）《十陣》「或辱其閲（銳）」，整理者讀辱為衄〔註234〕。

〔註228〕引者按：王鳴盛說出《十七史商榷》卷2《史記》，《嘉定王鳴盛全集》第4冊，中華書局，2010年版，第20頁。

〔註229〕錢穆《史記地名考》卷27，商務印書館，2001年版，第1242頁。

〔註230〕桂馥、朱駿聲、徐灝說見《說文解字詁林》，中華書局，1988年版，第14257頁。

〔註231〕方以智《通雅》卷5，收入《方以智全書》第1冊，上海古籍出版社，1988年版，第224頁。

〔註232〕另參見蕭旭《〈爾雅〉「蟄，靜也」疏證》。

〔註233〕王先謙《漢書補注》，中華書局，1983年版，第914頁。李慈銘《漢書札記》卷4，收入《越縵堂讀史札記全編》，北京圖書館出版社，2003年版，第143頁。

〔註234〕《銀雀山漢墓竹簡〔貳〕》，文物出版社，2010年版，第192頁。

（9）鯫生說我曰

《集解》：徐廣曰：「鯫音士垢反，魚名。」駰案：服虔曰：「鯫音淺。鯫，小人貌也。」瓚曰：「《楚漢春秋》：『鯫，姓也。』」

按：吳承仕曰：「《漢書・張良傳》『鯫生說我』，服虔曰：『鯫，音七垢反。鯫，小人也。』師古曰：『服說是也。音才垢反。』承仕按：『淺鯫』者雙聲連語，服虔音『淺鯫』之鯫。師古注《漢書》，知服虔讀『鯫』與『淺』同紐，故擬其音而反為『七垢』。《廣韻》『鯫』有『七逾』一切，注云：『淺鯫，小人不耐事貌。』蓋即約《漢書》服虔說而引申之。今本《漢書》注作『鯫，小人也』，文有誤奪，應云『淺鯫，小人貌也』，始與裴駰所引相應。王先謙《漢書補注》謂『小人』應作『小魚』，不檢裴解，實為大謬。」黃侃亦贊同其「淺鯫」雙聲連語說〔註 235〕。水澤利忠曰：「《集解》『士』，紹、耿、凌、游『七』，彭、南、北、韓、嵯『土』。」淳熙本「士」亦作「七」。池田引子潤曰：「服虔解是也，但音淺，不若讀如本字。」王叔岷曰：「《漢書》注引服虔曰：『鯫，音七垢反。』則此不得云『音淺』。且『鯫』無淺音。當讀『音淺鯫』句，『小人貌也』句。謂音淺鯫之鯫也。《考證》斷句大誤。《廣韻》『鯫』下云：『魚名。一曰姓，後有鯫生。又淺鯫，小人。仕垢切。』（此承張以仁檢示）所謂『淺鯫，小人』，正本於服注。《漢書》注亦引臣瓚曰：『《楚漢春秋》：「鯫，姓。」』惟《留侯世家》《索隱》引臣瓚曰：『按《楚漢春秋》：「鯫生，本姓解。」』則『鯫』似非姓。」吳、王說甚確，服虔注亦可能作：「鯫音趣，淺鯫，小人貌也。」「音」下脫一「趣」字，「鯫音趣」是直音，以「淺鯫」釋「鯫」。《班馬字類》卷 3：「鯫，服虔音淺。」已誤其讀矣。《廣韻》：「鯫，七逾切，又士后切。」二讀皆是，聲紐作「七」者，涉「淺鯫」雙聲連語而變〔註 236〕。作「土」則是形譌。P.3693V《箋注本切韻》：「鯫，魚名。一曰人姓，漢有鯫生。士垢反，又士溝反。」P.2011 王仁昫《刊謬補缺切韻》同，皆誤以「鯫」為姓。段玉裁曰：「《史記》：『鯫千石。』徐廣曰：『鯫，鯫魚也。』張守節曰：『襍小魚也。』按『鯫』是小魚之名，故小人謂之鯫生。師古於《漢書》作『鯫』字，音輒，蓋未

〔註 235〕吳承仕《經籍舊音辨證》卷 4《史記裴駰集解、司馬貞索隱》，後附黃侃《經籍舊音辨證箋識》，中華書局，2008 年版，第 312、398 頁。

〔註 236〕這種「連音變讀」而改變聲紐的現象，可以參看沈兼士《聯綿詞音變略例》，收入《沈兼士學術論文集》，中華書局，1986 年版，第 285～287 頁。

然。《漢書》:『鯫生教我。』服虔曰:『鯫音淺鯫，小人皃也。』『淺鯫』漢人有此語。通作『鄹』,《釋名》:『奏者，鄹也。鄹，狹小之言也。』又『盾，約脅而鄹者曰陷虜。』『淺鯫』即『淺鄹』。俗人不曉，乃讀為『音淺』句絕矣。」〔註 237〕是段氏早已得「淺鯫」之讀矣，吳、王二氏失檢。但段氏所引「鯫千石」不當，彼「鯫」字當作「䱀」〔註 238〕。章太炎曰:「《詩·鄭風》箋:『魗，惡也。』《正義》曰:『魗、醜古今字。』音轉為『鯫』,《漢書·張良傳》『鯫生說我』，服虔曰:『鯫，音士垢反。鯫，小人也。』(『士垢』多誤作『七垢』。案師古音才垢，徐鉉音士垢，《廣韻》云『淺鯫，小人，仕垢切』，說即本服，則服音『士垢』無疑。以小為鯫，漢人常語，《釋名》:『奏，鄹也，陿小之言也。』又云:『盾，約脅而鄹者曰陷虜。』鄹、鯫一也。然言鯫生亦有猥鄙之意。）今謂才能下劣者為鯫頭魗。」〔註 239〕章氏說「七垢」音誤，蓋亦偶疏矣。黃侃曰:「『雛』之訓小者，及『鯫生』之鯫，本皆作『雛』。」〔註 240〕「鯫」當取淺小為義，小魚曰鯫，小葉曰菆〔註 241〕，小雞小鳥曰雛，狹小曰鄹，小牡豕曰豵（豯），細絺曰縐，小言曰謅，其義一也。

（10）良曰:「料大王士卒足以當項王乎？」沛公默然，曰:「固不如也，且為之柰何？」

按:《留侯世家》作:「良曰:『沛公自度能卻項羽乎？』沛公默然良久，曰:『固不能也，今為奈何？』」如，猶能也，與「足以」相應。且，猶今也。下文「今人有大功而擊之，不義也」,《漢書·高帝紀》「今」作「且」。

〔註 237〕段玉裁《說文解字注》，上海古籍出版社，1981 年版，第 579 頁。

〔註 238〕參見王念孫《史記雜志》，收入《讀書雜志》卷 3，中國書店，1985 年版，本卷第 58 頁。吳承仕《經籍舊音辨證》卷 4《史記裴駰集解、司馬貞索隱》從王說，中華書局，2008 年版，第 325 頁。

〔註 239〕章太炎《新方言》卷 2，收入《章太炎全集（7）》，上海人民出版社，1999 年版，第 42 頁。

〔註 240〕黃侃《說文段注小箋》，收入《說文箋識》，中華書局，2006 年版，第 183 頁。

〔註 241〕錢大昕《答問七》:「問:『菆，小葉』之『菆』有兩音，一為豬葉反，則字當從耴；一為阻留反，則字當從取。陸氏疑而兩存之，願聞其審。曰:《說文》有『菆』無『菆』,『菆』乃傳寫之訛。《史記》『鯫生說我』，服虔以為小人貌。『鯫』與『菆』皆從取聲，亦得有小義。《春秋傳》『蕞爾國』，杜云:『蕞，小貌。』《說文》無『蕞』，疑即此『菆』字。」收入《潛研堂文集》卷 10，《嘉定錢大昕全集（九）》，江蘇古籍出版社，1997 年版，第 152 頁。

（11）吾入關，秋豪不敢有所近，籍吏民，封府庫，而待將軍

按：近，《通鑑》卷9同，《漢書·高帝紀》作「取」。上文「今入關，財物無所取」，亦作「取」字。近，讀作引，亦取也。或讀作隱，藏匿。

（12）今者項莊拔劍舞，其意常在沛公也

按：常，讀為當。

（13）項王見秦宮室皆以燒殘破

按：李笠據《漢書》，謂「破」字後人妄增，池田從其說。此不必同於《漢書》，《文選·西征賦》李善注、《御覽》卷87引有「破」字，《通鑑》卷9同。《高祖本紀》「項羽遂西，屠燒咸陽秦宮室，所過無不殘破」，正有「破」字。

（14）漢王部五諸侯兵，凡五十六萬人，東伐楚

《集解》：徐廣曰：「部，一作『劫』。」

《索隱》：按：《漢書》見作「劫」字。

按：王念孫曰：「作『劫』者是也。《高祖紀》及《漢書·高祖紀》、《項籍傳》並作『劫』。《陸賈傳》亦曰：『漢王鞭笞天下，劫略諸侯。』隸書『劫』、『部』形相近，故『劫』誤為『部』。」劉寶楠亦謂當作「劫」〔註242〕。張玉春說全同王念孫〔註243〕，縱不知劉寶楠說，而王說極易檢得，張氏卻不提王氏說，何耶？吳國泰曰：「隸書『劫』字與『部』字形並不相近，王氏之言殆非也。蓋『部』者『迫』之借字。迫，逼迫也。劫、迫，其字雖異，其義則同，固無所謂一是一不是也。」「部」字不誤，《文選·漢高祖功臣頌》李善注引作「部」。「部」讀如字亦可，《叔孫通傳》作「漢王從五諸侯入彭城」，《通鑑》卷9作「率諸侯兵」，「部」與「率」義近，從亦率也。如必據《高祖本紀》及《漢書·高祖紀》、《項籍傳》、《陸賈傳》作「劫」說之，則「部」讀作逼。《說文》：「𧾻，讀若匐。」《山海經·海內經》郭璞注引《開筮》「剖之以吳刀」，《初學記》卷22引《歸藏》、《呂氏春秋·行論》「剖」作「副」。《漢書·揚雄傳》《解嘲》：「四分五剖，並為戰國。」宋祁曰：「剖，韋本作𩨹，《字林》：『𩨹，判也。』」「𩨹」同「副」。《楚世家》：「陸終生子六人，坼剖而產焉。」《集解》引《詩》「不

〔註242〕劉寶楠《愈愚錄》卷4，收入《叢書集成續編》第19冊，新文豐出版公司，1988年印行，第308頁。
〔註243〕張玉春《〈史記〉徐廣注研究》，《暨南學報》2002年第3期，第86頁。

坼不剖」〔註244〕，《詩·生民》「剖」作「副」。王力指出「剖」、「副」同源〔註245〕。《晏子春秋·內篇問上》「以無偪川澤」，銀雀山漢簡本「偪」作「怀」，「音」從「不」得聲。此皆其相通之證。

（15）歷陽侯范增曰：「漢易與耳，今釋弗取，後必悔之。」

按：李笠曰：「『與』古與『舉』通，拔也。」王叔岷曰：「『弗取』緊承『易與』而言。『與』讀為舉，舉猶取也……諸『與』字王念孫並訓為敵，似非勝義。」王念孫說是也，黃侃亦曰：「與，敵也。」下文周苛罵項王曰「若非漢敵也」，即作「敵」字，惟轉作名詞為異耳。

（16）與漢俱臨廣武而軍

《正義》：戴延之《西征記》云：「三皇山上有二城，東曰東廣武，西曰西廣武，各在一山頭，相去百步。汴水從廣澗中東南流，今澗無水。」

按：張文虎曰：「《續漢·郡國志》注引《西征記》作『二百步』。」《後漢書·郡國志》劉昭注、《御覽》卷69、《太平寰宇記》卷9、《玉海》卷173引並作「二百餘步」，《元和郡縣志》卷9同。張氏引脫「餘」字。

（17）於是項王乃即漢王相與臨廣武閒而語

按：何焯曰：「閒，按《類聚》當作『澗』，然以上文孟注『兩城相對』之說觀之，則如字也。」〔註246〕張文虎曰：「閒，《類聚》卷9引作『澗』。案：《正義》及《續漢志》注引《西征記》、《水經·濟水注》作『澗』，是也。今本《史記》、《漢書》並作『閒』，誤。《志疑》說同。」施之勉引吳汝綸曰：「《水經注》云『臨絕澗對語』，『閒』即古『澗』字，《類聚》逕改『閒』為『澗』，失之。」閒，《高祖本紀》、《漢書·高帝紀》、《項籍傳》、《漢紀》卷3同，《御覽》卷87、311引《史記》同，《類聚》卷19、《御覽》卷372、390引《漢書》亦同，《類聚》卷9、《御覽》卷69「澗」條引《漢書》作「澗」（《類聚》不是引本書），周壽昌指出「作『澗』為勝」〔註247〕。「閒」是「澗」省文，吳汝綸說是。「澗」即溪澗，上文《正義》引戴延之《西征記》「汴水從廣澗中東南流」，又引郭緣生《述征記》「一澗橫絕上過，

〔註244〕 此據景祐本、黃善夫本、元刻本、紹興本、淳熙本、乾道本、慶長本、四庫本「剖」作「副」。
〔註245〕 王力《同源字典》，商務印書館，1997年版，第102～103頁。
〔註246〕 何焯《義門讀書記》卷15《前漢書》，中華書局，1987年版，第242頁。
〔註247〕 周壽昌《漢書注校補》卷1，收入《叢書集成新編》第112冊，新文豐出版公司，1985年印行，第109頁。

名曰廣武」，《水經注·濟水》「夾城之間有絕澗斷山，謂之廣武澗」，是也。

（18）自剄汜水上

《集解》：鄭氏曰：「剄音經鼎反，以刀割頸為剄。」

按：新版《史記》點校本第 428 頁《校勘記》：「鄭氏，紹興本作『鄭德』。按：《索隱》屢引鄭德說。《集解》亦屢引鄭德說。景祐本作「鄭氏」，黃善夫本、乾道本、淳熙本、元刻本、四庫本、慶長本作「鄭玄」。舊本當作「鄭氏」，指「鄭德」，各本誤以為「鄭玄」耳。《文選·答蘇武書》李善注引《漢書音義》引鄭德曰：「以刀割頸為剄，姑鼎切。」《集解》「割頸」，景祐本誤作「割頭」，黃善夫本、慶長本誤作「割剄」。

（19）楚兵罷食盡，此天亡楚之時也，不如因其機而遂取之

按：瀧川資言曰：「饑，諸本作『機』，《漢書·高紀》及《漢紀》作『幾』，《漢書》注『鄭氏曰：「幾，微也。」師古曰：「幾，危也。」』周壽昌曰：『幾，猶會也。』今從古鈔本、楓、三本。《漢書》『幾』字亦當從食。」施之勉曰：「景祐本作『饑』，《御覽》卷 290 引作『飢』。」王叔岷說同施氏，又云：「當以作『飢』為正。『飢』字緊承上文『食盡』而言。《長短經》『饑』作『柬』，未知何據。」李人鑒曰：「『機』字乃『饑』字之誤，《漢書·高帝紀》及《漢紀》卷 3 作『幾』，亦誤。」黃善夫本、乾道本、元刻本、慶長本、殿本亦作「機」，《班馬異同》卷 1、《武經總要》後集卷 11 同；景祐本、紹興本、淳熙本作「饑」，《通典》卷 155 同。周壽昌說是，此字當作「機」為正，「幾」乃省借字。因其機，猶今言乘機。「機」指「兵罷」、「食盡」二端，不單指「食盡」，故不當改作「饑」。

（20）力拔山兮氣蓋世，時不利兮騅不逝

按：逝，讀作跰、趏，音轉亦作跰、趏、泄、跇、遰，跳躍也。本書《樂書》：「騁容與兮跰萬里。」《集解》引孟康曰：「跰音逝。」又引如淳曰：「跰謂超踰也。」《漢書·禮樂志》「跰」作「泄」。顏師古注：「孟音非也，泄讀與厲同，言能厲渡萬里也。」顏說「厲渡」即「厲度」，亦此義。《老子指歸·大成若缺章》：「厲度四海，周流六虛。」

（21）今日固決死，願為諸君快戰，必三勝之

按：王筠曰：「願為諸君決戰，班『君決』作『軍快』，似訛文。」張文虎曰：「快戰，凌作『決戰』，誤。」瀧川資言曰：「快戰，從毛本、慶本，《漢書》、凌本作『決戰』。」水澤利忠曰：「快，南、北、殿、凌『決』。」

池田曰：「凌本『快』作『決』，誤，《漢書》亦作『快』。」施之勉曰：「景祐本、黃善夫本作『快戰』，景祐本《漢書》亦作『快戰』。吳汝綸曰：『凌本作「決戰」，誤。《通鑒》、《通志》均作『快』。」王叔岷曰：「景祐本南宋補版亦作『快戰』，《通鑒》同（慶本即黃善夫本）。殿本作『決戰』，《漢紀》同。」蔣禮鴻曰：「『快戰』無義，當從凌本作『決戰』。《漢書‧項籍傳》『願為諸軍君快戰』，王先謙《補注》『快，南監本、閩本並作決，《漢紀》同。』是《漢書》有作『決』之本。『諸軍』當作『諸君』，王念孫說。」紹興本、淳熙本、元刻本、慶長本作「快戰」，《通志》卷95同；四庫本亦作「決戰」，《御覽》卷 308、《冊府元龜》卷 847、910、《班馬異同》卷 1 引同。作「快戰」是，猶言酣戰。《漢書‧項籍傳》作「今日固決死，願為諸軍（君）快戰，必三勝，斬將，艾旗，迺後死」，其北宋景祐本、南宋嘉定本、南宋建安本、南宋慶元本、元儒學刻本都作「快」。

（22）烏江亭長檥船待

《集解》：徐廣曰：「檥音儀。一音俄。」駰案：應劭曰：「檥，正也。」孟康曰：「檥音蟻，附也，附船著岸也。」如淳曰：「南方人謂整船向岸曰檥。」

《索隱》：檥字，服、應、孟、晉各以意解爾。鄒誕生作「漾船」，以尚反，劉氏亦有此音。

按：錢大昕曰：「『檥』當從鄒氏本作『樣』，『樣』與『漾』同。」池田從錢說。王駿觀曰：「八家解『檥』字均未當。考《說文》：『以木表物曰檥。』〔註248〕又云：『檥，幹也。』幹所以正船體，合而參之，謂以木槁攏船附岸也。《玉篇》『檥』下引《史記》作『檥舟待項羽』。《漢書‧項籍傳》亦作『檥』。《文選‧蜀都賦》『艤輕舟』劉淵林注：『南方俗謂正船迴濟處為艤。《項羽傳》曰「艤船待羽」。』釋『檥』與應、如義近，其引『檥』作『艤』，雖從木從舟小異，然即此亦足徵其作『檥』不作『樣』矣。鄒誕生本恐不可從。」吳國泰曰：「《說文》：『檥，幹也。』凡停舟必植幹於船首，故停舟為檥船，此古義也，後人因又造為『艤』字。《廣韻》：『艤，整舟向岸也。』蓋後出之俗字矣。」吳承仕曰：「《禮樂志》『靈禔禔象輿轙』，孟康曰：『轙，待也。』如淳曰：『僕人嚴駕待發之意也。』整船之字作『檥』，或又作『艤』，嚴駕之字作『轙』，並從義聲，音義大同。應劭訓正與如淳

〔註248〕引者按：《說文》無此語。《集韻》：「檥，一曰立木以表物。」

訓整同意。鄒誕生、劉伯莊本形近誤作『樣』，乃據誤為音；司馬貞從之，非也（清武英殿本作『樣』，金陵書局本作『漾』，尤非）。《說文》：『欀，榦也。』段玉裁注云：『欀船者，若今船兩頭植檣為繫也。』徐灝箋云：『繫船近岸必置杙，杙即榦也，故《史記》謂之「欀船」。』今謂字從義聲，自有整正之義，如釋為『植檣』、『置弋（杙）』以附會《說文》『欀，榦』之訓，然則嚴駕曰『轅』，將何說哉？段、徐望文生訓，蓋皆失之。」〔註249〕黃侃曰：「榦引申而訓正（《廣雅》：『榦，正也。』），則與嚴整之義會矣。段、徐說誠失之。」〔註250〕陸宗達、王寧從吳承仕說，云：「『欀船』就是作好各方面的準備，嚴整而待發……後出字作『艤』。」〔註251〕王泗原曰：「『欀船』之欀乃引申用法，謂繫船之椿，作動詞。欀船者，繫船於欀也。」〔註252〕王叔岷曰：「《一切經音義》卷51引此文，云：『欀，或作艤。』《初學記》卷9、《御覽》卷87及768引此皆作『艤』。《御覽》卷87引孟康、如淳注亦並作『艤』。《廣韻》：『艤，「欀」同。』」黃善夫本、殿本《索隱》並作『樣船』，《考證》本『漾』字，與錢說合，恐不足據。」二王氏謂鄒誕生本作「樣」不可從，是也，但王駿觀解作「以木槁攏船附岸」亦非。乾道本、元刻本、慶長本《索隱》作「樣船」，與錢氏所見本同。「樣」是「欀」形誤。《御覽》卷768引正文作「艤」，引《集解》諸說仍作「欀」。《文選·蜀都賦》劉逵注、《事類賦注》卷6、16引此文作「艤」。《漢書·項籍傳》、《通鑒》卷11作「欀船」，顏師古注引服虔曰：「欀音蟻。」又引如淳說。《文選·祭屈原文》李善注、《書鈔》卷137、《御覽》卷194、491引《漢書》作「艤船」，《御覽》卷169引作「艤舟」。《述異記》卷下：「今烏江長亭亭下有駐馬塘，即當時烏江亭長艤舟待項羽處。」《文選·蜀都賦》：「艤輕舟，娉江斐。」劉逵注引應劭曰：「艤，正也。」（其餘王駿觀已引）五臣本作「漾」，呂向注：「漾，浮行也。」呂氏據誤字而解。當取應劭、如淳說，吳承仕、黃侃說亦是也。《慧琳音義》卷81引《文字集略》、又卷

〔註249〕吳承仕《經籍舊音辨證》卷4《史記裴駰集解、司馬貞索隱》，中華書局，2008年版，第312～313頁。

〔註250〕黃侃《經籍舊音辨證箋識》，附於吳承仕《經籍舊音辨證》，中華書局，2008年版，第399頁。

〔註251〕陸宗達、王寧《「欀船待」解》，收入《古漢語詞義答問》，甘肅人民出版社，1986年版，第89頁。

〔註252〕王泗原《古語文例釋》，上海古籍出版社，1988年版，第317頁。

94引《考聲》並云：「檥，整船向岸也。」P.2011王仁昫《刊謬補缺切韻》：「檥，整舟向岸，亦作艤。」《玉篇》：「艤，整舟向岸。」《集韻》：「艤，南方人謂整舟向岸曰艤，通作檥（檥）。」《文選·江賦》：「舟子於是搦棹，涉人於是檥榜。」李善注：「應劭《漢書》注曰：『檥，止也。』王逸《楚辭》注曰：『榜，舩櫂也。』」一本「檥」作「檥」，《類聚》卷8引同。「止」是「正」形誤〔註253〕，《御覽》卷491引應劭說誤同。《廣雅》：「榜，船也。」「檥榜」即「檥船」也。《文選·祭屈原文》：「弭節羅潭，艤舟汨渚。」「艤舟」亦即「檥船」，「艤（檥）是動詞無疑。「檥」謂立木以表物，引申訓正（俗作「整」）。整船曰艤，整車曰輢〔註254〕，整容曰儀（攙），其義一也。皆「義」增旁分別字。《釋名》：「義，正也。」《墨子·天志下》：「義者，正也。」事之得其宜謂之義，亦謂之儀。《釋名》：「儀，宜也，得事宜也。」《太玄·玄圖》范望注：「儀，正也。」《廣韻》：「儀，正也。」《賈子·道術》：「鏡儀而居，無執不臧，美惡畢至，各得其當。」謂鏡正立而居。徐廣說「檥，一音俄」，孟康說「檥，附也」，皆誤。《說文》：「檥，榦也。」段玉裁曰：「《釋詁》曰：『楨、翰、儀，榦也。』許所據《爾雅》作『檥』也。人儀表曰榦，木所立表亦為榦，其義一也。《史記》『烏江亭長檥船待』。檥船者，若今小船兩頭植檑為繫也。」朱駿聲曰：「若今浙江烏篷船，頭尾俱植篙為繫，俗字作艤。」〔註255〕二氏謂本書「檥」取義於植檑，以「檥船」為名詞，誤矣。

（23）餘騎相蹂踐爭項王

按：蹂踐，《漢書·項籍傳》作「輮蹈」，《御覽》卷200引作「蹂蹈」。

（24）五年卒亡其國，身死東城，尚不覺寤而不自責，過矣

按：王筠曰：「班『矣』作『失』，似訛文。」李笠曰：「《漢書》作『不自責過失』，『失』、『矣』形近易譌，當據《漢書》正。」李慈銘、吳汝綸說同，池田從李笠、吳汝綸說。瀧川資言曰：「『而不自責過矣』六字連作一句，過亦責也，非『過誤』之過。《漢書》『矣』作『失』，《通鑑》削『過矣』二字，皆未得史公意。」王叔岷曰：「當讀『而不自責』句，『過矣』

<hr>

〔註253〕胡克家《文選考異》卷2失校，嘉慶十四年刊本，本卷第13頁。

〔註254〕《漢書·禮樂志》顏師古注引如淳曰：「輢，僕人嚴駕待發之意也。」《文選·思玄賦》劉良注：「輢，正車也。」「正車」即「整車」。

〔註255〕段玉裁、朱駿聲說並見《說文解字詁林》，中華書局，1988年版，第5955頁。

句。《漢書》『失』蓋『矣』之壞字。」李人鑒曰:「史公書中用『過失』一詞者其例頗多……傳鈔者誤『過失』為『過矣』。」二王說是,《漢紀》卷3作「尚不覺悟,以為非己之罪,豈不過哉」,足證「過」正「過誤」之過,「過矣」即「過哉」。

卷八《高祖本紀》

(1) 父曰太公

《索隱》:皇甫謐云:「名執嘉。」王符云:「太上皇名煓。」與「湍」同音。

《正義》:《春秋握成圖》云:「劉媼夢赤鳥如龍,戲己,生執嘉。」

按:張文虎曰:「煓,各本作『燸』,字書、韻書無『燸』字。《後漢書·章帝紀》注作『煓,他官反』,與『湍』音合,《新唐書·宰相世系表》同,今依改。」池田從張說。王叔岷曰:「《索隱》『名煓』,黃善夫本作『名燸』,《容齋三筆》同。既云『與湍同音』,則『燸』乃『煓』之形誤。《正義》『赤鳥』,疑『赤烏』之誤。《類聚》卷99引《帝王世紀》作『赤烏』(又見《御覽》卷920,《御覽》卷87引作『赤馬』,『馬』亦『烏』之誤)。」《索隱》所引王符說「太上皇名煓」,今《潛夫論》無。煓,黃善夫本、慶長本誤作「嬭」(黃本不作「燸」,王氏失檢),乾道本、淳熙本、元刻本誤作「燸」。作「煓」字是,張氏所改是也〔註256〕,郭嵩燾從其說。P.2011 王仁昫《刊謬補缺切韻》:「煓,他端反,漢太上皇名。」S.2071《切韻箋注》同。《漢興以來將相名臣年表》《索隱》:「名執嘉,一名瑞。」「瑞」是本字,言祥瑞,故又名「執嘉」也;漢氏火德,故又改從火旁作「煓」字。《正義》「赤鳥」,《宋書·符瑞志上》、《蘇氏演義》卷上同,《事類賦注》卷 19、《永樂大典》卷 2345 引《帝王世紀》作「赤烏」,《御覽》卷 87、《永樂大典》卷 13139 引《帝王世紀》作「赤馬」。作「赤馬」是,故云「如龍」也。《後漢紀》卷 11「車如流水馬如龍」,此自是漢人語。馬、龍皆陽物,夢之乃帝王之嘉瑞。《御覽》卷 929 引《禮含文嘉》:「龍馬金玉,帝王之瑞也。」

(2) 母曰劉媼

《正義》:《陳留風俗傳》云:「於是丹蛇在水自灑濯,入梓宮,其浴處有遺髮,謚曰昭靈夫人。」

〔註256〕「燸」字見《左傳釋文》、《集韻》,張說「字書韻書無」,則失檢。

《校勘記》：「濯」原作「躍」，據黃本、彭本、柯本改。按：《後漢書·章帝紀》李賢注引作『洒濯』，《虞延傳》李賢注引作『洗濯』。」（2／491）

按：黃善夫本、元刻本作「洒濯」，慶長本作「洒躍」。《類聚》卷96、《御覽》卷136、158、373、555、《能改齋漫錄》卷6引亦作「洒濯」，《御覽》卷934引亦作「洗濯」〔註257〕，《事類賦注》卷28、《太平廣記》卷456引作「灑濯」。校「躍」作「濯」，是也。「洒」正字，「洗」音轉字，「灑」借字。

（3）此兩家常折券棄責

《索隱》：《周禮·小司寇》云：「聽稱責以傅別。」

按：瀧川資言曰：「責，讀為債。」「責」是正字，「債」俗字。《漢書·高帝紀》顏師古曰：「以簡牘為契券，既不徵索，故折毀之，棄其所負。」《漢書》北宋景祐本、南宋嘉定本、建安本、慶元本、元儒學刻本正文都作「責」，近刻作「負」，蓋涉注文而誤〔註258〕。《文選·王命論》李善注、《御覽》卷598引《漢書》作「責」，《御覽》卷497引《漢書》作「債」（宋刊本《文選》注亦作「債」）。券，字當從刀，瀧川《考證》本不誤，宮內廳藏古鈔本、宋元各本及慶長本、四庫本、殿本皆誤從力作「券」；《漢書》南宋慶元本不誤，其餘宋元各本皆誤作「券」，宋刊本《文選》注、《御覽》497、598引誤同。常，《漢紀》卷1作「輒」。

（4）行數里，醉，因臥

按：施之勉曰：「《御覽》卷87引『因』作『困』。」王叔岷曰：「《漢書》『因』作『困』。《御覽》卷87引此作『困』。」又引王先謙《補注》：「官本『困』作『因』，《史記》同。周壽昌曰：『監本、凌稚隆本亦作「因」。據文義，始曰被酒，中曰醉，末曰醉困臥，情事明有次第，醉後行數里而困，故臥也。「困」字較「因」為勝。』」瀧川資言襲王先謙說，池田從周

〔註257〕此上亦見蘇芃《〈史記正義〉引〈陳留風俗傳〉辨誤一則》，《中國史研究》2009年第2期，第24頁；又蘇芃《點校本「二十四史」及〈清史稿〉修訂工程簡報》第33期，2009年6月30日；又蘇芃《〈史記〉校點發正》，《古籍整理研究學刊》2010年第1期，第108～109頁；又蘇芃《南宋黃善夫本〈史記〉校勘研究》，南京師範大學2010年博士學位論文，第38～39、56頁。

〔註258〕參見楊樹達《漢書窺管》，收入《楊樹達文集》之十，上海古籍出版社，1984年版，第2頁。

說。朱一新曰：「殿本、監本、《評林》本『困』皆作『因』，《史記》亦作『因』，恐誤。」〔註259〕胡樸安曰：「『因臥』與『困臥』同，未必『困』字勝也。」〔註260〕宮內廳藏古鈔本作「曰」，俗「因」字；宋元各本及慶長本亦作「因」，《論衡·紀妖》、《冊府元龜》卷21、《通志》卷5、《班馬異同》卷2同。《漢書·高帝紀》北宋景祐本、南宋慶元本作「因」，《御覽》卷497、《事類賦注》卷13引同；南宋嘉定本、南宋建安本、元儒學刻本作「困」，《帝範》序注、《玉海》卷151、《西漢會要》卷29引同。作「因」字是，因猶遂也，因事之辭。

（5）人乃以嫗為不誠，欲告之

《集解》：徐廣曰：「告，一作『苦』。」

《索隱》：《漢書》作「苦」，謂欲困苦辱之。一本或作「笞」。《說文》云：「笞，擊也。」

按：水澤利忠曰：「告，金陵同，桃古『苦』，各本『告』字作『笞』。」池田曰：「以作『苦』為正。」沈欽韓謂作「笞」非〔註261〕。胡樸安曰：「『笞』、『苦』形近而譌。當以『笞』為是，沈說非。」〔註262〕施之勉曰：「景祐本、黃善夫本、凌本作『笞』。」王叔岷曰：「《御覽》卷487引無『乃』作，『笞』作『苦』。」《御覽》卷487引作「欲以苦之」，王氏失校「以」字。宮內廳藏古鈔本作「告」；宋元各本及慶長本作「笞」，《論衡·紀妖》、《宋書·符瑞志上》、《班馬異同》卷2同；《冊府元龜》卷21、《通志》卷5、《玉海》卷151作「苦」。「告」是「苦」形訛，馬王堆帛書《戰國縱橫家書》「夫以實苦我者秦也」，《戰國策·韓策一》、《韓子·十過》「苦」作「告」，是其比。作「笞」作「苦」均通。

（6）呂后與人俱求，常得之

按：求，《御覽》卷87引誤作「來」。

〔註259〕朱一新《漢書管見》，收入《二十五史三編》第3冊，嶽麓書社，1994年版，第337頁。
〔註260〕胡樸安《〈史記〉〈漢書〉用字考證（1）》，《國學週刊》1923年第23期，第2頁。
〔註261〕沈欽韓《漢書疏證》卷1，收入《續修四庫全書》第266冊，上海古籍出版社，2002年版。第3頁。
〔註262〕胡樸安《〈史記〉〈漢書〉用字考證（1）》，《國學週刊》1923年第23期，第2頁。

（7）乃令樊噲召劉季……於是樊噲從劉季來

按：從，猶領也，率也。

（8）蕭、曹恐，踰城保劉季

《集解》：韋昭曰：「以為保障。」

按：《漢書・高帝紀》、《通鑑》卷 7 同。顏師古注：「保，安也，就高祖以自安。」胡三省注：「言投劉季以自保也。」王念孫校《漢書》曰：「韋、顏二說皆失之迂。保者，依也。」〔註263〕王說是也，池田、韓兆琦從其說。保當讀為赴，趨附、依附也。《韓子・十過》：「曹人聞之，率其親戚而保釐負羈之閭者七百餘家。」《列女傳》卷 3「保」作「赴」，此其確證。

（9）項羽為人慓悍猾賊

《索隱》：猾賊，《漢書》作「禍賊」也。

按：梁玉繩曰：「『猾』字不似羽之為人，蓋『禍』字之譌。《漢書》作『禍賊』，師古曰：『好為禍害而殘賊也。』」池田從其說，辛德勇謂梁說合理。王念孫曰：「『禍賊』當從《史記》作『猾賊』。《一切經音義》卷 1 引《三倉》曰：『猾，黠惡也。』《酷吏傳》曰『甯成猾賊任威』是也（《史記》作『滑賊』）。『猾賊』與『慓悍』義相承，『禍賊』則非其義矣。」瀧川資言、胡樸安、季洛生從王說，胡氏指出本字作「滑」〔註264〕。王叔岷曰：「王氏謂《漢書》『禍賊』當從《史記》作『猾賊』，其說甚精。《御覽》卷 492 引《漢書》（誤為《史記》）作『禍虐』，蓋不知『禍』為誤字，又改『賊』為『虐』耳。」《通鑑》卷 8、《通志》卷 5 作「猾賊」，胡三省注：「猾，狡也。賊，殘害也。」

（10）項羽嘗攻襄城，襄城無遺類

《集解》：徐廣曰：「遺，一作『噍』。噍，食也，音在妙反。」駰案：如淳曰：「類，無復有活而噍食者也。青州俗言無子遺為無噍類。」

《正義》：言項羽曾攻襄城，襄城之人，無問大小盡殺之，無復遺餘種類，皆坑之。《漢書》「噍類」，即依古義。（據瀧川資言《考證》本）

〔註263〕 王念孫《漢書雜志》，收入《讀書雜志》卷 3，中國書店，1985 年版，本卷第 69 頁。

〔註264〕 胡樸安《〈史記〉〈漢書〉用字考證（1）》，《國學週刊》1923 年第 23 期，第 2 頁。季洛生《史漢文辭異同斠釋》，弘道文化事業有限公司，1975 年印行，第 23 頁。

按：季洛生曰：「嚋，醻也。嚋類，指生存之人類也。」〔註265〕王叔
岷曰：「『嚋』非嚋食字，『嚋』與『嚋』同。《管子・樞言篇》：『十日不食
無嚋類，盡死矣。』」王說是也，季氏不通古訓。字亦作「嚋類」，《呂氏春
秋・審為》「重傷之人無嚋類矣」，章太炎、許維遹並讀嚋為嚋。字亦作儔，
音轉又作醜〔註266〕。

（11）與南陽守齮戰犨東

《索隱》：齮，音檥，許慎以為側齧也。

按：水澤利忠曰：「檥，索、金陵同，各本『檥』字作『蟻』。」《說文》：
「齮，齧也。」《玄應音義》卷13引許慎曰：「齮，側齧也。」

（12）圍宛城三帀

《索隱》：《楚漢春秋》曰「上南攻宛，匿旌旗，人銜枚，馬束舌，雞
未鳴，圍宛城三帀」也。

按：《御覽》卷357、《永樂大典》卷2807引陸賈《楚漢春秋》「舌」作
「口」。

（13）從杜南入蝕中

《集解》：李奇曰：「蝕音力，在杜南。」如淳曰：「蝕，入漢中道川
谷名。」

《索隱》：李奇音力，孟康音食。王劭按：《說文》作「鎈」，器名也。
地形似器，故名之。音力也。

按：張文虎曰：「《說文》無『鎈』字。《集韻》：『鎈銼，銅器。』《類
篇》同。中統、凌本作『鐘』，柯本『鍾』，皆誤。」宋元各本及慶長本、宮
內廳藏古鈔本並作『蝕』，《白氏六帖事類集》卷1引同，《漢書・高帝紀》、
《通鑑》卷9、《冊府元龜》卷5、《通志》亦同。沈欽韓曰：「晉司馬勳出駱
谷破趙戍壁於懸鉤……王劭云云，按此則字當從金，《說文》：『鈌，枱屬也，
從金，蟲省聲，徒冬反。』（《玉篇》：『鈌，鉏大皃。』《廣雅》：『銛鋤謂之
鑡。』曹憲音彤，蓋即『鈌』字。）司馬勳壁懸鉤者，或其地。」〔註267〕

〔註265〕季洛生《史漢文辭異同斠釋》，弘道文化事業有限公司，1975年印行，第
　　　　　23頁。

〔註266〕參見蕭旭《呂氏春秋校補》，花木蘭文化出版社，2016年版，第407～408
　　　　　頁。

〔註267〕沈欽韓《漢書疏證》卷1，收入《續修四庫全書》第266冊，上海古籍出

但「鈕」音同，而不音力。「蝕」字當不誤，李奇音力，蓋方音之變。

（14）使韓信等輯河北趙地，連燕齊

《正義》：「輯」與「集」同，謂和合也。（據瀧川資言《考證》本）

按：王叔岷曰：「《長短經・霸圖》正文及注『輯』作『集』，《御覽》卷 283 引『輯』作『平』。《漢書》師古注云云，即《正義》所本。」《漢紀》卷 2 亦作「輯」，《通鑒》卷 10「輯」上復有「安」字，《通典》卷 158 作「平」。

（15）漢王跳，獨與滕公共車出成皋玉門

《集解》：徐廣曰：「跳，音逃。」

《索隱》：如淳曰：「跳，走也。」晉灼按：《劉澤傳》：「跳驅至長安。」《通俗文》云：「超通為跳。」

按：李笠曰：「徐氏、如氏音義為得。」瀧川資言曰：「《項羽紀》『跳』作『逃』。」王叔岷曰：「《通鑒》『跳』亦作『逃』。」《漢書・高帝紀》、《項籍傳》作「跳」，師古曰：「跳，輕身而急出也。」「跳」謂疾走、驅馳，非逃跑義；「逃」是借字。引《通俗文》「超通為跳」者，張文虎指出「義本《說文》」。《說文》：「超，跳也。」此是聲訓，超、跳一聲之轉，王駿圖謂「『超通為跳』不可解，或『超越』之譌耳」，則是未達聲轉。桂馥、朱駿聲、王駿圖、吳國泰謂跳叚借為逃〔註268〕，非是。

（16）韓信已破齊，使人言曰：「齊邊楚，權輕，不為假王，恐不能安齊。」漢王欲攻之。留侯曰：「不如因而立之，使自為守。」

按：吳國泰謂「攻」非「攻伐」之攻，至確，但吳氏讀攻為鞏，訓固，解作「謂固持之不與」，則亦未得。《論衡・順鼓》：「孔子曰：『非吾徒也，小子鳴鼓攻之可也。』攻者，責也，責讓之也。」《周禮・春官・大祝》鄭玄注：「攻，以辭責之。」此文「攻」亦責怪義，《陳丞相世家》載此事作「淮陰侯破齊，自立為齊王，使使言之漢王，漢王大怒而罵」，《淮陰侯列傳》載此事作「……漢王大怒，罵曰」，「大怒而罵」即責怪義。

版社，2002 年版。第 8 頁。《說文》本作「棺屬也」，段玉裁改「棺」作「柏」，沈氏徑改。《集韻》各本引《說文》都作「棺」字。

〔註268〕桂馥《說文解字義證》「逃」字條，齊魯書社，1987 年版，第 158 頁。朱駿聲《說文通訓定聲》，武漢市古籍書店，1983 年版，第 327 頁。

（17）彭越將兵居梁地，往來苦楚兵，絕其糧食

按：王叔岷曰：「《御覽》卷75引『苦』作『弱』，『食』作『道』。」「苦」形誤作「若」，又音誤作「弱」。

（18）項羽妒賢嫉能，有功者害之，賢者疑之

按：害，讀為妎，俗作嫉，即上「妒嫉」之誼。《說文》：「妎，妒也。」疑，猜疑。

（19）田肯賀

《索隱》：肯，《漢紀》及《漢書》作「宵」，劉顯云相傳作「肯」也。

按：王先謙引王鳴盛曰：「郭忠恕《佩觿》云『《漢書》田肯』。『肯』本作『肎』，故誤為『宵』耳。」又引沈欽韓曰：「顏之推《家訓·書證篇》云：『江南本皆作「宵」字。沛國劉瑧荅梁元帝曰：「臣家藏舊本，以雌黃改宵字為肯。」吾至江北，見本為「肯」。』」王叔岷曰：「今《漢書》、《漢紀》並作『田肯』，《通鑑》同。王先謙云云（梁氏亦引《家訓》）。《長短經·霸圖篇》注作『田胥』，『胥』蓋『宵』之誤。」「胥」當是「肯」形誤，《三輔黃圖》卷1正作「肯」，可據以定其字矣。《書鈔》卷124、《後漢書·隗囂傳》李賢注、《御覽》卷352、543引《漢書》作「肯」，《文選·東都賦》、《侍宴樂遊苑送張徐州應詔》、《與陳伯之書》、《齊謳行》、《古意酬到長史溉登琅邪城》、《史述贊》、《劍閣銘》、《齊故安陸昭王碑文》、《齊竟陵文宣王行狀》李善注九引《漢書》同（宋刊六臣本《齊謳行》注引誤作「胥」），《通典》卷174、180亦同。《晉書·段灼傳》：「又田肯建一言之計，非親子弟莫可使王齊者，而受千金之賜。」正用此典，是晉唐人所見本皆作「田肯」。

（20）其以下兵於諸侯，譬猶居高屋之上建瓴水也

《集解》：如淳曰：「瓴，盛水瓶也。居高屋之上而幡瓴水，言其向下之勢易也。建音蹇。」晉灼曰：「許慎曰：『瓴，甕似瓶者。』」

按：《漢書》顏師古注引如淳說，又引蘇林曰：「瓴，讀曰鈴。」師古斷曰：「如、蘇音說皆是，建音居偃反。」沈欽韓曰：「瓴，瓴甋也。《詩》傳：『甓，令適也。』屋簷瀉水者，以板為之。如淳以為瓶，非也。」王先謙、王叔岷從沈說。許慎、如淳解「瓴」為「盛水瓶」不誤。建，讀作揵，字亦作揵、撻、搴、攓，舉也。「建瓴水」是高舉瓶水的意思，謂高舉瓶水

而傾倒，舊訓「幡（翻）」是句中的理解義，而不是「建」的字義〔註269〕。

（21）匈奴攻韓王信馬邑

《正義》：《搜神記》云：「昔秦人築城於武周塞以備胡……遂名馬邑。」《括地志》云：「朔州城，漢鴈門，即馬邑縣城也。」

按：武周塞，今本《搜神記》卷 13 同，《事類賦注》卷 21 引作「武州塞」，P.2511《諸道山河地名要略》同。《韓長孺列傳》、《匈奴列傳》亦作「武州塞」。周、州古音同。

（22）張飲三日

《集解》：張晏曰：「張，帷帳。」

《正義》：音張亮反。

按：瀧川資言曰：「祕閣本『張』作『帳』，據《正義》作『帳』為是。」吳國泰曰：「『張』即『帳』之借字也。」王叔岷曰：「《書鈔》卷 82 引作『帳飲三日以樂』。帳、張，正、假字。《御覽》卷 87 引張晏注作『張，張帷』，恐非其舊。」古鈔本正文作「帳」，注文仍作「張」。《漢書·高帝紀》亦作「張」，《類聚》卷 39、《文選·別賦》李善注引作「帳」。帳之言張也，此指張設帷帳。《說文》：「帳，張也。」《釋名》：「帳，張也，張施於牀上也。」

（23）唯陛下哀憐之

按：憐，《漢書·高帝紀》作「矜」。矜亦憐也。

（24）於是高祖嫚罵之曰：「吾以布衣提三尺劍取天下，此非天命乎？」

按：張文虎曰：「柯、凌本『提』作『持』。」瀧川資言曰：「祕閣本、楓、三本、凌引一本作『提』，各本作『持』。」王叔岷曰：「景祐本、殿本『提』字並同，黃善夫本作『持』。《文選·辯命論》注、《書鈔》卷 122、《類聚》卷 60、《初學記》卷 9、《御覽》卷 87 及 342 引皆作『提』，《漢書》、《論衡》、《漢紀》、《通鑑》皆同。」紹興本、乾道本、淳熙本作「提」，元刻本、慶長本作「持」。以，《漢書·高帝紀》、《漢紀》卷 4、《論衡·命祿》同，《類聚》卷 60 引作「從」，又卷 21 引《漢書》作「起自」。從，介詞，猶言自也。

〔註269〕 參見蕭旭《史記校札》，收入《群書校補（續）》，花木蘭文化出版社，2014年版，第 1986～1991 頁。

（25）此常怏怏

按：胡樸安曰：「《漢書》『怏』作『鞅』。『怏』正字，『鞅』借字。」〔註270〕王叔岷說同。朱駿聲早指出《漢書》「鞅」段借為「怏」〔註271〕。淳熙本、慶長本誤作「快快」。

卷九《呂太后本紀》

（1）賴大臣爭之

按：爭，《史通・點煩》引作「諍」。

（2）太后遂斷戚夫人手足，去眼，煇耳

按：張文虎曰：「煇，《御覽》卷87引作『燻』，《漢書・外戚傳》作『熏』。」郭嵩燾曰：「此當作『煇眼去耳』。」王叔岷曰：「《御覽》卷366引此『煇』同，卷87、150引『煇』並作『燻』。《漢紀》作『熏』，與《漢書》合。熏、煇，正、假字。燻，俗『熏』字。」郭說非是。去眼，《漢書・外戚傳》、《漢紀》卷5、《通鑑》卷12同，謂去其眼睛也；《漢書・五行志》作「摧其眼」，正謂敲去眼睛。《御覽》卷136引《漢書》作「燻」。日本延久五年（1073）鈔本「斷」上衍「斬」字，各本皆無。

（3）帝壯，或聞其母死，非真皇后子，迺出言曰：「后安能殺吾母而名我？我未壯，壯即為變。」

按：張文虎疑「帝壯」之「壯」字衍文，池田從其說，是也，下文帝自言「我未壯」，是其明證，張森楷亦有說。各本皆衍，《御覽》卷87引同。日鈔本「聞」上又衍「以」字。

（4）自決中野兮蒼天舉直

《集解》：徐廣曰：「舉，一作『與』。」

按：梁玉繩曰：「『舉』字徐廣作『與』，《漢書・高五王傳》同，此訛也。而《五王傳》『決』作『快』，師古以『快意自殺』解之，似『決』字義勝。」《漢書》顏師古注：「天色蒼蒼，故曰蒼天。言己之理直，冀天臨監之。」吳汝綸曰：「舉，猶與也。『直』如《楚辭》『命咎繇聽直』。」池田、施之勉從吳說。吳國泰曰：「作『與』者是也。」張森楷曰：「『與』誼為長，與猶許也。」王叔岷曰：「『舉』、『與』古字通用。『與直』猶『為正』。

〔註270〕 胡樸安《〈史記〉〈漢書〉用字考證（2）》，《國學週刊》1923年第24期，第1頁。
〔註271〕 朱駿聲《說文通訓定聲》，武漢市古籍書店，1983年版，第886頁。

《楚辭·九章·惜誦》：『非所（引者按：當作『所非』）忠而言之兮，指蒼天以為正。』『蒼天舉直』猶言『蒼天為正』耳。《離騷》『指九天以為正兮』，取義亦同。」韓兆琦曰：「舉直，猶今所謂『做主』。」楊樹達校《漢書》曰：「『快』字無義，恐是『決』字之誤。」〔註272〕楊說是，本書是其證。自決，即下「自財（裁）」之誼，師古解作「快意」，非是。舉、與，讀作譽，稱也。舉直，猶言稱譽正直。王氏所引二例《楚辭》，其「正」是「證」借字，與此無涉。

（5）于嗟不可悔兮寧蚤自財

按：《班馬字類》卷 1：「財，古裁字。《漢書·太史公傳》『不能引決自財』，與『裁』同。」錢大昕曰：「『財』與『裁』同，悔不早自引決也。《漢書·高五王傳》『財』作『賊』，小顏訓為害，義亦通。」梁玉繩曰：「《考要》云：『「財」、「裁」通，《漢書》改「自賊」，師古注：「害也。」並謬。』余謂《考要》專主《史記》，以古韻支、灰通用，故依此歌『財』字叶下句『之』、『仇』二韻也（仇音奇）。但『賊』字與上『國』、『直』兩韻亦叶，所傳異詞，不得便謂《漢書》謬。」張森楷說同梁氏。臧庸曰：「『財』韻『之』，『讐』亦協之。《漢書》『財』字改『賊』，意與上『國』、『直』韻，不知此歌每二句一韻，末三句一韻，有乖章法矣。」〔註273〕吳國泰曰：「財者，裁之借字。」瞿方梅、池田引龍洲說同吳氏。王叔岷曰：「財，疑本作『則』，與上『國』、『直』為韻。『則』乃『賊』之借字。」李慈銘校《漢書》曰：「自賊，《史記》作『自財』，是也。『財』與『裁』通。『財』、『之』、『仇』為韻。」〔註274〕日鈔本作「賊」，右旁改作「財」。臧。李說是，梁、王說非是。此歌「危」與「妃」韻，「惡」與「寤」韻，「國」與「直」韻，「財」與「之」、「仇」韻。《漢書》「賊」當據此作「財」。此歌「自決⋯⋯自財」即《司馬遷傳》「引決自財」也。顏師古曰：「『財』與『裁』同，古通用。」自決於中野，不得謂之「自賊害」也。

〔註272〕楊樹達《漢書窺管》，收入《楊樹達文集》之十，上海古籍出版社，1984年版，第 303 頁。

〔註273〕臧庸《拜經日記》卷 11，收入《續修四庫全書》第 1158 冊，上海古籍出版社，2002 年版，第 160 頁。

〔註274〕李慈銘《漢書札記》卷 4，收入《越縵堂讀史札記全編》，北京圖書館出版社，2003 年版，第 150 頁。

（6）見物如蒼犬，據高后掖，忽弗復見

《集解》：徐廣曰：「據，音戟。」

按：瀧川資言曰：「據，《漢書·五行志》作『撠』，顏師古曰：『謂拘持之也。』愚按：據，『依據』之據，不必改字。掖，讀為腋。」吳汝綸曰：「『據』字徐音戟，則『據』本是『撠』，與《漢書》同。作『據』者，誤字也。」池田、施之勉從吳說。蔣禮鴻曰：「當依《漢書》作『撠』為是。徐廣音戟，正『撠』字之音。若作『據』，則不得音戟矣。」王叔岷曰：「《漢紀》作『撠后腋』（《水經·渭水注》『據』作『戟』，疑『撠』之省，或『撠』之壞字）。《通鑒》『據』亦作『撠』。《論衡·死偽篇》作『齧其左腋』。」韓兆琦曰：「據，撞擊。」韓氏臆說，沒有根據。顏注「撠，謂拘持之也」，「拘」當作「挶」，《集韻》亦誤，顏氏音「居足反」，明是「挶」字。《漢書·揚雄傳》顏注：「撠，挶也。挶音居足反。」是其確證。「戟」非誤字，《御覽》卷369引《漢書》亦作「戟」。「撠」是「戟」增旁俗字，王說非是。據，讀作据〔註275〕，與「撠」一聲之轉，蔣說亦非。《說文》：「据，戟挶也。」又「丮，持也，象手有所丮據也。讀若戟。」又「虡，鬭相丮不解也。一曰：虎兩足舉。」据、戟、丮、據、虡聲轉相訓。《法苑珠林》卷57引《冤魂志》作「攫后腋」，「攫」字與「據」、「据」聲義亦通。

（7）嬰大怒，曰：「若為將而棄軍，呂氏今無處矣。」

《索隱》：顏師古以為言見誅滅，無處所也。

按：王叔岷曰：「《漢書》師古注又云：『處字或作類，言無種類也。』《漢紀》『處』正作『類』。」處，讀為據，依據、憑持、依靠。

（8）乃顧麾左右執戟者掊兵罷去

《集解》：徐廣曰：「掊音仆。」

按：王叔岷曰：「《漢書·周勃傳》『掊』作『仆』，師古注：『仆，頓也。』本《說文》。」韓兆琦曰：「掊，通『踣』，放下。」韓說本於《康熙字典》。「踣」、「仆」音義均同，是倒覆義，無放下義。《通鑒》卷13胡三省注：「掊，《類篇》曰：『頓也。』」《史記·三代世表》：「抱之山中，山者養之。」《吳越春秋·吳太伯傳》「抱」作「棄」。「掊」、「仆」是「抱」音轉，俗作「拋」。

<hr>

〔註275〕 參見洪頤煊《讀書叢錄》卷2，收入《續修四庫全書》第1157冊，上海古籍出版社，2002年版，第571頁。

下文「有數人不肯去兵，宦者令張澤諭告，亦去兵」，「掊兵」即「去兵」也。《尉繚子・制談》：「拗矢、折矛、抱戟。」「抱戟」即「拋戟」〔註276〕，正此文「執戟者掊兵」之誼。本字為摽，擲擊、拋棄也，字亦作敷。下文「謁者十人皆掊兵而去」，亦同。

卷十《孝文本紀》

（1）卜之龜，卦兆得大橫。占曰：「大橫庚庚，余為天王，夏啟以光。」

《集解》：服虔曰：「庚庚，橫貌也。」李奇曰：「庚庚，其縰文也。」張晏曰：「橫行（謂）無思不服。庚，更也。言去諸侯而即帝位也。」

《索隱》：庚庚猶更更，言以諸侯更帝位也。

按：水澤利忠曰：「延久『庚庚』作『康康』。」王叔岷曰：「古鈔本、景祐本、黃善夫本、殿本《集解》服、李注『庚』字皆不疊。《釋名》：「庚，猶更也。庚，堅強貌也。」庚、更、亢、剛、堅、彊並一聲之轉，「庚庚」是堅彊貌、剛彊兒。《說文繫傳》「庚」字條云：『《史記》曰『大橫庚庚』，堅強之兒。」張晏、《索隱》解作「更易」，非是。方以智曰：「庚庚，猶亢亢也。《說文》：『秋時萬物，庚庚有實。』漢文卜曰『大橫庚庚』，言文亢起也。庚庚有實，正言其亢亢而盛起也。《後漢書》『難經亢亢劉太常』，亦言其名盛起之意。『庚桑』即『亢倉』，可證。」〔註277〕方說近之，所引《後漢書》，出自《書鈔》卷53、《類聚》卷49、《白氏六帖事類集》卷21、《御覽》卷228引華嶠《後漢書》，《通典》卷25引作「忼忼」，《集韻》：「忼，剛正兒。《後漢書》：『難經忼忼劉太常。』」王念孫曰：「徑之言經，迒之言杭，皆橫度之名也。《漢書・文帝紀》『大橫庚庚』，服虔注云：『庚庚，橫貌。』義與『迒』同。」〔註278〕王氏謂「庚庚」是橫度之義，非是。

（2）寡人不佞

按：水澤利忠曰：「佞，延久『仁』。」王叔岷曰：「古鈔本『佞』作『仁』。

〔註276〕 參見孫詒讓《札迻》卷10，齊魯書社，1989年版，第336頁。
〔註277〕 方以智《通雅》卷10，收入《方以智全書》第1冊，上海古籍出版社，1988年版，第394頁。
〔註278〕 王念孫《廣雅疏證》，收入徐復主編《廣雅詁林》，江蘇古籍出版社，1992年版，第540～541頁。

『仁』乃『佞』之壞字。《小爾雅》：『佞，才也。』」宋元各本及慶長本皆作「佞」，然「仁」亦非誤字。《韓詩外傳》卷3「寡人不仁」，《說苑·君道》「仁」作「佞」。《論語·雍也》：「子曰：『不有祝鮀之佞，而有宋朝之美，難乎免於今之世矣。』」定州漢墓竹簡《論語》「佞」作「仁」。《書·金縢》「余仁若考（巧）」，俞樾讀仁為佞〔註279〕；清華簡（一）《金縢》「仁」作「年」，年亦讀為佞〔註280〕。《管晏列傳》「嬰雖不仁」，《仲尼弟子列傳》「其君愚而不仁」〔註281〕，《晏子春秋·內篇諫上》「孤不仁」，又《諫下》「妾父不仁」〔註282〕，《御覽》卷271引《新序》佚文「寡人不仁」，皆作「仁」而借作「佞」。《莊子·庚桑楚》《釋文》引崔譔云：『輆掔，不仁意。』《廣韻》：「傻，傻俏，不仁。」又「嫿，嫿嬈，不仁。」此「不仁」亦是「不佞」、「不敏」、「不慧」義。音轉則作「不敏」〔註283〕。

（3）乃使太僕嬰與東牟侯興居清宮

《索隱》：《漢儀》云：「皇帝起居，索室清宮而後行。」

按：《漢儀》「行」，《御覽》卷690、《玉海》卷80引《漢舊儀》作「往」。

（4）以時入貢，民不勞苦，上下驩欣，靡有遺德

按：瀧川資言曰：「《漢書·文帝紀》『遺』作『違』。」胡樸安曰：「《漢書》『遺』作『違』。按《詩》『其德不回』，回，夔之借字，衺（衺）也。『違德』即『回德』，作『遺』非。『遺』、『違』形聲近而譌。」〔註284〕韓兆琦曰：「靡有遺德，在道德上沒有缺失。」遺、違聲轉，並讀作夔，邪僻也。或借「回」字為之。《晏子春秋·外篇》：「《詩》云：『厥德不回，以受方國。』」

〔註279〕 俞樾《群經平議》卷6，《春在堂全書》第1冊，鳳凰出版社，2010年版，第71～72頁。

〔註280〕 參見《清華大學藏戰國竹簡（壹）》整理者說，中西書局，2010年版，第160頁。出土文獻多借「年」為「佞」，參見白於藍《簡帛古書通假字大系》，福建人民出版社，2017年版，第1309～1310頁。

〔註281〕 《越絕書·內傳陳成恒》、《吳越春秋·夫差內傳》同。

〔註282〕 此例孫詒讓、于鬯並讀仁為佞。孫詒讓《札迻》卷4，中華書局，1963年版，第121頁。于鬯《香草續校書》，中華書局，1963年版，第102頁。

〔註283〕 此上參見蕭旭《韓詩外傳解詁》，《文史》2017年第4輯，第14～15頁。近見劉樂賢《由「仁」、「佞」相通說到〈趙正書〉的一處簡文》（《第一屆出土文獻與中國古代史學術論壇暨青年學者工作坊會議論文集》，復旦大學2019年11月2～4日，第160～168頁）也有討論，與拙文互有詳略。

〔註284〕 胡樸安《〈史記〉〈漢書〉用字考證（4）》，《國學週刊》1923年第27期，第2頁。胡氏原文「衺」是「衺」形誤。

君無違德，方國將至。」《夏本紀》：「其愚不違。」《大戴禮記·五帝德》作「回」。

（5）聞歌者，所以發德也；舞者，所以明功也

按：《廣雅》：「發、彰、著，明也。」是發亦彰明之義也。

卷十一《孝景本紀》

（1）赦亡軍及楚元王子蓺等與謀反者

《正義》：蓺，魚曳反。字亦作「藝」，音同。

按：水澤利忠曰：「蓺，延久、大治『藝』。」蓺，《漢書·景帝紀》同，《史記·惠景閒侯者年表》、《漢書·王子侯表》作「埶」，字同。「藝」是「蓺」形誤〔註 285〕。《水經注·濟水》：「呂后元年，封楚元王子劉執為侯國。」「執」是「埶」形誤，《永樂大典》卷 11129 引已誤。

（2）伐馳道樹，殖蘭池

《集解》：徐廣曰：「殖，一作填。」

按：梁玉繩曰：「此文曰伐，則不得言殖矣。徐廣曰『殖，一作填』，當是也。」池田從其說。瀧川資言曰：「『殖』作『填』為長。」水澤利忠曰：「殖，延久、大治『填』。」吳國泰曰：「『殖蘭池』之言不可解，作『填』者是也。蓋『殖』、『填』形近，因以致訛耳。」陳直曰：「謂移殖馳道樹於蘭池宮也。」《玉海》卷 156 引作「填」。日本延久五年鈔本正文作「填」，引徐廣說作「埴，一作填」，其正文「填」是「埴」誤書。「殖」非種植義。《廣雅》：「殖，積也。」殖讀為置、實，放置、聚積之義。一本作「填」，是「埴」形誤。

（3）令徒隸衣七緵布

《索隱》：七緵，蓋今七升布，言其粗，故令衣之也。

《正義》：緵，祖工反。緵，八十縷也。與布相似。七升布用五百六十縷。

按：《西京雜記》卷 5 鄒長倩《遺公孫賢良書》：「五絲為繝，倍繝為升，倍升為緎，倍緎為紀，倍紀為緵。」經換算，十絲為「升」（此「升」非容

〔註 285〕唐代敦煌寫卷及碑刻文字「埶（藝）」已誤從執作「蓺」或「藝」，參見黃征《敦煌俗字典》，上海教育出版社，2005 年版，第 495 頁。臧克和《漢魏六朝隋唐五代字形表》，南方日報出版社，2011 年版，第 1332 頁。

量單位），八十絲為「緵」。正字作「稯」，《說文》：「稯，布之八十縷為稯。」居延漢簡 90.56：「出廣漢八稯布十九匹八寸大半寸。」又 268.5：「今冊餘七稯布☐」又 282.5：「貰賣九稯曲布三匹。」居延新簡 E.P.T56：10：「貰賣七稯布三匹。」此文「七緵」當作「七升」，《索隱》所見本已誤。《國語·魯語上》：「子服之妾，衣不過七升之布。」《晏子春秋·內篇雜下》：「晏子相齊，衣十升之布，〔食〕脫粟之食。」是粗製之衣用布七升以至十升，即七十絲以至一百絲，無用布七緵之理。《晏子春秋·內篇雜下》又云「夫十總之布，一豆之食」，「總」同「緵」，疑原文是「一總」，即「八升」，《說苑·臣術》正作「八升之布」。《禮記·深衣》鄭玄注：「深衣者，用十五升布鍛濯灰治。」此是精製之衣，亦不過用布十五升而已。《正義》「五百六十縷」之「縷」，黃善夫本、元刻本、慶長本誤作「縫」，《四庫考證》已訂正。

卷十二《孝武本紀》

（1）臣嘗游海上，見安期生，食臣棗，大如瓜

按：「食臣棗」之「臣」，張文虎曰：「舊刻、毛本並作『臣』，是也……他本作『巨』，誤。」郭嵩燾從張說。瀧川資言曰：「楓、三、南本亦作『臣』。」水澤利忠曰：「臣，桃、慶、中統、南、凌、游、殿『巨』。」池田曰：「巨，『臣』之訛。」沈濤曰：「作『臣』者是也，『食』當讀為飤。臣，少君自稱。」〔註286〕俞樾曰：「褚先生取《封禪書》作《武帝本紀》，『食巨棗』作『食臣棗』，《漢書·郊祀志》亦然。恐史公原文本是『臣』字，傳寫者誤也。」王叔岷引俞說，又曰：「黃善夫本、殿本『臣』並作『巨』，《類聚》卷 87、《御覽》卷 965、《記纂淵海》卷 92 引並同；《封禪書》亦作『巨』，《索隱》引包愷云：『巨，或作臣。』梁氏《志疑》亦以作『臣』為是。景祐本此文作『臣』，《初學記》卷 28 引同，《通鑒》亦作『臣』。」牛運震校《封禪書》曰：「『巨』當作『臣』，作『巨』則與『大』作複文矣。」〔註287〕施之勉曰：「景祐本作『臣』，黃善夫本作『巨』。《南方草木狀》曰：『昔李少君謂漢武帝曰：「臣嘗游海上，見安期生，食臣棗，

〔註286〕沈濤《銅熨斗齋隨筆》卷 4，收入《續修四庫全書》第 1158 冊，上海古籍出版社，2002 年版，第 643 頁。

〔註287〕牛運震《讀史糾謬》卷 1《史記》，收入《續修四庫全書》第 451 冊，上海古籍出版社，2002 年版，第 16 頁。

大如瓜。」非誕說也。』」〔註288〕宋本《初學記》卷28引作「臣」，古香齋本、四庫本作「巨」。此文紹興本亦作「臣」，《永樂大典》卷3004引同；乾道本、淳熙本、元刻本、慶長本作「巨」，《事類賦注》卷26引同，《說郛》卷104引《南方草木狀》亦同。《事文類聚》後集卷26引《漢書·郊祀志》作「巨」。余謂作「巨棗」義長，《類聚》卷87引《馬明生別傳》：「安期生仙人，見神女設廚膳。安期曰：『昔與女郎游息於西海之際，食棗異美，此間棗小，不及之，憶此棗味，久已二千年矣。』神女云：『吾昔與君共食一枚乃不盡，此間小棗，那可相比耶？』」〔註289〕此即安期生巨棗之典。晉·陸雲《登遐頌》：「式宴安期，巨棗為餐。」是陸雲所見本亦作「巨」字也。

（2）祠黃帝用一梟破鏡

《集解》：孟康曰：「梟，鳥名，食母。破鏡，獸名，食父。黃帝欲絕其類，使百物祠皆用之。破鏡如貙而虎眼。或云直用破鏡。」

按：王駿圖曰：「『破鏡』即『獍』也。《述異記》謂『獍狀如虎豹而小，始生，還食其母』，非食其父也。故『梟』、『獍』並稱。或云直用破鏡，說殊陋妄，安有直用破銅鏡為祭品之理乎？」《埤雅》卷9、《爾雅翼》卷16引「鏡」作「獍」。《廣韻》：「獍，獸名，食人。」「獍」是後出專字，其名義待考。

（3）時去時來，來則風肅然也

按：瞿方梅曰：「肅、蕭古同聲。《燕策》：『風蕭蕭兮易水寒。』字亦作飀，《廣雅》：『飀，風也。』」施之勉從其說，是也。肅然，《封禪書》、《漢書·郊祀志》、《漢紀》卷13同，清冷貌，微冷貌。字亦作飀、飇，音轉又作蕭、飀。

（4）明廷者，甘泉也。所謂寒門者，谷口也

《集解》：徐廣曰：「寒，一作塞。」

《索隱》：小顏云：「谷，中山之谷口，漢時為縣，今呼為冶谷，去甘泉八十里。盛夏凜然，故曰寒門谷口也。」

〔註288〕施之勉《史記會注考證訂補補遺》，華岡出版有限公司，1976年版，第1788頁。所引《南方草木狀》見卷下。

〔註289〕《御覽》卷965引「馬」誤作「馮」。《太平御覽經史圖書綱目》列有《馬明生別傳》，卷577、930並引之。

按：「塞」是「寒」形訛。《漢書・郊祀志》顏師古注：「谷口，仲山之谷口也，漢時為縣，今呼之治（冶）谷，是也。以仲山之北寒涼，故謂此谷為寒門也。」《范雎傳》：「范雎曰：『大王之國，四塞以為固，北有甘泉、谷口。』」是「谷口」與「甘泉」處於北方。《淮南子・墜形篇》：「北方曰北極之山，曰寒門。」高誘注：「積寒所在，故曰寒門。」

（5）壽星仍出，淵耀光明

按：王叔岷曰：「《小爾雅》：『淵，深也。』」韓兆琦曰：「淵耀，沉靜清澈的樣子。」「深耀」不辭。淵疑讀為蠲、焆，《爾雅》：「蠲，明也。」《文選・江賦》：「或焆曜崖鄰。」李善注引《蒼頡篇》：「焆，明也。」《廣韻》同。《玉篇》：「焆，火光也。」「淵耀」即「焆曜」轉語。「淵耀光明」四字同義連文。

（6）亦祠天神上帝百鬼，而以雞卜

《正義》：卜法用雞一，狗一，生，祝願訖，即殺雞狗煮熟，又祭，獨取雞兩眼骨，上自有孔裂，似人物形則吉，不足則凶。今嶺南猶行此法也。

按：新版《史記》點校本第615頁《校勘記》：「眼骨，疑當作『腿骨』。宋周去非《嶺外代答》卷10載雞卜之法，以雞腿骨占卜吉凶。」《通鑑》卷21胡三省注引《正義》仍作「眼骨」，又引范成大《桂海虞衡志》：「雞卜，南人占法，以雄雞雛，執其兩足，焚香禱所占，撲雞殺之，拔兩股骨，淨洗，線束之，以竹筳插束處，使兩骨相背於筳端，執竹再祝。」「股骨」亦即「腿骨」。《北戶錄》卷2龜圖注：「《漢書・郊祀志》云『越祠雞卜如鼠也』，今南人憑之，頗有神驗。每取雄雞一隻，以香米祝之，後即生折其腿，削去皮肉，或烹取之。卜男左，卜女右。」

十《表》、八《書》校補

卷十三《三代世表》

（1）孔子因史文次《春秋》，紀元年，正時日月，蓋其詳哉

按：紹興本脫「紀」字。正時日月，《玉海》卷50引作「正月日時」。

（2）又捐之大澤，鳥覆席食之

按：瀧川資言曰：「席，藉也。《周本紀》作『覆薦』。」《周本紀》：「而棄渠中冰上，飛鳥以其翼覆薦之。」《廣雅》：「薦，席也。」

卷十四《十二諸侯年表》

（1）四國迭興，更為伯主

按：迭，景祐本、慶長本、元刻本、四庫本、殿本同，《玉海》卷 17 引亦同；黃善夫本、紹興本、乾道本、淳熙本作「佚」，《班馬字類》卷5、《通鑑地理通釋》卷4同。迭、佚，正、借字。《方言》卷3：「佚，代也，齊曰佚。」《文選・西都賦》李善注、《慧琳音義》卷77引「佚」作「迭」。迭（佚）、代一音之轉，音轉亦作遞、替。本書《禮書》「情文代勝。」《荀子・禮論》同，《索隱》引《大戴禮》作「迭興」，今本《大戴禮・禮三本》作「佚興」。李笠即指出「代、迭一聲之轉也」。本書《樂書》「代相為經」，《說苑・修文》同，《禮記・樂記》「代」作「迭」。本書《曆書》「雌雄代興」，《大戴禮記・誥志》「代」作「迭」。本書《天官書》「五伯代興，更為主命」，與本文文例同。字亦作軼，本書《封禪書》：「自五帝以至秦，軼興軼衰。」《漢書・郊祀志》「軼」作「迭」，瞿方梅、吳國泰、胡樸安並讀軼為迭〔註290〕。

（2）皆威而服焉

按：威，讀為畏。

卷二十三《禮書》

（1）誘進以仁義，束縛以刑罰

按：進，勸勉〔註291〕。

（2）耳樂鍾磬，為之調諧八音以蕩其心

按：瀧川資言曰：「蕩，『蕩滌』之蕩。《樂書》云：『蕩滌邪穢。』」吳國泰曰：「蕩者場之借字。《說文》：『場，祭神道也。』引申為平易義。」瀧川說是，吳氏亂說通假引申，殊不足信。《漢書・律曆志》：「所以作樂者，諧八音蕩滌人之邪意。」蕩，讀作盪，亦滌也。

（3）故大路越席

《集解》：服虔曰：「大路，祀天車也。越席，結括草以為席也。」王肅曰：「不緣也。」

〔註290〕 胡樸安《〈史記〉〈漢書〉用字考證（10）》，《國學週刊》1923 年第 34 期，第 2 頁。

〔註291〕 參見蕭旭《呂氏春秋校補》，花木蘭文化出版社，2016 年版，第 421 頁。

《正義》：按：括草，蒲草。越，戶括反。

按：服虔語當「結括」連文，猶言結束、束縛，動詞。「草」上脫「蒲」字。吳國泰曰：「朱駿聲曰：『越借作括。』按：括、越聲近得以相假。」朱說是也，字或作趏。《禮記·禮運》《釋文》：「越席：音活，《字書》作『趏』。越席，翦蒲席也。杜元凱云『結草』。」《正義》得其音，未得其義。

（4）禮由人起。人生有欲，欲而不得則不能無忿，忿而無度量則爭，爭則亂

按：《荀子·禮論》作「人生而有欲，欲而不得則不能無求，求而無度量分界則不能不爭，爭則亂，亂則窮」，《御覽》卷 523 引《孫卿子》作「人生有欲，欲則求，求則爭，爭則亂，亂則窮」。求，讀作絿，急躁忿戾也。《說文》：「絿，急也。」分別字作悆、恘、恖，《說文》：「悆，怨仇也。」《集韻》：「悆，怨也，或作恘，亦書作愁。」〔註292〕「恖」字最早見於郭店楚簡《語叢一》：「恖者，亡又（有）自來也。」此「恖」當亦是忿恨、忿戾義。

（5）故堅革利兵不足以為勝，高城深池不足以為固，嚴令繁刑不足以為威

按：瀧川資言曰：「《荀子》、《外傳》『革』作『甲』。」王叔岷曰：「《淮南子·兵略篇》『革』亦作『甲』。」李人鑒指出「革」當作「甲」，是也。下文「楚人鮫革犀兕，所以為甲，堅如金石」，正是說「堅甲」。下文「是豈無堅革利兵哉」，《正義》：「言蹻、楚國豈無堅甲利兵哉，為其不由禮義，故眾分也。」是《正義》本亦作「甲」字也。「堅甲利兵」是秦漢成語，亦見於《墨子·非攻下》、《墨子·明鬼下》、《尉繚子·守權》、《孟子·梁惠王上》、《呂氏春秋·愛類》、《新語·至德》、《說苑·指武》；又作「堅甲利刃」，見於《漢書·鼂錯傳》、《漢紀》卷 8。

（6）古者之兵，戈矛弓矢而已，然而敵國不待試而詘

《集解》：徐廣曰：「試，一作『誠』也。」

《正義》：詘，丘勿反。試，用也。

按：「誠」是「試」形訛，《荀子·議兵》亦作「試」。

（7）城郭不集，溝池不掘

按：瀧川資言曰：「《荀子》『集』作『辨』，楊倞曰：『辨，治也。』掘，

〔註292〕據南宋初明州刻本、金州軍刻本、潭州宋刻本，或本「怨」誤作「恖」。

《荀子》作『拑』，當作『扣』，與『掘』同。」王叔岷曰：「《荀子》『掘』作『拑』，注：『拑，古「掘」字。《史記》作「溝池不掘」。或曰：「拑」當作「扣」，篆文「扣」字與「拑」相近，遂誤耳。』或說是。『扣』與『揖』同，《說文》：『揖，掘也。』」二氏說是也。《荀子·議兵》：「城郭不辦，溝池不拑（扣）。」《論衡·順鼓篇》引《尚書大傳》：「城郭不繕，溝池不脩。」《韓詩外傳》卷9：「城郭不治，溝池不鑿。」《家語·致思》：「城郭不修，溝池不越。」〔註293〕諸文同誼。掘、扣、揖、越，並一聲之轉，字亦作汩、撅，與「鑿」、「脩」義合。集，讀作輯，亦整修、修治之義。吳國泰疑「集」是「築」字之譌，無據。韓兆琦曰：「集，成就、成功。」亦非是。

（8）皋人不尤其上，知皋之在己也

按：王叔岷曰：「《荀子》『尤』作『郵』（注：『郵，怨也。』），元本、類纂本『郵』並作『尤』。尤、郵並借為訧，《說文》：『訧，罪也。』」王說是也，《韓詩外傳》卷4「尤」作「非」。

（9）所以辨積厚者流澤廣，積薄者流澤狹也

按：瀧川資言曰：「《荀子》、《大戴禮》『辨』作『別』。」辨、別一聲之轉。狹，《荀子·禮論》同，《大戴禮記·禮三本》作「卑」。

（10）凡禮始乎脫

《索隱》：脫猶疏略也。始，初也。言禮之初尚疏略也。

按：瀧川資言曰：「《荀子》『脫』作『梲』。」王叔岷曰：「郝懿行《荀子補注》云：『梲，《史記》作「脫」。疑此當作「稅」。稅者，斂也。』按宋臺州本《荀子》『梲』作『稅』，與郝說合。類纂本、百子本《荀子》並作『脫』，蓋據《史記》改。脫、稅古通。」郝說非是，《索隱》說不誤。《大戴禮記·禮三本》亦作「脫」。脫、稅，並讀為侻，簡易也，疏略也〔註294〕。

（11）規矩誠錯，則不可欺以方員

《索隱》：錯，置也。規，車也。矩，曲尺也。

《校勘記》：規車也：車，《索隱》本作「員」。（4／1388）

〔註293〕《說苑·指武》同。

〔註294〕參見劉台拱《荀子補注》，收入《劉氏遺書》卷4，《叢書集成續編》第15冊，新文豐出版公司，1988年版，第483頁。沈欽韓《春秋左氏傳補註》卷4，收入《叢書集成新編》第109冊，新文豐出版公司，1985年版，第363頁。

按：張文虎：「單本（引者按：指《索隱》單行本）『車』作『員』。案：規乃為員之器，不可訓為員，疑『車』字不誤，今演算法家作圓旋尺，亦謂規車，下文訓矩為曲尺，其證也。」黃善夫本、乾道本、淳熙本、慶長本、四庫本、殿本作「車」。「車」當是「畫」形誤，謂所以畫圓之器也。

（12）文貌情欲相為內外表裏，並行而雜，禮之中流也

《正義》：言文飾情用，表裏外內，合於儒墨，是得禮情之中，而流行不息也。

按：張文虎：「宋本、毛本『欲』作『用』，與《荀子》合。據《正義》，則所見本亦作『用』也。」水澤利忠曰：「欲，景、井、蜀、紹、毛『用』。」王叔岷曰：「《廣雅》：『雜，聚也。』」王念孫校《荀子》曰：「雜，讀為集。《爾雅》：『集，會也。』言文理情用並行而相會也。集、雜古字通。」〔註 295〕俞樾校《荀子》曰：「雜，讀為匝。並行而雜，言並行而周匝也。楊注猶未達假借之恉。」〔註 296〕「雜」讀如字，猶言參合、配合也。文貌情欲，黃善夫本、乾道本、淳熙本、慶長本、元刻本同，景祐本、紹興本作「文貌情用」（上文「文貌省，情欲繁」仍作「欲」字），《荀子·禮論》、《大略》作「文理情用」。裴學海曰：「『用』乃『欲』之借字。」〔註 297〕龍宇純曰：「用、欲雙聲，此以『用』借為『欲』也。」〔註 298〕用、欲，一聲之轉。《淮南子·詮言篇》：「省事之本，在於節欲；節欲之本，在於反性。」又《泰族篇》、《文子·下德》作「節用」。《御覽》卷 146、606 並引《韓詩外傳》：「節用聽聰，敬賢勿慢，使能勿賤。」北大漢簡（三）《周馴》、《說苑·談叢篇》作「節欲」。皆其證。

（13）步驟馳騁廣騖不外是以，君子之性守宮庭也

《索隱》：言君子之性守正不慢遠行，如常守宮庭也。

《正義》：宮庭，聽朝處。喻君子心內常守禮義，若宮庭焉。

〔註 295〕王念孫《荀子雜志》，收入《讀書雜志》卷 11，中國書店，1985 年版，本卷第 76 頁。

〔註 296〕俞樾《荀子平議》，收入《諸子平議》卷 14，上海書店，1988 年版，第 271 頁。

〔註 297〕裴學海《評高郵王氏四種》，《河北大學學報》1962 年第 2 期，第 114 頁。

〔註 298〕龍宇純《荀子集解補正》，收入《荀子論集》，學生書局，1987 年版，第 155 頁。

按：王念孫曰：「《索隱》、《正義》皆斷『步驟馳騁廣騖不外』為句，『是以君子之性守宮庭也』為句。二說皆非也。『廣騖』當為『厲騖』，字之誤也。『厲』字本作『駕』。《廣雅》曰：『駕、驟、馳、騖、騁，奔也。』《說文》：『駕，次弟馳也。』《玉篇》力世切。古通作『厲』，《楚辭·遠遊》『颯弭節而高厲』是也。步驟、馳騁、厲騖，皆兩字平列。若作『廣騖』，則非其指矣。『是以』當為『是矣』，聲之誤也。『是矣』二字上屬為句。『是』謂禮也，言君子率禮不越，步驟馳騁厲騖皆不外乎此也。『性守』當為『壇宇』，亦字之誤也。『壇宇』即『壇宇』也。《荀子·禮論篇》曰：『步驟馳騁厲騖不外是矣，是君子之壇宇宮庭也。』足證今本之誤。」張文虎、郭嵩燾、楊樹達、張森楷、王叔岷從王說，郭氏且謂「王氏之言塙不可易」〔註299〕。瞿方梅曰：「此文『是以』當為『是已』之誤，屬上讀。古『矣』、『已』通用，『已』、『以』同字故也。『君子』上當別有『是』字，佚之。『性守』與『壇宇』形誤。」瀧川資言曰：「『步驟』以下十八字，當依《荀子》，厲亦馳也，言君子以禮為壇宇宮庭，步驟馳騁不出其外也。」瞿方梅、瀧川說皆襲自王氏。「厲騖」即《廣雅》之「駕騖」。《類聚》卷 66 張衡《羽獵賦》：「輕車颷厲，羽騎電騖。」「厲」、「騖」同義對舉，亦足證本書「廣」是「厲」形誤。駕字亦作駟、驪，字亦省作列，《荀子·哀公篇》：「兩驂列，兩服入廐。」

卷二十四《樂書》

（1）及夫禮樂之極乎天而蟠乎地

《集解》：鄭玄曰：「極，至也。蟠猶委也。」

《索隱》：蟠，音盤。鄒誕本作「播」，亦作「蟠」。

按：黃善夫本、乾道本、淳熙本、元刻本、慶長本、四庫本、殿本皆無《索隱》，瀧川資言《考證》本有。王叔岷曰：「《莊子·刻意篇》：『上際於天，下蟠於地。』（又見《淮南子·道應篇》）。『際』與『極』同義，至也。」王說是也，蟠，讀為般，亦作盤，猶言盤曲。鄒誕本作「播」者，亦借字。馬王堆帛書《十問》：「尚（上）察於天，下播於地。」亦其例。察讀為際，亦至也。字亦省作番，馬王堆帛書《十六經·三禁》：「番於下土，施於九州。」韓兆琦曰：「蟠，充滿。」非是。

〔註299〕楊樹達《古書句讀釋例》，中華書局，1954 年版，第 116 頁。

（2）樂著太始而禮居成物

《集解》：王肅曰：「著，明也。明太始，謂法天也。」成物謂地也。居亦謂法也。

《索隱》：著，明也。太始，天也。言樂能明太始是法天。言地能成萬物，故成物謂地也。居亦法也，言禮法地也。

《正義》：著猶處也。天為萬物之始，故曰太始。天蒼而氣化，樂亦氣化，故云處太始也。成物，地也，體盤薄長成萬物也。在地成形，禮亦形教，故云居成也。

按：《正義》「故云居成」，「成」下疑脫「物」字。《正義》說是。著、居對文，著亦居也，處也。《禮記・樂記》「太」作「大」，鄭玄注：「著之言處也。大始，百物之始主（生）也。」孔疏：「著與居相對，故注以著為處也。」下文「著不息者天也，著不動者地也」，鄭玄注「著猶明白也」，則誤；《正義》云「著亦處也」，是也。《漢書・律曆志》：「中呂，言微陰始起未成，著於其中。」王念孫曰：「著者，居也。居中以助陽也。……『著』又音直略反，《樂記》『樂著大始而禮居成物』，著亦居也。故鄭注云『著之言處也』。《漢紀》作『中呂，陰始起未發，居中而助陽也』，是其證。」〔註300〕又考《易・繫辭上》：「乾知大始，坤作成物。」是知「大（太）始」謂天，「成物」謂地也。

（3）禮者，所以閉淫也

《正義》：言禮之所施於人，大（本）止邪淫過失也。

按：方苞曰：「淫，過也。」瀧川資言曰：「《禮記》『閉』作『綴』，鄭注云：『綴，止也。』」朱駿聲指出綴讀作輟〔註301〕。閉亦止也。《淮南子・本經篇》「禮者，所以救淫也」，救亦止也，見《說文》。

（4）禮樂之說，貫乎人情矣

《正義》：貫猶通也。

按：瀧川資言曰：「《禮記》、《荀子・樂論篇》『貫』作『管』。」王叔岷曰：「貫、管，正、假字。《荀子》『情』作『心』。」《荀子》「說」形誤作「統」。《禮記》鄭玄注：「管，猶包也。」鄭注非是，管讀作貫，字亦作

〔註300〕王念孫《漢書雜志》，收入《讀書雜志》卷4，中國書店，1985年版，本卷第16頁。

〔註301〕朱駿聲《說文通訓定聲》，武漢市古籍書店，1983年版，第675頁。

關。《韓子・制分》「其法通乎人情，關乎治理也」，關亦通也。

（5）禮樂順天地之誠，達神明之德

《正義》：見，胡練反。合明禮樂也。禮出於地，尊卑有序，是見地之情也。樂出於天，遠近和合，是見天之情也。達，通也。

按：《四庫考證》引張照曰：「監本作『順天地之誠』，按《樂記》作『禮樂見天地之情』。《正義》云云，可知古本亦作『見天地之情』也，今依《樂記》改正。」沈家本曰：「張照云云。據注以校《史》，其說良是。然《樂記》實作『傎天地之情』不作『見』也。」張文虎曰：「『順』與『傎』形相近，鄭注訓傎為依像，與『順』義亦不遠。『情』、『誠』古通，見王氏《雜志》。」瀧川資言曰：「《禮記》『見』作『傎』。」施之勉曰：「景祐本作『見天地之誠』。高誘《淮南子》注曰：『情，誠也。』是誠即情也。」王叔岷曰：「黃善夫本作『順天地之誠』。《樂記》『見』作『傎』，張氏失檢。竊疑『見』本作『負』。負、傎，正、俗字（鄭注：『傎，猶依像也。』孔疏『傎』作『負』）。」《史記》各本「誠」字同，誠、情一聲之轉。除景祐本作「見」，宋元各本及慶長本都作「順」，宋人陳暘《樂書》卷 22：「太史公以『傎天地之情』為『順天地之誠』，非也。」是其所見本亦作「順」。此文「順」是「傎」形誤，《書鈔》卷105、《廣韻》「傎」字條引《禮記》都作「傎」。王叔岷說「見」是「負」形誤，「傎」是「負」俗字，是也。負，依負、依據、負恃。《玉篇》：「傎，像也。」《集韻》：「傎，依也。《禮樂》：『傎天地之情。』」《玉篇》釋文當脫「依」字。言禮、樂皆依據天地之情而生也。

（6）區萌達

《正義》：區音勾。達猶出也。曲出曰區，菽豆之屬；直出曰萌，稻稷之屬也。

按：黃善夫本、元刻本、慶長本、四庫本都無「曲出曰區」四字。《正義》「勾」，黃善夫本、元刻本同，慶長本作「句」。《四庫考證》：「菽豆之屬，案句上當有『曲出曰區』四字，此脫。」張文虎從其說，張森楷亦據補，近之。《周禮・春官・占夢》賈公彥疏引《樂記》鄭玄注：「屈生曰區，芒而直出曰萌。」（今本脫「芒而直出曰萌」）。《樂記》孔疏：「云屈生曰區者，謂鉤曲而生出，菽豆是也。」吳國泰曰：「『區』即『勾』之借字。」其說是也，「勾」是「句」俗字，「區萌」音轉亦作「句芒」（王叔岷已引王念孫說）。《禮記・月令》：「是月也，生氣方盛，陽氣發泄，句者畢出，萌

者盡達。」「區萌達」即「句者出，萌者達」之意。《說文》：「辰，震也。三月陽氣動，靁電振，民農時也，物皆生，從乙、匕，象芒達。」又「屮，草木初生也。象丨出形，有枝莖也。古文以為草字，讀若徹。」《方言》卷2：「茷、杪，小也。凡草生而初達謂之茷，木細枝謂之杪。」又卷13：「忽，達芒也。」郭璞注：「謂草杪芒射出。」「達」指草木初生草芒射出。達、徹一聲之轉，取義於穿射、穿通而出。

（7）淫樂廢禮不接於心術

《正義》：淫樂穢禮不與心道相接。

按：瀧川資言曰：「《禮記》、《說苑》『廢』作『慝』。」王叔岷曰：「《劉子‧辯樂篇》『廢』亦作『慝』。」《正義》云云，是其所見本「廢」作「穢」。

（8）周旋象風雨

按：旋，《說苑‧修文》、《初學記》卷15引《禮記》同，《禮記‧樂記》作「還」，一聲之轉。《禮記釋文》：「還，音旋。」

（9）八風從律而不姦

按：《禮記‧樂記》孔疏：「故八風十二月律應八節而至不為姦慝也。」《白氏六帖事類集》卷9引《禮記》，有注：「姦，忒也。」「忒」同「慝」。

（10）代相為經

《正義》：代，更也。經，常也。

按：代，《說苑‧修文》同，《禮記‧樂記》作「迭」，一聲之轉也。

（11）**奮疾而不拔，極幽而不隱**

《集解》：王肅曰：「舞雖奮疾而不失節，若樹木得疾風而不拔。」

《正義》：奮，迅。疾，速也。拔，傾側也。伐紂時士卒歡喜，奮迅急速，以尚威勢，猛而不傾側也。今武舞亦奮迅急而速，不傾倒象。

按：朱駿聲據《正義》說，云：「拔，叚借為犮。」吳國泰說同，王叔岷從朱說。幽亦隱也，則拔亦疾也，不得訓作傾側。《正義》說非是，王肅說「樹木不拔」亦誤。拔，猝急趨走也。言武舞雖然奮迅，但不猝急趨走。《黃氏日抄》卷21解云：「奮疾而不拔者，謂發揚蹈厲之已蚤，可謂奮疾，而不失之暴，舒徐和緩之象也。極幽而不隱者，謂遲之遲而又久，可謂極幽矣，而不失之隱，明白洞達之心也。」其說「不失之暴」，近之。《淮南子‧原道篇》：「是故疾而不搖，遠而不勞。」搖亦疾也（《方言》卷2）。疾

而不搖，言雖疾速但不趨走耳。《賈子・容經》：「造而不趨，稍（稽）而不苦。」造亦疾也〔註302〕。魏・嵇康《琴賦》：「疾而不速，留而不滯。」皆同一文例。

（12）使其聲足以樂而不流，使其文足以綸而不息

《集解》：鄭玄曰：「文，篇辭也。息，銷也。」

按：瀧川資言曰：「《禮記》『綸』作『論』。《荀子》『綸』作『辨』，『息』作『諰』。」王叔岷曰：「《劉子》『綸』作『倫』。綸、論、倫，古並通用。《荀子》『綸』作『辨』，倫理與辨別，義亦相通。郝懿行《荀子補注》云：『《荀子》以諰為息，假借也。』盧文弨校《荀子》曰：「此作『諰』，乃『諰』之訛。此二字形近易訛也。」王念孫、孫詒讓從盧說〔註303〕。「諰」、「諰」形聲俱近，可能是形誤，亦可能是聲借，盧、郝說各備一通。辨，讀為辯，與「論」同義。

（13）衛音趣數煩志

《集解》：孫炎曰：「趣數，音促速而數變也。」鄭玄曰：「煩，勞也。」

按：瀧川資言曰：「《禮記》『趣』作『趨』。」吳國泰曰：「趨者促之借字，迫也。」王叔岷曰：「孫氏得『趣』字之義，未得『數』字之義。趣數，讀為『促速』。《長短經》『趣』作『趨』。趨亦讀為速。」王說是也，《禮記》鄭玄注：「趨數，讀為『促速』，聲之誤也。煩，勞也。」《釋文》：「趨，音促。數，音速。」孔疏云：「衛音趨數煩志者，言衛音既促且速，所以使人意志煩勞也。」已得正解，而王氏失檢。本篇上文「鄭衛之音，亂世之音也」，《正義》引此文，正作「衛音促速煩志」，日鈔本《左傳・昭公元年》孔疏引《禮記》同。

（14）居中矩，句中鉤

按：瀧川資言曰：「《禮記》『居』作『倨』。」吳國泰曰：「『居』者『倨』之省文。」王叔岷曰：「『居』、『倨』古通。」居（倨）、句對文，句言曲也，居（倨）言直也。《大戴禮・曾子立事》「與其倨也寧句」，《淮南子・本經

〔註302〕 參見劉師培《賈子新書斠補》，收入《劉申叔遺書》，江蘇古籍出版社，1997年版，第998頁。

〔註303〕 王念孫《荀子雜志》，收入《讀書雜志》卷11，中國書店，1985年版，本卷第83頁。孫詒讓《墨子後語》卷下《墨學通論》，附於《墨子閒詁》，中華書局，2001年版，第736頁。

篇》「句爪居牙」，亦其例。

（15）平公置酒於施惠之臺

《正義》：一本「慶祁之堂」。《左傳》云「虒祁之宮」。杜預云：「虒祁，地名也，在絳州西四十里，臨汾水也。」

按：張文虎引汪氏說：「《韓子·十過篇》作『施夷之臺』。」張氏又曰：「『慶』蓋『虒』之誤。」瀧川資言襲汪說。李笠曰：「《韓子·十過篇》、《論衡·紀妖篇》並作『施夷之臺』。」吳國泰曰：「『施惠』者疑本作『施繐』，『施繐』者『虒祁』之假字也。作『慶』者『虒』字之訛也。」施之勉曰：「《論衡》亦作『施夷』。《御覽》卷 579 引《韓子》作『虒祈』。」王叔岷曰：「《正義》『慶祁之堂』，驗以《左傳·昭八年》，『慶』蓋『虒』之誤。《御覽》卷 579 引《韓非子》亦作『虒祁之臺』。王先慎有說。」施惠，宋元各本及慶長本同，《冊府元龜》卷 856、《通鑑外紀》卷 7、《玉海》卷 162 引亦同。阜陽漢墓木牘《春秋事語》：「〔晉平公〕築施祁之臺。」《說苑·辨物》：「〔晉平公〕異日，置酒虒祁之臺，使郎中馬章布蒺藜於階上。」《書鈔》卷 136 引作「師夷」，《御覽》卷 997 引《說苑》作「梳祁」，《通鑑外紀》卷 7 作「虎祁」。「施夷」、「師夷」即「施祁」、「虒祁」音轉也〔註304〕。「惠」是「夷」形誤，「虎」是「虒」脫誤，「梳」是「禠」形誤。

卷二十五《律書》

（1）成湯有南巢之伐，以殄夏亂

《正義》：《淮南子》云：「湯伐桀，放之歷山，與末喜同舟浮江，奔南巢之山而死。」

按：杭世駿曰：「《淮南·修務訓》云：『整兵鳴條，困夏南巢，譙以其過，放之歷山。』無『末喜同舟』之語。」王叔岷疑是《淮南子》許慎注語。《御覽》卷 82 引《帝王世紀》：「遂禽桀於焦，放之歷山，乃與妹喜及諸嬖妾同舟浮海，奔於南巢之山而死。」與《正義》所引相近，恐是張氏誤記出處，《夏本紀》《正義》誤同。

〔註304〕 參見陳奇猷《韓非子新校注》，上海古籍出版社，2000 年版，第 208 頁；又參見黃暉《論衡校釋》、劉盼遂《論衡集解》，中華書局，1990 年版，第 909 頁。睡虎地秦簡《日書》甲種：「日虒見，令復見之。」饒宗頤曰：「『日虒』當即『日施』……《說文》有『暆』字云：『日行暆暆。』」此「施」、「虒」相通之證。饒宗頤、曾憲通《雲夢秦簡〈日書〉研究》，香港中文大學出版社，1982 年版，第 32 頁。

（2）遞興遞廢，勝者用事

按：《呂氏春秋·蕩兵》：「遞興〔遞〕廢，勝者用事。」是其所本。今本《呂覽》脫一「遞」字，《御覽》卷77引尚不脫。《亢倉子·兵道》：「一興一廢，勝者用事。」

（3）晉用咎犯，而齊用王子

《索隱》：徐廣云：「王子成父。」

按：王叔岷引余嘉錫曰：「案《自序》云：『《司馬法》所從來尚矣，太公、孫、吳、王子，能紹而明之。』《漢書·藝文志》兵形勢有《王孫》十六篇，圖五卷。沈欽韓《漢書疏證》疑『王孫』即『王子』，其說雖不知是否，要之王子成父必著有兵書，則無疑義也。」王氏又曰：「《自序》《集解》引徐廣曰：『王子成父（引者按：原書作『甫』）。』蓋此文《索隱》所本。」余嘉錫說尚拘執，王子成父是否著有兵書，古籍無考。咎犯亦未聞著有兵書，則王子成父何以必著有兵書乎？王子成父是齊桓公時善用兵者，為大司馬。《晏子春秋·內篇問上》：「軍吏怠，戎士偷，則王子成甫晤侍。」《齊太公世家》、《魯周公世家》「王子城父」亦即此人。《呂氏春秋·勿躬》管仲曰：「平原廣城，車不結軌，士不旋踵，鼓之三軍之士視死如歸，臣不若王子城父，請置以為大司馬。」《新序·雜事四》作「王子成甫」。《管子·小匡》：「故使鮑叔牙為大諫，王子城父為將。」

（4）故教笞不可廢於家，刑罰不可捐於國，誅伐不可偃於天下，用之有巧拙，行之有逆順耳

按：杭世駿《疏證》曰：「語本《呂氏春秋》。」《呂氏春秋·蕩兵》：「故怒笞不可偃於家，刑罰不可偃於國，誅伐不可偃於天下，有巧有拙而已矣。」又《漢書·刑法志》：「鞭扑不可弛於家，刑罰不可廢於國，征伐不可偃於天下，用之有本末，行之有逆順耳。」又本於本書。

（5）選蠕觀望

《集解》：選音思兖反。蠕音而兖反。

《索隱》：蠕音軟。選蠕謂動身欲有進取之狀也。

按：瞿方梅曰：「《索隱》說非也。『蠕』當作『㼌』，蓋『愞』假借字也。『愞』通『耎』……此『選蠕』實即『選愞』，與『愞撰』、『偷愞』一意。」瀧川資言曰：「選蠕，讀為耎惴。《莊子·胠篋篇》：『惴耎之蟲，肖翹之物。』耎，謂微動。惴，一作喘，謂微息。」王叔岷引朱駿聲曰：「選

借為偄。《史記·律書》《索隱》云云。《漢書·西南夷傳》：『恐議者選耍，復守和解。』注：『怯不前之意。』」王氏又曰：「選借為㑩。《說文》：『㑩，動也。』隸變為『蝡』，故『選蝡』猶『蝡蝡』。」瞿說是也，瀧川及王說並誤。方以智曰：「選耍，一作『㢮蝡』、『㢮頓』、『㢮懦』。《史記》『選蝡觀望』，注：『與「㢮頓」同。』《漢書·西南夷傳》：『恐議者選耍。』耍正軟字，不知何以用軟？《後漢·清河王傳》『選懦之恩。』《西域（羌）傳》：『公卿選懦，容頭過身。』懦音軟。」〔註305〕黃生亦引《史記》及《後漢書》二例，云：「今按《說文》之訓，則物之弱者曰耍，人之弱者曰偄……此借『蝡』、『懦』為『偄』字也。」〔註306〕錢大昕亦曰：「『選蝡』、『選懦』、『選耍』文異而義同，皆取疊韻。」〔註307〕三氏說「蝡」、「懦」借作「耍（偄）」，是也。選、㢮，則讀為遜，字亦作遜。選蝡，猶言遜伏懦弱。音轉又作「舒懦」、「輸孺」，倒言則作「懊懊」、「懦撰」〔註308〕。

（6）今未能銷距，願且堅邊設候，結和通使，休寧北陲，為功多矣

按：方以智曰：「銷距，銷其距也。凡言距者，如鉤之有距也，恐後陸梁負固，尚以峰距我，未能銷之耳。」〔註309〕瀧川資言引岡白駒曰：「『距』、『拒』通，言未能拒之而銷邊患也。」水澤利忠曰：「銷，景、井、蜀、毛『消』。」吳國泰曰：「銷者消之借字，《說文》：『消，盡也。』距者距之借字，距，止也。未能消距者，未能消滅距止匈奴也。」三氏各有得失。銷距，言銷除匈奴之抗拒。《續資治通鑒長編》卷134易「銷距」作「消弭」，「堅邊」作「堅兵」。

（7）故百姓遂安

按：《玉篇》：「遂，安也。」「遂安」同義複詞。

（8）言萬物變動其所，陰陽氣未相離，尚相如胥也，故曰須女

按：張文虎曰：「《正義》云：『當是「胥如」。』案：疑『如』字衍，『胥』、

〔註305〕方以智《通雅》卷7，收入《方以智全書》第1冊，上海古籍出版社，1988年版，第290～291頁。
〔註306〕黃生《字詁》，《字詁義府合按》，中華書局，1954年版，第46頁。
〔註307〕錢大昕《十駕齋養新錄》卷4，收入《錢大昕全集（七）》，江蘇古籍出版社，1997年版，第92頁。
〔註308〕參見蕭旭《荀子校補》，花木蘭文化出版社，2016年版，第56～58頁。
〔註309〕方以智《通雅》卷7，收入《方以智全書》第1冊，上海古籍出版社，1988年版，第273頁。

『須』義通。」瀧川資言從張說。張森楷徑乙作「胥如」。徐仁甫曰：「『如胥』當作『胥如』，『如』非衍文。」此說「須女」之名義，須、胥一聲之轉，讀為嬬。《說文》：「嬬，弱也。」字亦作㛮，取柔弱、順從為義。本書《天官書》：「婺女。」《索隱》：「務女。《爾（廣）雅》云『須女謂之務女』是也。一作婺。」今本《廣雅》作「㜺女謂之婺女」。《正義》：「須女四星，亦婺女，天少府也。須女，賤妾之稱，婦職之卑者，主布帛裁製嫁娶。」《靈臺秘苑》卷2：「須女四星，賤妾之稱，婦職之卑者。」《隋書·天文志》：「須女四星，天之少府也。須，賤妾之稱，婦職之卑者也。」〔註310〕星名「務（婺）女」，當讀為「柔」。乙作「胥如」是也，猶言隨從，與「未相離」相應。「胥如」音轉即作「須女」。

（9）子者，滋也；滋者，言萬物滋於下也

按：杭世駿《疏證》曰：「《釋名》：『子，茲（引者按：當作『孳』）也，陽氣始萌，孳生於下也。』」王叔岷曰：「《玉燭寶典》卷11、《記纂淵海》卷3引此，並無『滋者』二字。」「滋者」二字當是衍文，《釋名》又云：「子，孳也，相生蕃孳也。」《白虎通義·爵》：「子者，孳也，孳孳無已也。」《玉燭寶典》卷11引《詩紀歷樞》：「子者，孳也，天地壹鬱，萬物蕃孳，上下接體，天下治也。」文例皆同。《大戴禮記·本命》：「子者，孳也。」《三國志·文帝紀》裴松之注引《詩推度災》：「子者，滋也。」「滋」同「孳」。

（10）牽牛者，言陽氣牽引萬物出之也。牛者，冒也，言地雖凍，能冒而生也。牛者，耕植種萬物也

按：周尚木曰：「『牽牛者』句，『牛』字衍。本文『牽牛』二字分解。此但解『牽』字，下文始解『牛』字。」錢塘曰：「古讀牛、冒聲相近。」周說是也，李人鑒說同。此說「牽牛」之名義。馬王堆帛書《陽陽五行》「牽牛」作「緊牛」。緊、牽，並讀為㸹。《說文》：「㸹，牛很不從引也，讀若賢。」又「很，不聽從也。」《廣雅》：「㸹，很也。」牽牛、須女，取義相反，一剛一柔。《爾雅翼》卷22引「牽引」誤作「牽同」。

（11）箕者，言萬物根棋，故曰箕

《集解》：徐廣曰：「棋，一作『橫』也。」

按：俞正燮曰：「《史記·律書》『箕』義云：『萬物之根棋』，徐廣本作

〔註310〕《晉書》同。

『橫』，則『棋』非『基』無疑。徐廣本『根棋』作『根橫』，亦作『根柢』，其作『橫』者『棋』誤，其作『柢』，亦從木不從土也。」〔註311〕錢塘曰：「此以『棋』為『基』。一作『橫』，非。」錢大昕曰：「棋讀如荄。《易》『箕子之明夷』，趙賓以為萬物方荄茲也，其義蓋本於史公。徐廣云『棋一作橫』，『橫』蓋『核』字之譌。核亦有該音。」張文虎、李笠從錢大昕說，李氏又曰：「《爾雅》、《說文》、《方言》並云：『荄，根。』而《漢書·五行志》云『乃毓根核』，是核即荄也。」豬飼彥博曰：「『棋』、『基』通。」瀧川資言引錢大昕說、豬說，斷曰：「錢說較長。」吳國泰曰：「箕、棋皆假為基也。」俞說「橫」是「棋」形訛，是也，但說「棋」非「基」則誤。瀧川謂錢大昕說較長，則是不知「基」、「荄」古音通。《集韻》：「棋、橫：根柢也，或從箕。」所本當即本書。箕字亦作其，音轉則作荄。焦循曰：「《易》『箕子之明夷』，劉向、荀爽讀箕為荄。《淮南子·時則訓》『爨其』，高誘注云：『其讀荄備之荄。』古荄、其音通……《史記·律書》：『箕者，言萬物根棋。』棋即其也。」〔註312〕李賡芸曰：「根棋即根荄也。」〔註313〕說皆是矣。《廣雅》：「荄，根也。」北大漢簡（三）《儒家說叢》：「辟（譬）若秋蓬之美其支（枝）葉而惡其根其也。」《文子·符言》作「根荄」。「根棋」即「根其」，亦即「根荄」。

（12）寅言萬物始生螾然也，故曰寅

按：杭世駿《疏證》曰：「《釋名》：『寅，演也，演生物也。』」吳國泰曰：「『寅』之本義為欲前不能進之貌，而此則假為螾也。言萬物之生如螾之冒黃泉而上出也，故曰『螾然』。」王叔岷曰：「《淮南子》作『寅，則萬物螾螾也』（據《御覽》卷16引）高注：『螾螾，動生貌。』」《白虎通義·五行》：「寅者，演也。」《廣雅》：「寅，演也。」王念孫曰：「《律書》云：『寅者，言萬物始生螾然也。』《律曆志》云：『引達於寅。』《釋名》云：『寅，演也，演生物也。』演、螾、引，古並同聲。」〔註314〕胡樸安曰：

〔註311〕俞正燮《癸巳類稿》卷 10，收入《叢書集成續編》第 18 冊，新文豐出版公司，1988 年印行，第 527 頁。

〔註312〕焦循《尚書補疏》卷下，收入《續修四庫全書》第 48 冊，上海古籍出版社，2002 年版，第 13 頁。

〔註313〕李賡芸《炳燭編》卷 3，收入《叢書集成新編》第 13 冊，新文豐出版公司，1985 年版，第 605 頁。

〔註314〕王念孫《廣雅疏證》，收入徐復主編《廣雅詁林》，江蘇古籍出版社，1992

「按《說文》『螾』或從引作『蚓』，螾、引聲近。」〔註315〕

（13）南至於心，言萬物始生有華心也

《集解》：徐廣曰：「華，一作『莖』。」

按：「莖」字是。《治要》卷36引《尸子·明堂》：「其本不美，則其枝葉莖心不得美矣。」

（14）夾鍾者，言陰陽相夾廁也

按：《玉燭寶典》卷2、《記纂淵海》卷3引同，《御覽》卷19引「陰陽」上有「萬物」二字（出處誤作《天官書》）。例以上下文，皆言「言萬物」云云，此亦當有。《淮南子·天文篇》：「夾鍾者，種始莢也。」《御覽》卷16引作「鍾始夾」，「鍾」蓋誤字；《五行大義》卷4引作「種始夾」，又引《三禮義宗》：「夾鍾者，言萬物孚甲種類而出也。夾者，佐也，二月之中，物未盡出，陰佐陽氣，應時而出。一云。夾者，俠也，言萬物為孚甲所俠。」《白虎通義·五行》：「二月律謂之夾鍾何？夾者，孚甲也，言萬物孚甲，種類分也。」《玉燭寶典》卷2引《春秋元命苞》：「夾鍾者，始俠，謂遊俠之俠，言壯健之也。」《晉書·樂志上》：「二月之管名為夾鍾者，夾，佐也，謂時物尚未盡出，陰德佐陽而出物也。」說皆與太史公說不同。

（15）卯之為言茂也，言萬物茂也

按：杭世駿《疏證》曰：「《釋名》：『卯，冒也，載冒土而出也。』」胡樸安曰：「《漢書》作『冒茆於卯』，茂、冒聲近。」〔註316〕《淮南子·天文篇》：「卯則茂茂然。」《白虎通義·五行》：「卯者，茂也。」《玉燭寶典》卷2引《春秋元命苞》：「壯於卯，卯者，茂也。」宋均注：「至卯益壯茂也。」《晉書·樂志上》：「卯者，茂也，言陽氣生而孳茂也。」皆與太史公說同。《說文》：「卯，冒也。二月萬物冒地而出，象開門之形。故二月為天門。」《漢書·律曆志》：「冒茆於卯。」二書及《釋名》與太史公說不同。

年版，第429頁。

〔註315〕 胡樸安《〈史記〉〈漢書〉用字考證（5）》，《國學週刊》1923年第29期，第1頁。

〔註316〕 胡樸安《〈史記〉〈漢書〉用字考證（5）》，《國學週刊》1923年第29期，第1頁。

（16）景者，言陽氣道竟，故曰景風

按：朱駿聲曰：「《廣雅》：『南方景風。』按：猶曰光風也。」〔註317〕朱說誤。吳國泰曰：「史公意蓋假景為竟也。然《說文》『景，日光也』，引申為溫和義，是『景風』者當是薰（薰？）風也。且六月之時，亦不得謂陽氣道竟也，史公之言非是。」吳國泰未達其誼，吳氏自誤耳。太史公以「景」、「竟」為聲訓。《釋名·釋天》：「景，境也。」又《釋首飾》：「鏡，景也。」亦其例。「竟」讀作「競」，古音同。「景」、「競」都是「彊」聲轉。《爾雅》：「競，彊也。」《說文》：「競，彊語也。」此亦是聲訓。《詩·長發》：「不競不絿。」馬王堆帛書《五行》引「競」作「勮」，並解釋說「勮者，強也」；郭店簡《五行》引「競」作「勥」。字亦作倞、勍，與「景」皆從京得聲。《說文》：「倞，彊也。」又「勍，彊也。」字亦作傹、諒，《周禮·春官·鍾師》鄭玄注引呂叔玉曰：「繁遏，執傹也。」《釋文》：「傹，音競，《詩》作『競』。」《玉篇殘卷》：「諒，《聲類》：『古文競字也。』競，強也，爭也，逐也，高也。」「競」同「競」，宋本《玉篇》、《集韻》都作「競」。《慧琳音義》卷3：「競，或作諒。」「景風」謂使萬物彊盛之風。王念孫曰：「景字古讀若彊，聲與『強』相近，故『翟強』或作『翟景』。《春秋考異郵》：『景風至。景者，強也，強以成之。』《史記·高祖功臣侯者表》『杜衍彊侯王郢人』，徐廣曰：『彊，一作景。』是景、彊聲相近，景與彊通，故又與強通也。」〔註318〕王氏所引《春秋考異郵》，見《書鈔》卷151、《御覽》卷9引，原文作「景風，強也，強以成之」，《御覽》又引宋均注：「強言萬物強盛也。」《易緯通卦驗》卷下：「夏至，景風至，暑且濕。」鄭玄注：「景風，長大萬物之風也。」《白虎通義·八風》：「四十五日景風至。景〔者〕，大也，〔言〕陽氣長養。」〔註319〕《白虎通義·封禪》：「景星者，大星也。」《開元占經》卷77引引《瑞應圖》同，又引宋均曰：「景星，大而中空。」長養，謂長養萬物也。《御覽》卷872引《禮斗威儀》宋均注：「景風，其來長養萬物。」

〔註317〕 朱駿聲《說文通訓定聲》，武漢市古籍書店，1983年版，第926頁。
〔註318〕 王念孫《史記雜志》，收入《讀書雜志》卷2，中國書店，1985年版，本卷第15頁。
〔註319〕 「者」、「言」二字據《禮記·樂記》孔疏引補。

（17）午者，陰陽交，故曰午

《索隱》：《律曆志》云：「咢布於午。」

按：杭世駿《疏證》曰：「《釋名》：『午，仵也，陰氣從下上，與陽相仵逆也。』」吳國泰曰：「假午為迕也。」「午」謂交午、忤逆，字或作忤、迕、仵、啎。《說文》：「午，啎也。五月陰氣午逆陽，冒地而出。」又「啎，逆也。」《淮南子·天文篇》：「午者，忤也。」說皆與太史公相合。《白虎通義·五行》：「壯盛於午。午，物滿長。」《晉書·樂志上》：「五月之辰謂為午。午者，長也，大也，言物皆長大也。」此又一說。《索隱》引《漢書·律曆志》「咢布於午」，咢、午是聲訓。「咢」同「遻」、「遌」，亦即「迕」字。咢布，猶言交午而布。又作「蕚布」，《禮記·月令》孔疏引《漢書》作「蕚布」。亦作「鄂布」，《太玄·玄數》范望注：「午，取其鄂布也。」

（18）弧者，言萬物之吳落且就死也

《集解》：徐廣曰：「吳，一作『柔』。」

按：楊慎曰：「吳，音弧。弧落，彫落也。注作『柔』，非也。萬物之生也柔弱，其死也剛強。既云『弧落且就死』，焉得柔也？」王元啟、杭世駿《疏證》、瀧川資言並從其說。方以智曰：「濩落者，吳落也。《莊子》『濩落』，《史記》『吳落』，『吳』與『濩』通。《爾雅》『檴落』則木名。」[註320] 錢塘曰：「吳落，猶言『弧落』。一作『柔』，非。」胡文英曰：「吳落，搖動也，吳諺謂物搖動曰吳落。」[註321] 吳國泰曰：「吳者窊字之借。《說文》：『窊，汙窬也。』窊落者，猶言敗壞零落也。」楊說「柔」字誤是也，「吳落」是疊韻連語。方、錢說是也，但猶未明其誼。吳落，空曠失志貌，音轉作「濩落」、「瓠落」、「廓落」、「豁落」、「郭落」[註322]。《類聚》卷25引《典略》：「魏文帝嘗賜劉楨郭落帶。」《御覽》卷696引作「廓落」。《水經注·伊水》：「伊水東北過郭落山。」倒言亦作「落廓」，《真誥》

〔註320〕 方以智《通雅》卷7，收入《方以智全書》第1冊，上海古籍出版社，1988年版，第287頁。

〔註321〕 胡文英《吳下方言考》卷10，收入《續修四庫全書》第195冊，上海古籍出版社，2002年版，第87頁。

〔註322〕 參見蕭旭《英藏敦煌文獻校讀記（上）》，《國學學刊》2018年第3期，第41～42頁；收入《敦煌文獻校讀記》，花木蘭文化出版社，2019年版，第115頁。

卷7:「落廓不束,高下失常。」

（19）地者,沈奪萬物氣也

《正義》:沈,一作「洗」。

按:梁玉繩曰:「《正義》謂『沈,一作洗』,當是。此篇所釋,多以叶聲取義,故於地言洗。」錢塘曰:「以沈訓地無義,作『洗』亦非。蓋是誤文。」王叔岷曰:「『沈』乃『洗』之形誤,梁說是。」三氏說誤。「洗」字無義,且與「地」聲韻俱異,不是叶聲取義。《淮南子·天文篇》:「氣有漢垠,清陽者薄靡而為天,重濁者滯凝而為地。」《說文》:「地,元氣初分,輕、清、陽為天,重、濁、陰為地。」《廣雅》:「三氣相接,至於子仲,剖判分離,輕清者上為天,重濁者下為地,中和為萬物。」氣之重濁者下沈而為地,輕清者上升為天,故當是「沈」字無疑。《後漢書·班固傳》《典引》:「太極之原,兩儀始分,煙煙熅熅,有沈而奧,有浮而清。」李賢注引《易乾鑿度》:「清輕者為天,濁沈者為地。」明是「沈」字。《類聚》卷6引《神農書》:「湛濁為地。」湛讀為沈,亦其證。奪,讀為脫,脫落也。《文選·雜體詩》:「蠻蠻涼葉奪,戾戾颾風舉。」呂延濟注:「奪,落。」《玄應音義》卷4:「摭落:摭,奪也。」又卷6:「褫落:經文作陁。」《淮南子·繆稱篇》許慎注:「陀,落也。」《說文》:「陁,小崩也。」謂崩落。奪、脫、褫、陀、陁,並一聲之轉,音轉亦作墮。太史公以「地」、「奪」為聲訓(都是定母,韻部歌、月對轉),是說重濁的氣掉落下沈就成為地。下文「罰者,言萬物氣奪可伐也」,吳國泰指出「奪者,失也」,是喪失義,亦與「脫落」義相因。

（20）林鍾者,言萬物就死氣林林然

《正義》:《白虎通》云:「林者,眾也。言萬物成熟,種類多也。」

按:此當讀作:「言萬物就死,氣林林然。」依太史公說,林林,讀作「侵侵」,猶言漸漸。吳國泰曰:「林者綝之借字。《說文》:『綝,止也。』綝綝然者,言萬物就死時氣息將止也。」吳說非也,段玉裁、王念孫都指出綝訓止謂禁止,「綝」即「禁」轉語〔註323〕。今本《白虎通義·五行》「多」上有「眾」字,《玉燭寶典》卷6引同,《五行大義》卷4引《三禮義宗》

〔註323〕段玉裁《說文解字注》,上海古籍出版社,1981年版,第647頁。王念孫《廣雅疏證》,收入徐復主編《廣雅詁林》,江蘇古籍出版社,1992年版,第242頁。

亦同，是唐代以前的版本並有「眾」字，此當據補。班氏說與太史公不同，依其說，林林然，眾多兒。「林，眾也」亦是聲訓。鍾之言種也。林鍾，言萬物種類林林然眾多也。《漢書·律曆志》：「林鐘：林，君也。言陰氣受任，助蕤賓君主種物，使長大楙盛也。」此班氏又一說。《淮南子·天文篇》高誘注：「林，眾。鍾，聚也。陽極陰生，萬物眾聚而盛，故曰林鍾。」《五行大義》卷4引《三禮義宗》：「林，茂盛也。六月之中，物皆盛茂，聚積於野，故為林也。」《通典》卷143：「林鐘：林者，茂也，盛也。六月之中，物皆茂盛，積於林野，故謂之林鍾。又：林，眾也，言萬物成就，種類眾盛，謂之林鍾也。」杜佑採班氏二說。《淮南子·天文篇》：「林鍾者，引而止也。」《玉燭寶典》卷6引《春秋元命苞》：「林鍾者，引入陰。」宋均注：「林，猶禁也，禁林而內之也。」此又一說，此說「林」即「檂」字，可為段玉裁、王念孫說佐證。

（21）夷則，言陰氣之賊萬物也

《集解》：徐廣曰：「陰，一作『陽』。賊，一作『則』。」

《正義》：《白虎通》云：「夷，傷也。則，法也。言萬物始傷，被刑法也。」（據瀧川資言《考證》本）

按：錢塘曰：「《左傳》曰『毀則為賊』。」李笠曰：「『則』當為『財』，『賊』、『財』古字通。」吳國泰曰：「此假夷為殄，假則為賊也。」王叔岷曰：「夷借為痍，《說文》：『痍，傷也。』（朱駿聲有說）賊，一作『則』，『則』亦借為賊。」錢塘引《左傳》不當，《左傳》「則」是連詞，與此文無涉。一本誤，李說亦誤。此太史公以聲訓說「夷則」之義，故必是「賊」字，諧「則」字音。《白虎通》見《五行篇》，《漢書·律曆志》：「夷則：則，法也。言陽氣正法度而使陰氣夷當傷之物也。」《漢紀》卷14：「夷則：夷，傷也。則，法也。言陽正法〔度〕使陰夷當傷之物也。」《御覽》卷16引蔡邕《月令章句》：「夷，傷。則，法也。萬物始傷。」《呂氏春秋·孟秋紀》高誘注：「夷則，陽律也。竹管音與夷則和，太陽氣衰，太陰氣發，萬物蕭然（彫傷）〔註324〕，應法成性，故曰律中夷則。」《淮南子·時則篇》高誘注：「夷，傷也。則，法也。是月陽衰陰盛，萬物凋傷，應法成性，故曰夷則也。」「則」字說與太史公不同。夷訓傷，正是讀為痍。《淮南子·天

〔註324〕《玉燭寶典》卷7、《初學記》卷3引「蕭然」作「彫傷」。

文篇》:「夷則者,易其則也。」《玉燭寶典》卷 7 引《春秋元命苞》:「夷則者,易其法。」宋均注:「易法者,陽性仁施而之也。」此又一說,皆漢代人說。考《國語·周語下》:「夷則,所以詠歌九則,平民無貳也。」韋昭注:「夷,平也。則,法也。言萬物既成,可法則也。故可以詠歌九功之則,成民之志,使無疑貳也。」《禮記·月令》鄭玄注用《周語》說。《五行大義》卷 4 引《三禮義宗》:「夷,平也。則,法也。七月萬物將成,平均結實,皆有法則德吉也。」此古說也。

(22) 南呂者,言陽氣之旅入藏也

《正義》:《白虎通》云:「南,任也。言陽氣尚任包,大生薺麥也。」

按:《白虎通》見《五行篇》,今本作「南者,任也。言陽氣尚有任,生薺麥也」,《玉燭寶典》卷 8、《御覽》卷 24 引同。當標點作:「南,任也。言陽氣尚〔有〕,任包大,生薺麥也。」脫「有」字,「大」字屬上句。瀧川資言《考證》本以「大」字屬下句,沿誤至今,亟當訂正。《淮南子·天文篇》:「南呂者,任包大也。」《五行大義》卷 4、《御覽》卷 16 引「包」作「苞」。《五行大義》又引《三禮義宗》:「南,任也。八月之中,物皆含秀,有懷任之象,助成功之義。」「任」同「妊」。「任包」成詞,考《說文》:「包,象人裹(懷)妊,巳在中,象子未成形也。」俗作「胞」字。故「任包」即「妊胞」,猶言胎衣。

(23) 閶闔風居西方。閶者,倡也;闔者,藏也。言陽氣道萬物,闔黃泉也。

按:太史公說非是。《說文》:「閶,天門也。楚人名門曰閶闔。」《淮南子·原道篇》:「排閶闔,淪天門。」高誘注:「閶闔,始升天之門也。天門,上帝所居紫微宮門也。」是「閶闔」為楚語,指天門,亦泛指門。余謂「閶闔」是象聲詞,狀門之聲,因而門亦名「閶闔」也。《淮南子·墜形篇》:「西方曰西極之山,曰閶闔之門。」高誘注:「閶,大也。闔,閉也。大聚万物而閉之,故曰閶闔之門也。」高說亦誤。字亦作「闛闔」,亦指門。《漢書·揚雄傳》《校獵賦》:「西馳閶闔。」《隸釋》卷 1《帝堯碑》:「排啟閶闔。」考《淮南子·兵略篇》:「善用兵〔者〕,若聲之與響,若鏜之與鞈,眂不給撫,呼不給吸。」許慎注:「〔鏜〕鞈,鼓鞞聲。」《說苑·指武》作「閶不及鞈」。《周禮·夏官·司馬》鄭玄注引《司馬法》:「鼓聲不過閶,鼙聲不過闟。」「鏜鞈」即「閶鞈」,亦作「闛閤」、「闛鞈」、「鼞鼛」、「鏜

鼞」、「鎗鏅」、「闛闛」、「闛鞈」，鐘鼓聲，與門聲「閶闔」一也。風名「閶闔」者，又由門名而來。《吳越春秋·闔閭內傳》：「立閶門者，以象天門，通閶闔風也。」《說郛》卷100陳·王叔齋《籟紀》：「閶闔風，一曰盲（猛）風，又曰飂風，亦曰泰風，起自成天之閶闔門，從西方來。」

（24）北至於奎。奎者，主毒螫殺萬物也，奎而藏之

《集解》：徐廣曰：「奎，一作『畫』。」

按：「主毒」二字斷讀。洪頤煊曰：「《說文》：『畫，蠆也。』故下文云『奎者，主毒螫殺萬物也』。『奎』又通作『刲』，故下文云『奎而藏之』。」施之勉從洪說。吳國泰亦曰：「奎假作刲。」朱駿聲曰：「《史記·律書》云云。《後漢·蘇竟傳》：『奎為毒螫，主庫兵。』按：以『畫』為說，古作『畫』也。」瀧川資言引《後漢書·蘇竟傳》說之，襲自朱說也。王叔岷引朱說，又曰：「《說文》：『畫，蠆也。』段注引此文，三『奎』字皆作『畫』，依徐注『一作畫』改之也。」奎、畫俱從圭得聲，例得通借。俞正燮說「當依徐廣本作『畫』」〔註325〕，非是。畫之言刲，俗字作刳。《說文》：「刲，刺也。《易》曰：『士刲羊。』」《慧琳音義》卷95引作「刳」。尾有毒刺刺殺他物之蟲因名曰畫，有毒刺的蛇曰蝰，刺土之鏟曰鏵，其義一也。太史公以「奎」、「螫」為聲訓。

（25）無射者，陰氣盛用事，陽氣無餘也，故曰無射

《正義》：《白虎通》云：「射，終也。言萬物隨陽而終，當復隨陰而起，無有終已。」

按：吳國泰曰：「射假作餘也。」太史公以「射」、「餘」為聲訓。《正義》所引《白虎通》見《五行篇》，《五行篇》又云：「無射者，無聲也。」《淮南子·天文篇》：「無射，入無厭也。」〔註326〕《漢書·律曆志》：「亡射：射，厭也。言陽氣究物而使陰氣畢剝落之，終而復始，亡厭已也。」《漢紀》卷14：「無射：射，厭也。陽究陰成，終而復始，無厭已也。」《五行大義》卷4引《三禮義宗》：「射，厭也，厭惡之義。九月物皆成實，無可厭惡。」曹丕《與鍾繇九日送菊書》：「是月律中無射，言群木庶草，無有射地而生。」皆與太史公說不同。

〔註325〕俞正燮《癸巳類稿》卷10，收入《叢書集成續編》第18冊，新文豐出版公司，1988年印行，第527頁。

〔註326〕《五行大義》卷4、《御覽》卷16引「入」誤作「人之」。

卷二十六《曆書》

（1）秭鴂先滜

《集解》：徐廣曰：「秭音姊，鴂音規，子鴂鳥也，一名鶗鴂。」

《索隱》：按：言子鴂鳥春氣發動，則先出野澤而鳴也。又按：《大戴禮》作「瑞雉無釋」，未測其旨，當是字體各有訛變耳。鶗音弟，鴂音桂。《楚詞》云「慮鶗鴂之先鳴，使夫百草為之不芳」，解者以鶗鴂為杜鵑。

按：王元啟曰：「『滜』與『澤』同。古字『無』作『无』。『先澤』之作『无釋』，蓋以形近而訛。《索隱》說是也。」張森楷從其說。張文虎曰：「中統、毛本『鴂』，它本作『鳿』。」瞿方梅曰：「『瑞雉』是也。『先』字疑初譌『无』，遂竟作『無』。『滜』字或作『澤』，而遂別作『釋』耳。」瀧川資言引豬飼彥博曰：「無，古作『无』，蓋先譌作『无』，又作『無』。『釋』即『滜』字訛耳，『先滜』即《楚詞》『先鳴』也，滜讀為嘷。」王叔岷曰：「《索隱》單本、黃善夫本『鴂』並誤『鳿』。今本《離騷》作『鶗鴂』，劉師培《楚辭考異》云：『鳿當作鴂。』」景祐本作「鴂」，黃善夫本、紹興本、乾道本、淳熙本、元刻本、慶長本作「鳿」（注亦同），《爾雅翼》卷 14、《能改齋漫錄》卷 4、《玉海》卷 9、《班馬字類》卷 1、《增韻》「滜」字條、《嘉祐雜志》、《六書故》「鳿」字條引亦作「鳿」，水澤利忠失校。《索隱》所引《楚詞》「鶗鴂」，《後漢書·張衡傳》李賢注引同，黃善夫本、乾道本、淳熙本、元刻本、慶長本作「鶗鳿」，今本《離騷》作「鶗鴂」，《爾雅翼》卷 14、《增韻》卷 4 引作「鶗鴂」。P.2494《楚辭音》作「鶗鳿」，云：「鳿，又鴂，同。」《索隱》所引《大戴》「瑞雉」，黃善夫本、乾道本、淳熙本、元刻本、慶長本作「瑞雉」，明刊本《大戴》同。豬飼說是，《大戴》誤也。「鴂」當從規省聲，即「規」增旁俗字。作「鳿」亦不誤，「鳿」與「鴂」音轉，劉師培、王叔岷說非是。《漢書·揚雄傳》《反離騷》：「徒恐鶗鳿之將鳴兮。」《類聚》卷 56 引作「鶗鴂」。顏師古注：「鳿，鴂字也。」《御覽》卷 923 引《蜀王本紀》：「望帝去時，子鳿鳴，故蜀人悲。子鳿鳴而思望帝。望帝，杜宇也。」「秭鴂先滜」即《離騷》之「鶗鴂先鳴」也。北魏《宣恭趙王墓誌》：「天不崇德，鶢鴂先吟。」用典《離騷》，字作「鶢鴂」亦不誤。

（2）乃命南正重司天以屬神，命火正黎司地以屬民

按：重，《玉燭寶典》卷 12 引誤作「董」。

（3）使復舊常，無相侵瀆

按：瀆，《國語・楚語下》、《潛夫論・志氏姓》同，《漢書・郊祀志》、《中論・曆數》作「黷」。本書《封禪書》「神瀆」，《漢書・郊祀志》亦作「黷」。黷、瀆，並讀作嬻，輕易也。

（4）履端於始，舉正於中，歸邪於終

《集解》：邪，音餘。韋昭曰：「邪，餘分也。」

按：錢大昕曰：「『邪』、『餘』聲相近。」梁玉繩曰：「《集解》音邪為餘，蓋古音通借也。」瀧川資言曰：「《左傳》『邪』作『餘』。」王叔岷曰：「『邪』、『餘』聲近古通。」《漢書・律曆志》、《中論・曆數》亦作「餘」。方以智、江永、桂馥、朱駿聲、吳國泰都指出「邪」、「餘」古通〔註327〕。

（5）書缺樂弛，朕甚閔焉

按：閔，讀作惛，不清楚也。《漢書・律曆志》作「難」。

（6）彊梧大荒落四年

《正義》：梧音語。

按：「彊梧」是「彊禦」轉語，禦亦彊也。字或作「強禦」、「彊圉」、「強圉」、「強衙」，倒言則作「衙彊」、「寓強」、「禺強」、「禺彊」、「隅強」、「吾彊」，單言則曰「彊」或「禦」〔註328〕。

（7）尚章作噩二年

《集解》：噩，一作「鄂」。

《正義》：李巡云：「作鄂，萬物皆落枝起之貌也。」

按：《淮南子・天文篇》「作鄂之歲」，亦作「作鄂」。《開元占經》卷23引甘氏曰「作愕之歲」，注：「《淮南子》曰『作愕』，或作『噩』。孫炎曰：『愕，音咢。』李巡曰：『在西。言萬物墜落，故曰作愕。作，索也。愕，茂也。』孫炎曰：『作愕者，物落而枝起之貌。』」《爾雅》：「太歲在酉曰作噩。」《釋文》：「噩，本或作咢，字同。《漢書》作『詻』。」本書《天官書》：

〔註327〕 方以智《通雅》卷首一，收入《方以智全書》第1冊，上海古籍出版社，1988年版，第24頁。江永《數學》卷3，收入《叢書集成初編》第1328～1329冊，中華書局，1985年影印，第106頁。桂馥《說文解字義證》「餘」字條，齊魯書社，1987年版，第111頁。朱駿聲《說文通訓定聲》，武漢市古籍書店，1983年版，第445頁。

〔註328〕 參見蕭旭《文子校補》。

「作鄂歲。」《索隱》：「《爾雅》：『在酉為作鄂。』李巡曰：『作咢，皆物芒枝起之貌。』今案：下文云『作鄂有芒』，則李巡解亦近得。《天文志》云『作詻』。」「作鄂」、「作咢」、「作詻」、「作噩」並同，取參差高出為義，山高大兒曰「岝崿」、「岝崿」、「岝嶨」、「岝嶕」、「岝額」、「岝嶺」、「岝峉」、「岝峉」，木參差兒曰「柞楔」、「柞鄂」、「柞格」，其義一也〔註329〕。《淮南》高誘注：「作鄂，零落也，萬物皆陊落。」高說非也。

卷二十七《天官書》

（1）後句四星，末大星正妃，餘三星後宮之屬也

《索隱》：《援神契》云「辰極橫，后妃四星從，端大妃光明」。

按：《索隱》所引《援神契》，乾道本、淳熙本同，黃善夫本、元刻本、慶長本無「端」字。《四庫考證》：「『端』一本作『從』。張照曰：按『從』即『縱』，對『橫』而言。『端』即『耑』，直也。『端』與『從』未審孰是？姑仍監本之舊。」其說「從（縱）」、「橫」對言是也，但說「端」一作「從」，則失校。《禮記・檀弓上》孔疏引《援神契》作「辰極橫，后妃四星縱，曲相扶」。黃善夫本等脫「端」字，「端」謂句星之尾端，即《史記》之「末」字之義，《論語・子罕》《釋文》引鄭氏云：「端，末也。」《廣雅》：「耑，末也。」言尾端之大星最明亮，為正妃，其餘三星則為後宮之屬也。《獨斷》卷上：「帝嚳有四妃，以象后妃四星，其一明者為正妃，三者為次妃也。」《禮記・檀弓上》鄭玄注：「帝嚳而立四妃矣，象后妃四星，其一明者為正妃，餘三小者為次妃。」皆與太史公說合。張照訓端為直，亦誤。王叔岷讀作「辰極橫后妃，四星從端大，妃光明」，不成文義。

（2）小三星隅置，曰觜觿，為虎首，主葆旅事。其南有四星，曰天廁。廁下一星，曰天矢

《集解》：如淳曰：「關中俗謂桑榆孽生為葆。」晉灼曰：「葆，菜也。禾野生曰旅，今之饑民采旅也。」

《索隱》：姚氏案：宋均云：「葆，守也。旅，猶軍旅也。言佐參伐以斬艾除凶也。」

《正義》：葆音保。觜觿為虎首，主收斂葆旅事也。葆旅，野生之可食者。

〔註329〕參見蕭旭《越絕書校補（續）》，收入《群書校補（續）》，花木蘭文化出版社，2014年版，第1113～1114頁。

按：《漢書‧天文志》同。《開元占經》卷62引「虎」上有「白」字。晉灼語，水澤利忠曰：「景、井、蜀、紹、慶、中統、彭、毛、凌、殿無『禾』字，『采旅』下有『生』字。」乾道本、淳熙本、慶長本亦同景祐等本。《漢書‧天文志》注引作：「禾野生曰旅。今之饑民采旅也。」《四庫考證》：「晉灼曰『葆，采』，刊本『采』訛『菜』。又『禾野生曰旅』，刊本『禾』訛『也』，並據《漢書‧天文志》注增改。」施之勉從其說。《開元占經》卷62引晉灼說作：「葆，菜也。野生謂之旅。」「采旅」下當據宋元本補「生」字。段玉裁從晉灼說，云：「疑『離』即『秜』，《玉篇》、《廣韻》秜皆力脂切，則音同也。他書皆作『穭』，力與切。《埤蒼》：『穭，自生也。』亦作『稆』，《後漢書‧獻帝紀》：『尚書郎以下，自出采稆。』古作『旅』，《史》、《漢》皆云：『觜觿主葆旅事。』晉灼曰：『葆，采也。野生曰旅。今之飢民采旅生。』按：離、秜、旅一聲之轉，皆謂不種而自生者也。」〔註330〕郝懿行亦從如淳、晉灼說，云：「『旅』與『穭』、『稆』並通。」〔註331〕杭世駿《疏證》、郭嵩燾皆從宋均說。沈欽韓曰：「《隋志》：『觜觿三星，為三軍之候，行軍之藏府，主葆旅收斂萬物。明則軍儲盈，將得勢。動而明，盜賊群行。』（《觀象賦》注：『葆旅，野生可食。』按彼以『旅』為『稆』，非也。『葆』、『保』古通用。《旅師》注云：『主斂縣師所徵穀。旅，猶處也。』）」〔註332〕王先謙曰：「旅有陳義，又有寄義。儲偫隨軍而行，陳列寄頓，故謂之旅。葆者，保守之也，故軍行則葆旅起。如、晉、宋說皆失之。」〔註333〕瀧川資言引王元啟曰：「葆，障也。旅，次也，舍也。保障軍旅次舍，採取荊榛編為儲胥以護軍之營壘，防閑周密以禦寇敵之具也。按此即宋均『葆守軍旅』之意。」又引徐鴻鈞曰：「宋注是也，上、下文各星皆不外軍事，則觜觿一星，宜亦一律，『葆』與『堡』通。」考《後漢書‧五行志》：「在觜觿，為葆旅，主收斂。儒說葆旅宮中之象，收斂貪妬之象。」《晉書‧天文志》同《隋志》。《開元占經》卷62引甘氏曰：「觜觿三星，行軍府藏也。」又

〔註330〕 段玉裁《說文解字注》，上海古籍出版社，1981年版，第323頁。

〔註331〕 郝懿行《證俗文》卷17，收入《郝懿行集》第3冊，齊魯書社，2010年版，第2595頁。

〔註332〕 沈欽韓《漢書疏證》卷20，收入《續修四庫全書》第266冊，上海古籍出版社，2002年版，第569頁。《隋志》指《隋書‧天文志》，所引《觀象賦》注，未詳所出。

〔註333〕 王先謙《漢書補注》，中華書局，1983年版，第568頁。

引石氏《讚》曰：「觜參，主葆旅收斂。」《觀象玩占》卷 16：「觜三星曰觿，白虎之首也，為三軍之候，行軍之藏府，金星也。主葆旅收斂萬物，亦為刀鈠斬刈之事。一曰天貨，主寶。」是漢代人相承舊說，「觜觿」皆主軍中收斂府藏，唐人亦承其說。「旅」不得讀作秜（稆）指野生穀物。葆，讀為保，聚也。《逸周書·大武解》：「冬凍其葆。」孔晁注：「凍謂發露其葆聚。」旅，讀為臚，陳次、敘列也。《爾雅》：「臚，敘也。」「葆旅」指府藏貨物、軍用物資。

（3）以五月與胃、昴、畢晨出，曰開明。炎炎有光

按：炎炎有光，《開元占經》卷 23 引甘氏曰作「其狀熊熊若有光」。本篇上文「以四月與奎、婁晨出，曰跰踵。熊熊赤色有光」，下文「望之如火光炎炎衝天」。熊、炎古音東、談旁轉，《說文》說「熊，從能，炎省聲」，當有據也。《呂氏春秋·有始》：「東北曰炎風。」《淮南子·墜形篇》同。高誘注：「炎風，一曰融風。」《書·洛誥》：「無若火始燄燄。」《漢書·梅福傳》引「燄燄」作「庸庸」。「燄」是雙聲符字。《山海經·西山經》：「其光熊熊。」郭璞注：「皆光氣炎盛，相焜燿之貌。」方以智曰：「熊熊，借物物而狀之。」〔註334〕郝懿行曰：「熊熊，猶雄雄。」〔註335〕皆非是。

（4）以六月與觜觿、參晨出，曰長列

按：錢大昕曰：「《漢志》『列』作『烈』。」瀧川資言襲其說。王叔岷曰：「烈、列，正、假字。《爾雅》：『列，光也。』」王說未必是，《開元占經》卷 23 引甘氏曰作「張列」，長讀作張，則「列」是正字。

（5）以七月與東井、輿鬼晨出，曰大音。昭昭白

按：錢大昕曰：「《漢志》作『天晉』。」梁玉繩：「大音，《漢志》作『天晉』，蓋『音』字今本之誤。『白』下當有『色』字。」何焯曰：「『音』字小字宋本作『晉』。」王叔岷引《漢志補注》：「《天官書》或作『天音』（官本）。《占經》引甘氏作『大晉』。」宋元各本及慶長本都作「大音」。《開元占經》卷 23 引甘氏曰：「與東井、輿鬼晨出夕入，其名曰大晉，其狀昭昭白色有光。」與何氏所見正同，諸家皆未斷其正誤，余亦未詳孰是。此文

〔註334〕方以智《通雅》卷 10，收入《方以智全書》第 1 冊，上海古籍出版社，1988 年版，第 414 頁。

〔註335〕郝懿行《山海經箋疏》卷 2，收入《續修四庫全書》第 1264 冊，上海古籍出版社，2002 年版，第 144 頁。

「昭昭白」疑有脫文，上文有「昭昭有光」語。

（6）星若躍而陰出旦，是謂「正平」

按：躍，《開元占經》卷23引甘氏曰作「耀」。

（7）黰然黑色甚明

按：王元啟引楊慎曰：「『黰』即《左傳》『左輪朱殷』之殷。」《廣雅》：「黯、黶、黰，黑也。」王念孫曰：「《說文》：『羥，黑羊也。』《廣韻》引《字林》云：『黰，黑色也。』《史記・天官書》云：『黰然黑色甚明。』《成二年左傳》『左輪朱殷』，杜注云：『朱，血色。血色久則殷。今人謂赤黑為殷色。』殷、羥并音於閑反，義相近也。」〔註336〕杜注「今人謂」上尚有「殷音近烟」四字，王氏未引，亦足證「殷」、「羥（黰）」音近也。《玄應音義》卷12：「黰，又作羥，同。」《開元占經》卷23引甘氏曰作「黯然」，亦一聲之轉。

（8）察剛氣以處熒惑

《集解》：徐廣曰：「剛，一作罰。」

《索隱》：徐廣云「剛一作罰」。案：姚氏引《廣雅》「熒惑謂之執法」。《天官占》云「熒惑方伯象，司察妖孽」。則此文「察罰氣」為是。

按：錢塘曰：「熒惑所舍，其國有殃，故察罰氣。形譌為『剛』。」《索隱》及錢說非是，「罰氣」不辭。王駿圖、吳國泰已駁小司馬說，王駿圖指出「『剛』與『罡』同」，吳國泰指出「罰」是「剛」形譌，皆是也。「罰」是「剄」形誤，「剄」是「剛」俗字。熒惑是執法之星，主刑罰，其氣剛也。

（9）掩有四方

按：張文虎曰：「凌本『掩』字作『奄』。」龍良棟曰：「掩，殿本訛作『奄』。」蔣禮鴻曰：「『掩』字當作『奄』。」掩，《漢書・天文志》、《晉書・天文志》同，讀作奄，《隋書》、《開元占經》卷19引《海中占》正作「奄」。《詩・閟宮》：「奄有下國。」鄭玄箋：「奄，覆也。」

（10）相陵為鬬

《集解》：孟康曰：「陵，相冒占過也。」韋昭曰：「突掩為陵。」

《校勘記》：占，《漢書・天文志》顏師古注引孟康無。（4／1612）

〔註336〕王念孫《廣雅疏證》，收入徐復主編《廣雅詁林》，江蘇古籍出版社，1992年版，第688頁。

按：陵，宋元各本及慶長本作「凌」，注同。

（11）其出不經天；經天，天下革政

按：瀧川資言曰：「《漢志》『革政』作『革民更王』。」王叔岷曰：「《晉志》亦作『革民更王』，《隋志》作『革人更王』，諱『民』為『人』也。《漢志補注》：『《占經》引石氏作「天下革政民更王。」』『政』字蓋衍。」《開元占經》卷46引石氏曰：「天下革政民更主。」《補注》引「主」誤作「王」。王說非是，「政」非衍文，言天下改革其政，而人民更易其王也。《漢志》、《晉志》、《隋志》「革」下脫「政」字耳，《宋書‧符瑞志》、《南齊書‧天文志》亦脫作「天下革民更王」。《趙世家》：「主君之後嗣，且有革政而胡服。」此「革政」之例。《隋書‧天文志》「天下革政更王」，又「大臣彊，為革政，為易王」，《開元占經》卷3引《洪範傳》「更政易主」，又卷30引《文耀鉤》「天下更紀，易其主」，又卷31引石氏曰、卷90引黃帝曰「天下更政易王」，又卷51引《玄冥占》「天下大亂，更政易王」，又卷57引石氏曰「王者易，更政」，文義並同。革、更、改一聲之轉，亦易也。馬王堆帛書《五星占》作：「凡是星不敢經天；經天，天下大乳（亂），革王。」

（12）太白……色白五芒，出蚤為月蝕，晚為天夭及彗星，將發其國

按：王念孫曰：「『天矢』當從宋本作『天夭』，字之誤也。『夭』與『祅』同，字亦作『妖』。《漢書‧天文志》作『天祅』，《開元占經》太白占引甘氏占曰作『天妖』，是其證。下文『辰星出蚤為月蝕，晚為彗星及天矢』，《天文志》作『天妖』。則『矢』字亦是『夭』字之誤，宋本亦誤作『矢』。」張文虎、瀧川資言、張森楷從王說。水澤利忠曰：「夭，景、井、紹、蜀、慶、彭、毛、凌、殿『矢』。」王叔岷曰：「景祐本、黃善夫本並誤作『天矢』，與王氏所稱宋本此文不同。」乾道本、淳熙本亦作「矢」；四庫本《開元占經》卷45引亦作「矢」，《虎鈐經》卷15同，王氏皆誤記。但王說是也，馬王堆帛書《五星占》「水星……其出蚤於時為月蝕，其出免（晚）於時為天夭〔及〕慧（彗）星」，又「太白先其時出為月食，後其時出為天夭及彗星」，又「是司月行、彗星、天夭、甲兵、水旱、死喪（下殘）」，皆正作「夭」字。本篇上文云「察日行以處位太白，曰西方，秋，司兵月行及天矢」，《正義》：「太白五芒出，早為月蝕，晚為天矢及彗。」是張氏所見

本亦誤作「天矢」也。

（13）仲春春分，夕出郊奎、婁、胃東五舍，為齊；仲夏夏至，夕出郊東井、輿鬼、柳東七舍，為楚；仲秋秋分，夕出郊角、亢、氐、房東四舍，為漢；仲冬冬至，晨出郊東方，與尾、箕、斗、牽牛俱西，為中國

按；四「郊」字，錢大昕據《淮南子‧天文篇》校作「效」，訓見，梁玉繩、沈欽韓說略同〔註337〕；王叔岷引《宋史‧天文志》作四「見」字證之，皆至確，馬王堆帛書《五星占》正作「效」。錢塘亦引《淮南》，云：「郊，效也。」《開元占經》卷 53 引甘氏曰「辰星是正四時，春分效婁，夏至效輿鬼，秋分效亢，冬至效牽牛」，又引皇甫謐《年曆》「辰星，春分立卯之月夕效於奎婁，夏至立午之月夕效於東井，秋分立酉之月夕效於角亢，冬至立子之月晨效於斗牛」（王叔岷引陶方琦說誤其出處作《春秋緯》），亦作「效」字。《年曆》宋均注亦以「見」釋之。劉寶楠曰：「郊，猶居也。」〔註338〕非是。

（14）閒可械劍

《集解》：蘇林曰：「械音函。函，容也。其閒可容一劍。」

《索隱》：械音函。函，容也。言中閒可容一劍。則函字本有咸音，故字從咸。

按：械，《漢書‧天文志》同。水澤利忠曰：「械，景、井、蜀、慶、彭、毛、殿『撼』。」王叔岷曰：「『撼』乃『械』之俗變。」紹興本、乾道本、淳熙本、慶長本、四庫本亦都作「撼」，《班馬字類》卷 2、《永樂大典》卷 9762 引同。段玉裁、朱駿聲、朱珔並謂械借為含〔註339〕，「撼」亦借字。《開元占經》卷 22 三引《荊州占》，二作「械」，一作「容」，《武經總要》後集卷 17 亦作「容」；作「容」乃以同義詞易之也。《靈臺秘苑》卷 9 作「亟斂」，乃「函劍」之訛。

〔註337〕沈欽韓《漢書疏證》卷 32，收入《續修四庫全書》第 266 冊，上海古籍出版社，2002 年版，第 102 頁。

〔註338〕劉寶楠《愈愚錄》卷 4，收入《續修四庫全書》第 1156 冊，上海古籍出版社，2002 年版，第 267 頁。

〔註339〕段玉裁《說文解字注》，上海古籍出版社，1981 年版，第 261 頁。朱駿聲《說文通訓定聲》，武漢市古籍書店，1983 年版，第 101 頁。朱珔《說文假借義證》，黃山書社，1997 年版，第 330 頁。

（15）地維咸光，亦出四隅

《校勘記》：咸，疑當作「臧」。按：《漢書·天文志》作「臧」，《隋書·天文志》同，《晉書·天文志》作「藏」。

按：梁玉繩曰：「《漢》、《隋志》作『臧光』，《晉志》作『藏光』，疑『咸』字訛。」張文虎、李慈銘、張森楷、李人鑒說同〔註340〕。《開元占經》卷86引作「藏」。《靈臺秘苑》卷15：「地維藏光。一曰『藏』作『咸』。」是唐代之前已誤作「咸」。

（16）歸邪出，必有歸國者

《集解》：李奇曰：「邪音虵。」

按：《開元占經》卷86引「邪」作「蛇」，「出」作「見」。《御覽》卷6引「出」亦作「見」。

（17）稍雲精白者，其將悍，其士怯

按：王元啟曰：「捎，俗本作『稍』，非是。搖捎，動貌，此處恐當從『搖捎』之義。又按『精』當作『青』。」梁玉繩曰：「《漢志》作『捎雲』，是也。又『精』當作『青』。」張文虎、水澤利忠從梁說作「捎」。王筠曰：「《志》『稍』作『捎』。」瀧川資言曰：「《漢書》『稍』作『捎』。王元啟云云。」王叔岷曰：「『稍』蓋『捎』之形誤。『捎』自有動義。『精』、『青』自可通用，此文不必改。」王叔岷說「精」通「青」是也。諸說「稍」、「捎」皆誤，字當作「梢」，元·李克家《戎事類占》卷17正作「梢雲」。《虎鈐經》卷17作「和雲」，亦誤。《文選·吳都賦》：「梢雲無以踰，嶻谷弗能連。」劉淵林注引《漢書》「見梢雲」，又云：「其說梢如樹也。」《文選·江賦》：「驪虬樛其址，梢雲冠其嶕。」李善注引《孫氏瑞應圖》：「梢雲，瑞雲。人君德至則出，若樹木梢梢然也。」

（18）杓雲如繩者，居前亙天，其半半天

按：亙，《晉志》、《隋志》、《觀象玩占》卷40同，《漢志》作「竟」。本篇下文「十五年彗星四見，久者八十日，長或竟天」，亦作「竟」字。「亙天」與「半天」對文，言其長滿天也。亙、竟一聲之轉，並讀作梡，字亦作絚、緪。《說文》：「梡，竟也。」《方言》卷6：「絙，竟也。秦、晉或曰

〔註340〕 李慈銘《漢書札記》卷2，收入《越縵堂讀史札記全編》，北京圖書館出版社，2003年版，第108頁。

緄，或曰竟。」《文選・西都賦》李善注引作「亙，竟也」，又云：「亙與緄古字通。」蔣斧印本《唐韻殘卷》「亙」字條、《玄應音義》卷21、《慧琳音義》卷18引《方言》亦作「亙，竟也」。《廣韻》：「亙，竟也。」都是聲訓。字亦作掆，《周禮・考工記・弓人》鄭玄注：「恒讀為掆。掆，竟也。」《開元占經》卷16引《荊州占》：「月暈，有白雲出其中，東西竟天，萬民受賜。」又卷71引石氏曰：「流星如缶瓮，其後縵，縵白亙天。」又引《荊州占》：「流星之尾長二三丈，耀然有光竟天。」又86引《玉歷》：「格澤氣赤如火，炎炎中（衝）天，上下同色，東西緄天；若於南北，長可四五里。」《隋志》同，《靈臺秘苑》卷15作「亙」。

（19）蕭索輪困

按：梁玉繩所據底本即湖本「輪」作「綸」，云：「『綸』乃『輪』之訛，《漢》已下諸《志》及《御覽》卷8引此並作『輪』。」張森楷從其說。水澤利忠曰：「輪，景、井、蜀、紹、慶、彭、凌、殿『綸』。」施之勉曰：「景祐本、黃善夫本『輪』作『綸』。《文選・上責躬應詔詩表》注、《弔魏武帝文》注、《前緩聲歌》注、《吳趨行》注、《類聚》卷98、《御覽》卷872引並作『輪』。」王叔岷曰：「殿本『輪』亦作『綸』，涉上『紛紛』字偏旁而誤也。《左・昭十七年傳》孔疏、《文選・樂府吳趨行》注、《白帖》卷1（引者按：卷2）引皆作『輪』，《漢》、《晉》、《隋志》咸同。」《文選・寡婦賦》李善注、《歲華紀麗》卷2、《初學記》卷1、《類聚》卷1、《事類賦注》卷2、《樂府詩集》卷83引亦作「輪」，《宋書・符瑞志》、《靈臺秘苑》卷4亦同。乾道本、淳熙本、慶長本、四庫本亦都作「綸」。「綸」字不誤，梁、王說非是。尹灣漢簡《神烏賦》：「高樹綸棍，支（枝）格相連。」「綸棍」即「綸困」。字又作「輪菌」、「磆硱」、「崘崐」、「輪糫」，倒言則作「硱磆」，乃「囫圇」、「渾沌」轉語〔註341〕。

（20）見則其域被甲而趨

按：王元啟曰：「『域』字《漢志》作『城』，非是。」張文虎說同，瀧川資言、張森楷襲其說。王叔岷曰：「《晉》、《隋志》『域』並作『城』，從《漢志》也。」《靈臺秘苑》卷4、《乙巳占》卷9、《武經總要》後集卷18亦作「城」。「城」是「域」形訛，王元啟說是，《海錄碎事》卷14引《漢

―――――――――――
〔註341〕 參見蕭旭《淮南子校補》，花木蘭文化出版社，2014年版，第523～524頁。

志》作「域」。《說郛》卷 108 唐・邵諤《望氣經》作「其國」，與「其域」音義同。

（21）而漢魏鮮集臘明正月旦決八風

按：決，《玉燭寶典》卷 1 引作「夬」，省借字。

（22）下餔至日入，為麻

按：日入，《漢志》同，《開元占經》卷 93 引漢・魏鮮《正月朔旦八風占》作「日沒」。

（23）三十年之閒兵相駘藉

《集解》：蘇林曰：「駘音臺，登躡也。」

按：《增韻》：「駘，躡也。《史記・天官書》：『兵相駘藉。』亦作跆。」《六書故》：「《史記》曰：『兵相駘藉。』《漢書》作『跆』。駘猶躡也，今俗呼若紿。」朱駿聲曰：「《天官書》：『兵相駘藉。』按：猶蹋藉也，言死亡者眾。《集解》：『登躡也。』《漢書》作『跆籍』，字變作『跆』。」〔註342〕吳國泰曰：「駘借作跆，《玉篇》：『躡跆也。』」王叔岷曰：「《漢志》『駘』作『跆』，蘇林注：『跆音臺，登躡也，或作蹈。』《集解》引蘇注『跆』作『駘』，依此正文作『駘』改之也。朱氏謂『駘藉』猶『蹈藉』，本蘇注『或作蹈』言之也。」《後漢書・馮衍傳》「更相駘藉」，李賢注引《前書音義》：「跆，蹈也。今此為『駘』，古字通。」藉，紹興本作「籍」。藉（籍）亦蹈也，字亦作蹋、躐、趞。《釋名》：「蹋，藉也，以足藉也。」「駘藉」又轉作「胎藉」，《法言・重黎》：「若秦楚強閱震撲，胎藉三正，播其虐於黎苗。」宋咸注：「『胎』當為『跆』，字之誤也。胎藉，猶暴侮也。」司馬光注：「『胎』當作『跆』，徒來切，躡也。」「胎」非誤字〔註343〕。

卷二十八《封禪書》

（1）其口止於酈衍

《集解》：李奇曰：「酈音孚。山阪曰衍。」

《索隱》：酈，地名，後為縣，屬馮翊。

按：《漢書・郊祀志》顏師古注引李奇說同。《秦本紀》「初為酈畤」，《索

〔註342〕朱駿聲《說文通訓定聲》，武漢市古籍書店，1983 年版，第 173 頁。

〔註343〕參見惠棟《後漢書補注》卷 8，收入《二十四史訂補》第 4 冊，書目文獻出版社，1996 年版，第 434 頁。汪榮寶《法言義疏》卷 14，中華書局，1987 年版，第 364 頁。

隱》：「酆，音敷。」P.2011 王仁昫《刊謬補缺切韻》：「酆，縣名，在馮翊，俗語作敷州。」《廣韻》：「酆，芳無切。」皆同音。「酆」當本作「鄜」，從「麃」省聲，故與孚或敷音相轉也。張家山漢簡 247 號墓《二年律令·秩律》字正作「鄜」。《集韻》：「鄜，《說文》：『左馮翊縣。』或作酆。」方以智曰：「古孚與包通聲，麃與包近，故有孚音。」〔註344〕朱駿聲曰：「鄜，字亦作酆，音轉讀如敷。」〔註345〕

（2）西海致比翼之鳥

《索隱》：《山海經》云：「崇吾之山有鳥，狀如鳧，一翼一目，相得乃飛，名云蠻。」郭璞注《爾雅》亦作「鶼鶼」。

按：《山海經》出《西山經》，「蠻」字疊，作「名曰蠻蠻」，郭璞注：「比翼鳥也，色青赤，不比不能飛。《爾雅》作『鶼鶼鳥』也。」故當標點作：「郭璞注：『《爾雅》亦作鶼鶼〔也〕。』」句末「也」字據黃善夫本等補。《類聚》卷 99、《御覽》卷 927、《爾雅翼》卷 15 引《山海經》「蠻」字不疊，《漢書·郊祀志》顏師古注引《山海經》作「鸄」，《集韻》、《類篇》引作「鸄鸄」，《博物志》卷 3 作「虸」。「鸄」是「蠻」增旁俗字，又省作「鷚」、「鷥」。虸、蠻一聲之轉，與「蚊虸」之虸是同形異字。《索隱》「崇吾」，今本《山海經》同，黃善夫本、乾道本、淳熙本、元刻本、慶長本、四庫本作「崇丘」，《集韻》「鸄」字條、《增韻》「蠻」字條、《海錄碎事》卷 22 引《山海經》同，《博物志》卷 3 亦同，丘、吾聲轉，不必改字。

（3）萇弘乃明鬼神事，設射貍首。貍首者，諸侯之不來者

《集解》：徐廣曰：「貍，一名『不來』。」

按：新版《史記》點校本二「貍首」旁標專名線，可刪去。貍首，景祐本、黃善夫本、紹興本、乾道本、淳熙本、元刻本作「狸首」。貍、狸，正、俗字。《儀禮·大射儀》鄭玄注：「貍之言不來也。」此徐說所本。有二說：王筠曰：「蓋『來』、『貍』同音也。」惠士奇曰：「不來反為貍……後世反切之學出之此。」〔註346〕俞正燮、胡培翬、張澍、朱駿聲說

〔註344〕 方以智《通雅》卷 16，收入《方以智全書》第 1 冊，上海古籍出版社，1988 年版，第 560 頁。

〔註345〕 朱駿聲《說文通訓定聲》，武漢市古籍書店，1983 年版，第 305 頁。

〔註346〕 惠士奇《禮說》卷 10，收入《叢書集成三編》第 24 冊，新文豐出版公司，1997 年版，第 405 頁。

同〔註347〕。黃侃曰：「『貍』有喉、舌、唇三音。讀唇音者，聲近『不』字，變而為『貅』為『貓』，聲轉而為『貌』為『貓』。讀舌音者，聲同『來』字，變而為『猍』，聲轉而為『劉』（貍姓即劉姓）。『貍之言不來』者，合兩音以說之也，非反語也。讀喉音者，聲轉而為『猍』，《爾雅》『貍子，猍』是也。」〔註348〕惠士奇等說是，「不來」用作獸名，複言曰「貓貍」，又作「貅貍」，《爾雅》郭璞注：「猍，今或呼貅貍。」單言曰「貍（貍）」、「猍」、「猍」，亦曰「貅」、「貓」。

（4）古者封禪為蒲車，惡傷山之土石草木

《索隱》：謂蒲裹車輪，惡傷草木。

按：王叔岷曰：「《書鈔》卷 139、《類聚》卷 71、《御覽》卷 772、775 引『蒲』下皆有『輪』字。」《書鈔》見卷 141，王氏誤記，《事類賦注》卷 16 引同。《書鈔》卷 91 凡四引，皆無「輪」字，《類聚》卷 39、《初學記》卷 13、《通典》卷 54、《御覽》卷 536 引同，《漢志》亦同。水澤利忠指出黃善夫等本《索隱》無「惡傷草木」四字。《漢書‧郊祀志》顏師古注：「蒲車，以蒲裹輪。」此小司馬說所本。

卷二十九《河渠書》

（1）《夏書》曰：「禹抑洪水十三年，過家不入門。」

《索隱》：抑者，遏也。洪水滔天，故禹遏之，不令害人也。《漢書‧溝洫志》作『堙』。堙、抑，皆塞也。

按：錢大昕曰：「堙、抑、遏聲皆相轉。」張文虎曰：「《書‧益稷》疏引『抑』作『溼』，『過』上有『三』字。」王叔岷曰：「溼借為堊，《說文》：『堊，塞也。』」周壽昌曰：「《史記》作『禹抑洪水』。壽昌案：《書》言『鯀堙洪水』，非禹也。此『堙』字有誤，宜從《史記》。」蘇輿曰：「《索隱》：『抑者，遏也。』案：堙、抑同義，堙訓塞，塞亦遏也。抑、堙音轉。

〔註347〕俞正燮《癸巳類稿》卷 7《反切證義》（俞氏手訂本），收入《叢書集成續編》第 18 冊，新文豐出版公司，1988 年印行，第 469 頁。胡培翬《儀禮正義》卷 15，收入《續修四庫全書》第 92 冊，上海古籍出版社，2002 年版，第 221 頁。張澍《續黔書》卷 5，收入《續修四庫全書》第 735 冊，第 329～330 頁。朱駿聲《說文通訓定聲》，武漢市古籍書店，1983 年版，第 187 頁。

〔註348〕黃侃《經籍舊音辨證箋識》，附於吳承仕《經籍舊音辨證》，中華書局，2008 年版，第 391 頁。

《史·賈誼傳》『獨壹鬱兮』，本書作『壹鬱』。《書·益稷》《正義》引《河渠書》作『湮』，殆因《志》文作『堙』變字，《索隱》亦云『《漢書》作堙』，知舊本如是。《司馬相如傳》《難蜀父老辭》『昔者洪水沸出，夏后氏戚之，乃堙洪源』，《史記》亦作『乃湮鴻水』。可見西漢《尚書》必有『禹堙洪水』之文，故《志》文稱引亦同。《書》言『鯀陻洪水』，自為障塞義，不相妨。石經《洪範》作『伊鴻水』。伊、抑、堙亦聲之轉，湮、陻、堙同字。」〔註349〕錢、蘇說是也，「抑鬱」轉作「堙鬱」、「湮鬱」、「禋鬱」，是其比也。

（2）乃厮二渠以引其河

《集解》：《漢書音義》曰：「厮，分也。二渠，其一出貝丘西南二折者也，其一則漯川。」

《索隱》：厮，《漢書》作「釃」，《史記》舊本亦作「灑」，字從水。按：韋昭云「疏決為釃」，字音疏躧反。厮，即分其流泄其怒是也。又按：二渠，其一即漯川，其二王莽時遂空也。

按：宋翔鳳曰：「《說文》無『厮』字，當以『釃』為正。《漢書》注孟康曰：『釃，分也。』分其流泄其怒也。」〔註350〕姚範曰：「按《漢書》作『釃』，『釃』、『灑』俱有詩音，後人誤為『厮』。」〔註351〕王叔岷曰：「景祐本『厮』作『厮』，並俗字，當作『斯』，析也，分也。《初學記》卷6、《御覽》卷75引『厮』並作『釃』，今本《漢志》同。《說文》：『釃，下酒也。』段注：『引申為分疏之義。《溝洫志》「釃二渠以引河」是也。』《索隱》『《漢書》作釃』，黃善夫本、殿本『釃』作『灑』。《記纂淵海》卷8引此文『厮』作『穿』，恐非其舊。」《通典》卷172、《事類賦注》卷6引亦作「釃」。《索隱》「《漢書》作釃」之「釃」，乾道本、淳熙本、元刻本、慶長本亦作「灑」，故下云「《史記》舊本亦作灑，字從水」，「亦」字與之相應。作「釃」乃後人據今本《漢書》改之也。桂馥、朱駿聲、馬敘倫、查德基、吳國泰早指出「厮」是「斯」借字〔註352〕，是也。《集韻》：「斯、撕、厮、麗，析也，

〔註349〕周壽昌、蘇輿二氏說並轉引自王先謙《漢書補注》卷9，中華書局，1983年版，第854頁。

〔註350〕宋翔鳳《過庭錄》卷11，中華書局，1986年版，第191頁。

〔註351〕姚範《援鶉堂筆記》卷15，收入《續修四庫全書》第1148冊，上海古籍出版社，2002年版，第552頁。

〔註352〕桂馥《說文解字義證》，齊魯書社，1987年版，第1246頁。又見桂馥《札

或從手，亦作斯、麗。」斯、析一聲之轉。「灑（灑）」亦「斯」音轉〔註353〕，段玉裁謂由「下酒」之本義引申訓分疏，非是。本篇下文「九澤既灑」，吳國泰曰：「灑者，『斯』字之借。」至確。《漢書・溝洫志》顏師古注：「漯，音它合反。」「漯」是「濕」俗訛字〔註354〕，《事類賦注》卷6引作「隰川」，亦訛。又《索隱》「灑」音疏跬反，當據顏注引韋昭說作「疏佳反」，與《集韻》「山宜切」同音。

卷三十《平準書》

（1）自天子不能具鈞駟

《索隱》：《漢書》作「醇駟」，「醇」與「純」同，純一色也。

按：淳熙本《索隱》同，當標點作：「純，一色也。」黃善夫本、乾道本、元刻本、慶長本作「醇與純一色也」，脫「同」字，無下「純」字。朱駿聲曰：「醇，叚借為錞。」又「鈞，叚借為純。」〔註355〕其前說誤，後說是。吳國泰曰：「鈞假作均。」亦非是。

（2）高祖乃令賈人不得衣絲乘車

按：絲，《記纂淵海》卷54作「繡」，非其舊本。

（3）而賤其價以招民

按：賤，《漢書・食貨志》作「裁」。顏師古曰：「裁謂減省之也。」

（4）及王恢設謀馬邑，匈奴絕和親，侵擾北邊，兵連而不解，天下苦其勞，而干戈日滋

按：《漢書・食貨志》「苦」作「共」。顏師古曰：「共猶同。」錢大昭曰：「共讀與供同，謂供給其勞役也。小顏訓共為同，非是。」〔註356〕張文虎曰：「案『共』字疑當讀為供，下文云『中外騷擾相奉』，即此『共』

樓》卷4，中華書局，1992年版，第143頁。朱駿聲《說文通訓定聲》「癖」字條，武漢市古籍書店，1983年版，第513頁。馬敘倫《讀書續記》卷2，中國書店，1985年版，本卷第50～51頁。

〔註353〕相通之例參見張儒、劉毓慶《漢字通用聲素研究》，山西古籍出版社，2002年版，第500頁。

〔註354〕參見蕭旭《〈爾雅〉「蟄，靜也」疏證》。

〔註355〕朱駿聲《說文通訓定聲》，武漢市古籍書店，1983年版，第795、832頁。

〔註356〕錢大昭《漢書辨疑》卷12，收入《叢書集成初編》第162冊，中華書局，1985年影印，第196頁。

字注腳，師古注非也。《平準書》作『天下苦其勞』，或疑『共』乃『苦』字爛文。」〔註357〕余謂「共」是「苦」形訛，張氏後說是。《鹽鐵論・和親》：「其後王恢誤謀馬邑，匈奴絕和親，故當路結禍紛挐而不解，兵連而不息。」本於此文，「設」形誤作「誤」。

（5）選舉陵遲

按：陵遲，《漢書・食貨志》作「陵夷」，一聲之轉。本書《張釋之傳》「陵遲而至於二世」，錢大昕曰：「《漢書》作『陵夷』。《平準書》『選舉陵遲』，《漢志》亦作『夷』。《司馬相如傳》『陵夷衰微』，《漢書》作『遲』。古文『夷』與『遲』通……《說文》『遲』或作『迡』，從尼，『尼』古文『夷』字。」〔註358〕

（6）廉恥相冒

按：《漢書・食貨志》同。顏師古曰：「冒，蒙也。」《賈子・瑰瑋》：「君臣相冒，上下無辨。」冒猶蒙，欺詐也。

（7）散幣於邛僰以集之

按：集，《漢書・食貨志》作「輯」。顏師古曰：「『輯』與『集』同，謂安定也。」

（8）吏發兵誅之

《索隱》：吏發興誅之。謂發軍興以誅之也。

按：黃善夫本、乾道本、淳熙本、元刻本、慶長本、四庫本《索隱》無「吏發興誅之」五字。

（9）悉巴蜀租賦不足以更之

《集解》：韋昭曰：「更，續也。或曰：更，償也。」

按：《漢書・食貨志》顏師古注：「李奇曰：『不足用終更其事也。』韋昭曰：『更，續也。』師古曰：二說並非也。悉，盡也。更，償也。雖盡租賦不足償其功費也。更，音庚。」則「或曰更償也」五字非韋昭說，疑後人取師古說補之。師古說是也，或借「庚」、「賡」字為之。瀧川資言亦謂後說「更，償也」是。吳國泰取韋昭說「更，續也」，謂「更借為賡」，

〔註357〕張文虎《舒藝室隨筆》卷6，收入《續修四庫全書》第1164冊，上海古籍出版社，2002年版，第377頁。

〔註358〕錢大昕《史記考異》卷5，收入《二十二史考異》卷5，《嘉定錢大昕全集（二）》，江蘇古籍出版社，1997年版，第93頁。

非是〔註359〕。

　　（10）人徒之費擬於南夷

　　按：徒，《御覽》卷500引誤作「徙」。

　　（11）天子曰：「朕聞五帝之教不相復而治，禹湯之法不同道而
　　　　　王。」

　　按：王叔岷曰：「《商君書‧更法篇》：『前世不同教，何古之法？帝王不相復，何禮之循？』（又見《新序‧善謀篇》）」復，沿襲、因循。《秦始皇本紀》：「五帝不相復，三代不相襲。」《漢書‧韓安國傳》：「臣聞五帝不相襲禮，三王不相復樂。」復、襲同義對舉。《叔孫通列傳》「故夏殷周之禮，所因損益可知者，謂不相復也」，亦同。

　　（12）其一曰重八兩，圜之，其文龍，名曰「白選」，直三千

　　《索隱》：蘇林曰：「選音『選擇』之選。」包愷及劉氏音息戀反。《尚書大傳》云：「夏后氏不殺不刑，死罪罰二千饌。」馬融云：「饌，六兩。」《漢書》作「撰」，音同。

　　按：張文虎曰：「北宋、舊刻本作『撰』，與《食貨志》合。」朱駿聲謂「選」、「饌」、「鐉」是「鋝」借字，王叔岷從其說。惠士奇亦曰：「蓋古『選』、『撰』、『饌』通，皆與『鋝』同。『鋝』《史記》作『率』，《索隱》云：『舊本率亦作選。』《書大傳》：『一鐉六兩』。」〔註360〕沈欽韓曰：「按此『選』、『撰』、『鐉』字，同為『鋝』之轉音（或又譌為『鐉』）。」〔註361〕戴震則謂「率」、「選」、「饌」是「鋝」借字〔註362〕。桂馥曰：「鋝，通作選，又通作饌。」〔註363〕惠、沈、朱說是，「鐉」亦借字，是量名的專字。《周本紀》《集解》引徐廣曰：「率即鋝也，音刷。」「率」是「鋝」轉音，「鋝」、「鋝」同義。《說文》：「鋝，鋝也。」

〔註359〕且「更」訓續的本字是「賡」，亦不是「緪」。《說文》：「賡，古文續。」《爾雅》：「賡，續也。」
〔註360〕惠士奇《禮說》卷14，收入《叢書集成三編》第24冊，新文豐出版公司，1997年版，第456頁。所引《史記》見《周本紀》。《書大傳》見《路史》卷22羅苹注引。
〔註361〕沈欽韓《漢書疏證》卷32，收入《續修四庫全書》第267冊，上海古籍出版社，2002年版，第111頁。
〔註362〕戴震《辨〈尚書〉〈考工記〉「鋝」、「鋝」二字》，收入《東原文集》卷3，《戴震全書》第6冊，黃山書社，1994年版，第281頁。
〔註363〕桂馥《說文解字義證》，齊魯書社，1987年版，第1231頁。

（13）故吏皆適令伐棘上林，作昆明池

按：宋元各本及慶長本「適」上有「通」字。王念孫曰：「『通』即『適』之誤而衍者也。《索隱》無『通』字，《食貨志》亦無。」張文虎、張森楷從王說〔註364〕。吳國泰曰：「適假作謫。『通』為『適』之譌而誤衍之耳。」劉淇曰：「皆通，重言也。」楊樹達說同〔註365〕，施之勉從劉說（574 頁）。王叔岷曰：「通亦皆也，劉說為長。重言故可略其一。」顏師古曰：「適，讀曰謫。謫，責罰也。」《初學記》卷7、《治要》卷 14 引《漢書》作「謫」，《通鑑》卷 19 同；《玉海》卷 171 引《漢書》作「謫」。本字是「謫」，「謫」是俗字。作，《漢書·食貨志》同，《五行志》作「穿」。「作」是「鑿」聲轉〔註366〕。《搜神記》卷 13：「漢武帝鑿昆明池。」《說文》：「鑿，穿木也。」本指穿木之器具，引申為穿義。《廣雅》：「鑿，穿也。」

（14）釱左趾

《集解》：《史記音隱》曰：「釱音徒計反。」

《索隱》：《三蒼》云：「釱，踏腳鉗也。」

按：梁玉繩曰：「此所引《音隱》，各本譌作《音義》，惟毛本不誤。」張森楷說同〔註367〕。王叔岷曰：「《集解》『《史記音隱》』，黃善夫本、殿本並同。景祐本作《史記索隱》，梁氏據毛本定作《史記音隱》，是。」紹興本、乾道本、淳熙本亦作《史記音隱》，非惟毛本不誤也，梁氏未見宋本。元刻本、慶長本、四庫本誤作《史記音義》。《三蒼》「踏」，同「蹹」。《急就篇》卷4：「鬼薪白粲鉗釱髡。」顏師古注：「以鐵錔頭曰鉗，錔足曰釱。」釱、錔一聲之轉，錔之言沓也，指套在足趾上的器械。王念孫曰：「軑、錔一聲之轉，踏腳鉗謂之釱，轂耑錔謂之釱（軑），其義一也。」〔註368〕瀧川資言《考證》本作「釱」，各宋刻本《食貨志》同，字從「犬」則無義可說。

（15）而縣官有鹽鐵緡錢之故，用益饒矣

按：王筠曰：「《志》『有』作『目』。」張森楷說同。有，猶以也，古

〔註364〕張森楷《史記新校注》，中國學典館復館籌備處，1967 年版，第 2909 頁。
〔註365〕楊樹達《詞詮》，中華書局，1954 年版，第 66 頁。
〔註366〕參見蕭旭《韓詩外傳解詁》，《文史》2017 年第 4 輯，第 18 頁。
〔註367〕張森楷《史記新校注》，中國學典館復館籌備處，1967 年版，第 2912 頁。
〔註368〕王念孫《廣雅疏證》，收入徐復主編《廣雅詁林》，江蘇古籍出版社，1992 年版，第 610 頁。下「釱」當是「軑」誤刻。

音通〔註369〕。李人鑒謂「有」乃「以」字之誤，失之。益，猶言稍也，《漢書》作「少」，義同。

（16）乃徵諸犯令，相引數千人，命曰「株送徒」

《集解》：應劭曰：「株，根本也。送，引也。」如淳曰：「株，根蒂也。諸坐博戲事決為徒者，能入錢得補郎也。或曰：先至者為根。」

《索隱》：李奇云：「先至者為魁株。」應劭云：「株，根本也。送，當作『選』。選，引也。」應、李二音是。先至之人令之相引，似若得其株本，則枝葉自窮，故曰「株送徒」。又文穎曰：「凡鬭雞勝者為株。」《傳》云：「陽溝之雞，三歲為株。」今則鬭雞走馬者用之。因其鬭雞本勝時名，故云株送徒者也。

按：王叔岷曰：「選，俗書作『选』，『送』疑『选』之誤。」古無「选」字，「送」字不誤。遷徙之囚徒曰「送徒」，《高祖本紀》「高祖以亭長為縣送徒酈山，徒多道亡」，是其證也。《漢書·食貨志》顏師古注引應劭說作「送，致也」，是也，「送」即送致、送往義。株，株連，指罪及旁人。《釋名》：「罪及餘人曰誅。誅，株也，如株木根枝葉盡落也。」〔註370〕

（17）用充仞新秦中

按：張森楷曰：「《漢志》『仞』作『入』。」王叔岷曰：「《漢志》『仞』作『入』。仞借為牣，滿也。」王說是也，而猶未盡。各宋刻本《食貨志》作「入」，當是「人」形譌。「人」是「牣（仞）」同音借字。睡虎地秦簡《為吏之道》「根（墾）田人邑。」亦借用「人」字〔註371〕。

三十《世家》校補

卷三十一《吳太伯世家》

（1）太伯弟仲雍

《索隱》：伯、仲、季是兄弟次第之字。若表德之字，意義與名相符，則《系本》曰「吳孰哉居蕃離」，宋忠曰「孰哉，仲雍字。蕃離，今吳之餘

〔註369〕 參見吳昌瑩《經詞衍釋》，中華書局，1956 年版，第 52～53 頁。裴學海《古書虛字集釋》，中華書局，1954 年版，第 152～153 頁。

〔註370〕《廣韻》引「木根」作「大樹」。

〔註371〕 參見裘錫圭《考古發現的秦漢文字資料對於校讀古籍的重要性》，收入《裘錫圭學術文集》卷 4，復旦大學出版社，2012 年版，第 370～371 頁。

暨也」。解者云雍是孰食，故曰雍字孰哉也。

　　按：「孰」是「熟」古字，「哉」是「䊮」借字；「雍」是「饔」省文，古字作「饔」。《說文》：「䊮，設飪也，讀若載。」又「饔，孰食也。」「饔」又省作「雝」，公序本《國語・周語下》：「佐雝者嘗焉。」韋昭注：「雝，亨（烹）煎之官也。」明道本作「饎」，《冊府元龜》卷 261 作「饔」。「䊮」是會意兼形聲字，會手持食物〔註372〕；䊮之言載也，謂載熟食於器，故訓作設飪也。「孰哉」之名取義於設載熟食，故仲雍字孰哉也〔註373〕。本篇下文《索隱》引《吳地記》：「仲雍冢在吳鄉（郡）常孰縣西海虞山上。」《吳郡志》卷 48 引《括地志》：「仲雍冢在常熟縣西北三里海禹山上。」然則地名「常孰（熟）」，得名於人名「孰哉」也。陳槃曰：「《索隱》云云。槃案此義迂曲。《世本》又云：『孰姑徙句吳。』豈謂此一吳君亦以熟食為字耶？此不通之論也。然則『孰哉』不必定為仲雍字也。沈欽韓曰：『古人無此不經之字，顯係皇甫謐等偽撰，反竄入《世本》。』（《漢書疏證》卷 6『仲雍』條）案此宋忠傅會之說，以為皇甫謐偽作，則亦誤也。」〔註374〕沈、陳不能考「仲雍字孰哉」意義相符，徑斥為「不經」、「偽撰」、「迂曲」、「不通」，厚誣古人矣。至於「孰姑」，則是吳王壽夢，宋范成大《吳郡志》卷 48、明方以智《通雅》卷 20 有考，指出「壽」與「孰」、「姑」與「諸」皆音相近，今「姑蘇」得名於人名「孰姑」。難道有一相同的「孰」字，其取義就必定相同？陳槃牽引不相涉之文，以駁《索隱》，庸有當耶？顧頡剛曰：「《索隱》云云，洵如其言，是『仲雍』為華名而『孰哉』為夷號。然『壽夢』既為夷名矣，何以又曰『孰姑』？得非『壽夢』者生時之名，『孰姑』者死後之諡耶？」〔註375〕顧氏臆測之說，且亦自知其說之矛盾；大膽假設則有之，而全無小心求證之過程。

〔註372〕「䊮」亦是會意兼形聲字，會手執樹木種植於土，同「藝」。是其比也。

〔註373〕參見方以智《通雅》卷 34，收入《方以智全書》第 1 冊，上海古籍出版社，1988 年版，第 1056 頁。朱駿聲《說文通訓定聲》亦指出「雍，叚借為饔」，武漢市古籍書店，1983 年版，第 51 頁。曹植《仲雍哀辭》「曹喈字仲雍」，此「仲雍」取義於鳥聲喈喈而鳴也。雍，和也。「喈」是鳥聲和諧的分別字。《爾雅》：「噰噰、喈喈，民協服也。」

〔註374〕陳槃《〈史記・吳太伯世家〉補注》，收入《舊學舊史說叢》，上海古籍出版社，2010 年版，第 591 頁。

〔註375〕顧頡剛《史林雜識（初編）》，中華書局，1963 年版，第 212～213 頁。陳槃《補注》第 624 頁亦引其說。

（2）太伯之犇荊蠻，自號句吳

《索隱》：顏師古注《漢書》，以吳言「句」者，夷語之發聲，猶言「於越」耳。

按：①於越，各本同，當作「于越」。《漢書・貨殖傳》顏師古注：「于，發語聲也。戎蠻之語則然。于越，猶句吳耳。」古國名、族名、地名前用「于」字，音轉則作「有」（「于夏」亦作「有夏」），猶言大也〔註376〕。②「句吳」金文中亦作「攻吳」、「攻敔」、「工獻」。《淮南子・繆稱篇》許慎注：「句吳，夷語不正，言『吳』加以『句』也。」《左傳・宣公八年》孔穎達疏：「『句』或為『工』，夷言發聲也。」《漢書・地理志》顏師古注：「句音鉤，夷俗語之發聲也。亦猶越為于越也。」〔註377〕楊慎曰：「越曰於（于）越，吳曰勾吳，邾曰邾婁，本一字而為二字，古聲雙疊也。《莊子》云「離朱之目」，《孟子》云『離婁之明』，婁、朱本二字而二聲，足以為證。或以『勾吳』、『於（于）越』為方言夷音，謬矣。」〔註378〕施之勉從楊說。朱駿聲曰：「句，發聲之詞。《越語》『南至於句無』，注：『諸暨有句無亭。』《漢書・地理志》『號曰句吳』，注：『夷俗語之發聲，猶越為于越。』《左宣八傳》疏：『句或為工。』」又「越為歐越，猶邾為邾婁，吳為句吳，皆雙聲疊韻之方言也。」〔註379〕王國維曰：「古音『工』、『攻』在東部，『句在』侯部，二部之字，陰陽對轉，故『句吳』亦讀『攻吳』。」〔註380〕吳國泰曰：「『句吳』二字皆夷語。《說文》：『吳，大言也。』非若郜、邠、鄧、鄭之為國名也。蓋蠻夷語，緩讀之則為『句吳』，急讀之則為『吳』。師古以『句』為『夷之發聲』，尋其意旨，是以『吳』為國名矣，其言恐未為是（『句吳』二字聲與『瓜哇』相近，意者本為同族，後始分歧？志之以質於世之研究地理人種學者）。」陳直曰：「『勾（引者按：即『句』）吳』亦作『攻吳』，《左宣八年傳》疏作『工吳』，『工』與『功』古字通用。戰國陶

〔註376〕 參見蕭旭《釋「有夏」》，收入《古書虛詞旁釋》，廣陵書社，2007 年版，第 64～66 頁。

〔註377〕 北宋景祐本、南宋嘉定白鷺洲本、南宋建安刻本、南宋慶元刻本、元大德刻本作「干越」，「干」是「于」形訛。清刻本《漢書》多誤作「於越」。

〔註378〕 楊慎《丹鉛餘錄》卷 13，景印文淵閣《四庫全書》第 855 冊，臺灣商務印書館，1986 年初版，第 80 頁。

〔註379〕 朱駿聲《說文通訓定聲》，武漢市古籍書店，1983 年版，第 349、361 頁。

〔註380〕 王國維《攻吳王夫差鑒跋》，王國維《觀堂集林》卷 18，中華書局，1959 年版，第 898 頁。

器中，工人名皆作攻某可證。而金文中皆作『攻吳』，無作『勾吳』者……蓋『勾』、『攻』二字，為一聲之轉。」「吳（敔、歔）」是國名，吳國泰說非是。國名、工名前加「句」或「工（攻）」者，是美善之稱，吳越之方言。字亦作「訽」，《方言》卷7：「訽、貌，治也。（郭璞注：『謂治作也。訽，恪垢反。』）吳、越飾貌為訽，或謂之巧。（郭璞注：『語楚聲轉耳。』）」黃侃亦曰：「『訽』同『工』、『巧』。」〔註381〕「訽」謂治作之巧善、裝飾之精巧，因有「美」、「巧」義〔註382〕。「邾婁」則是疊音複詞，「邾」、「婁」音轉〔註383〕，與「句吳」構詞方式不同。

（3）季札封於延陵

《索隱》：《太康地理志》曰：「故延陵邑，季札所居，栗頭有季札祠。」

按：栗頭，乾道本、瀧川資言《考證》本同，黃善夫本、淳熙本、元刻本、慶長本、殿本作「粟頭」。「粟頭」、「栗頭」皆無考，未詳孰是。

（4）懼猶不足，而又可以畔乎

《索隱》：《左傳》曰：「而又何樂。」此「畔」字宜讀曰「樂」。樂謂所聞鐘聲也，畔非其義也。

按：《左傳》見《襄公二十九年》。洪頤煊曰：「畔即般字。《爾雅》：『般，樂也。』古字通用。」錢大昕曰：「『畔』讀為『心廣體胖』之胖，『胖』與『般』同，皆有樂義。」梁玉繩從錢說，瀧川資言從三氏說，張森楷從梁說。張文虎讀畔為般〔註384〕，池田引春臺說讀畔為盤，崔適讀畔為槃、般。牛運震曰：「『而又可以畔乎』亦不成語，照《左傳》作『樂』字為是。」查德基曰：「畔蓋昇之叚字，喜樂兒。」郭嵩燾曰：「『畔』承上『辯而不德』為言，謂所畔者德也。」吳國泰曰：「畔者嫯之借字。《說文》：『嫯，奢也。』」「畔」不得讀作「樂」，小司馬說無據。《爾雅》「般」訓樂者，般之言盤旋，指遊樂、快樂，「昇」亦同源，洪氏等說是也。吳國泰說亦通，畔讀

〔註381〕 黃侃《說文同文》，收入《說文箋識》，中華書局，2006年版，第71頁。又第30、89頁說同。

〔註382〕 參見蕭旭《〈方言〉「訽，治也」疏證》，《澳門文獻信息學刊》2020年第1期，第206～211頁。

〔註383〕 參見章太炎《小學略說·一字重音說》，收入《國故論衡》卷上，上海中西書局，1924年版，第50～51頁。王力稱作「駢詞」，參見王力《漢語史稿》，中華書局，2004年版，第58～59頁。

〔註384〕 張文虎《舒藝室隨筆》卷4，收入《續修四庫全書》第1164冊，上海古籍出版社，2002年版，第356頁。

為奓，指奢侈、奢縱。

（5）光謀欲入郢，將軍孫武曰：「民勞，未可，待之。」

按：《伍子胥列傳》「待之」上有「且」字。《吳越春秋・闔閭內傳》作「民勞，未可恃也」，「恃也」當據本書校正。

（6）越使死士挑戰，三行造吳師，呼，自剄

按：《越王勾踐世家》作「三行至吳陳，呼而自剄」。造，至也。

（7）敗之姑蘇

《集解》：《越絕書》曰：「闔廬起姑蘇臺，三年聚材，五年乃成，高見三百里。」

按：三百，《文選・吳都賦》、《為曹公作書與孫權》李善注二引同，《御覽》卷170、178、《太平寰宇記》卷91、《方輿勝覽》卷2、《永樂大典》卷7214引亦同；明刊本《越絕書・內經九術》、《吳越春秋・勾踐陰謀外傳》作「二百」，《御覽》卷177引《吳越春秋》亦同。

（8）吳王病傷而死

《集解》：《越絕書》曰：「槃郢、魚腸之劍在焉。」

按：王叔岷曰：「《越絕書》見《越絕外傳記吳地傳》，『槃郢』作『時耗』（恐非）。」《說郛》卷27引楊奐《山陵雜記》亦作「時耗」；《御覽》卷343引作「磐郢」，《吳越春秋・闔閭內傳》同；《事類賦注》卷13、《吳都文粹》卷9引作「盤郢」，江淹《銅劍讚》引《皇覽・帝王冢墓記》同；《類聚》卷40引作「干將」。

卷三十二《齊太公世家》

（1）以漁釣奸周西伯

《正義》：奸音干。《呂氏春秋》云：「太公釣於茲泉，遇文王。」

按：梁玉繩曰：「太公就養西歸，天下仰為大老，何云奸也？」張文虎曰：「《詩・文王》疏引『奸』作『干』，《冊府元龜》卷308同。」王叔岷曰：「《水經・河水注》、《文選・東京賦》注、《運命論》注、《後漢書・崔駰傳》注、《帝範》注、《容齋五筆》卷2引『奸』亦皆作『干』。」施之勉說略同，又指出《事類賦注》卷29引亦作「干」。《冊府元龜》卷38引亦作「干」，《記纂淵海》卷84、《黃氏日抄》卷51引同。瞿方梅、吳國泰指出「奸」是「迁」借字，進也，其說是也，俗作「干」。梁玉繩未知通假。

《呂氏春秋・謹聽》、《觀世》二篇並有「太公釣於滋泉」之語。

（2）胡公徙都薄姑

《正義》：《括地志》：「薄姑城在青州博昌縣東北六十里。」

按：薄姑，亦作「蒲姑」、「亳姑」。《書》序：「將遷其君於蒲姑。」《釋文》：「蒲，馬本作『薄』。」又《書》序：「故使近文武之墓，告周公作亳姑。」《集韻》：「蒲，蒲姑，地名，在齊。」

（3）魯桓公知之，怒夫人，夫人以告齊襄公

按：怒，《魯周公世家》、《列女傳》卷7同，《管子・大匡》作「責」。《廣雅》：「怒，責也。」《左傳・桓公十八年》作「謫」，杜預注：「謫，譴也。」《釋文》：「謫，責也。」《晉世家》「即辭之，君且怒之」，又「夷吾以告公，公怒士蔿」，亦此義。下句《左傳・僖公五年》作「夷吾訴之，公使讓之」，杜預注：「譴讓之。」《晉世家》：「子玉之敗而歸，楚成王怒其不用其言，貪與晉戰，讓責子玉，子玉自殺。」「怒」即「讓責」之義，異字同義。尤為明證。

（4）桓公之中鉤，詳死以誤管仲

按：誤，欺也。《說文》：「詿，誤也。」《廣雅》作「誝，欺也」，是誤亦欺也。字亦作虞，《廣雅》：「虞，欺也。」字亦作愄，《集韻》：「愄，欺也，疑也。」

（5）遂殺子糾於笙瀆

《集解》：賈逵曰：「魯地，句瀆也。」

《索隱》：賈逵云「魯地句瀆」。又按：鄒誕生本作「莘瀆」，「莘」、「笙」聲相近。笙如字，瀆音豆。《論語》作「溝瀆」，蓋後代聲轉而字異，故諸文不同也。

按：梁玉繩曰：「笙瀆，《左傳》作『生竇』。竇、瀆古通，而生之為笙為莘，一以義通，一以音近。故《儀禮・大射儀》注：『笙，猶生也。』」張森楷從梁說。池田引重野子潤曰：「笙瀆，地名，或作『莘』，異聞耳。」《左傳・莊公九年》作「生竇」，杜預注：「生竇，魯地。」生、笙、莘，音皆相近，梁玉繩、重野皆隔於古音。「句瀆」即《論語・憲問》「溝瀆」轉語。

（6）管仲曰：「夫劫許之而倍信殺之，愈一小快耳，而棄信於諸侯，失天下之援，不可。」

《集解》：徐廣曰：「一云『已許之，而倍信殺劫也』。」

按：王念孫曰：「『愈』即『偷』字也。偷，苟且也。愈一小快，即偷一小快也。」〔註385〕李笠曰：「此語頗費解，細繹之，蓋『信』即『倍』字之誤衍也。劫許之者，謂劫壇時則許之也。倍殺之者，謂背其人則殺之也。『倍』字正對『劫』字，故曰『桓公後悔也』。『愈』同『愉』。愈一小快者，蓋謂愉適一時小快耳。」池田從李說，謂「信」字衍文，又引子潤曰：「愈，廖也。」瀧川資言引岡白駒曰：「愈讀曰偷，苟也。」王叔岷曰：「愈讀曰偷，是也。惟不必訓為苟。偷，取也。《刺客列傳》作『貪小利以自快』，『貪』與『偷』義近。」施之勉從王說。徐仁甫曰：「『愈』為『俞』之增體字，『俞』同『偷』。」「夫劫許之」當逗讀，王叔岷正如此讀〔註386〕。愈，讀作愉，悅也，亦快也，李笠說是。《冊府元龜》卷242「愈」作「僅」，蓋臆改。李笠說「信」字衍文，蓋未然也。夫劫許之者，言劫持時答應他。倍信殺之者，背棄承諾殺害他。「倍信」、「棄信」義同。

（7）宰孔曰：「齊侯驕矣，弟無行。」

按：水澤利忠曰：「弟，凌、殿『第』。」瞿方梅曰：「弟、第古今字。」蔣禮鴻曰：「『弟』與『第』同。」王叔岷曰：「《記纂淵海》卷58引『弟』作『第』，殿本同，古字通用。《晉世家》作『君弟毋會』，黃善夫本、殿本『弟』亦並作『第』。」《記纂淵海》見卷43引，王氏誤記，慶長本、四庫本亦作「第」。

（8）八月乃葬齊桓公

《正義》：《括地志》云：「齊桓公墓在臨菑縣南二十一里牛山上，亦名鼎足山，一名牛首堈，一所二墳。晉永嘉末，人發之……得金蠶數十薄，珠襦、玉匣、繒綵、軍器不可勝數。」

按：《說郛》卷27楊奐《山陵雜記》「二墳」作「三墳」，「薄」作「簿」。「簿」為正字，字亦作箔、簿，指蠶具。

（9）非其私暱，誰敢任之

按：暱，《左傳·襄公二十五年》同；淳熙本作「暱」，《晏子》、《治要》卷5引《左傳》同。「暱」是「暱」形訛，字亦作「昵」。敢，《左傳》同，猶能也，《晏子春秋·內篇襍上》作「孰能任之」。

〔註385〕 王念孫《史記雜志》、《漢書雜志》，收入《讀書雜志》卷2、5，中國書店，1985年版，本卷第88、59頁。
〔註386〕 王叔岷《史記斠證》，中華書局，2007年版，第1308頁。

（10）犁鉏曰

《索隱》：且，即餘反。即犁彌也。

按：梁玉繩曰：「《索隱》本作『犁且』。」池田說同。水澤利忠曰：「且，慶、中統、彭、凌、殿『鉏』。」王叔岷曰：「黃善夫本《索隱》『且』作『鉏』，殿本同。是否《索隱》本之舊，未敢遽斷。《左定十年傳》作『犁彌』。」乾道本、淳熙本、慶長本《索隱》「且」亦作「鉏」。《韓子·說林上》亦作「犁鉏」，《孔子世家》作「黎鉏」（《書鈔》卷107引作「犁且」），《韓子·內儲說下》、《長短經·昏智》作「犁且」（道藏本《意林》卷1引《韓子》作「梨沮」，學津討原本作「黎且」）。「且」即「鉏」省借。蓋犁彌字鉏（且），其名、字相應，當即連綿詞「鉏彌」之分言〔註387〕。

卷三十三《魯周公世家》

（1）武王有疾，不豫

按：豫，《書·金縢》同，清華簡（一）《金縢》作「瘝」。孔傳：「武王有疾，不悅豫。」《釋文》：「豫，本又作忬。」《說文》：「《周書》曰：『有疾不悆。』悆，喜也。」《玉篇》：「悆，豫也，悅也。」段玉裁曰：「忬，蓋即悆字也。」〔註388〕王鳴盛曰：「當以《說文》為正。」〔註389〕吳國泰曰：「豫者，悆之借字。」瘝亦悆借字。《禮記·曲禮》孔疏引《白虎通》：「天子病曰不豫，言不復豫政也。」非是。

（2）若爾三王是有負子之責於天，以旦代王發之身

《索隱》：《尚書》「負」為「丕」，今此為「負」者，謂三王負於上天之責，故我當代之。鄭玄亦曰「丕」讀曰「負」。

按：鄭玄說「丕讀曰負」，《書》孔疏引作「丕讀曰不」。負子，《後漢書·隗囂傳》同，清華簡（一）《金縢》作「備子」。孔疏引鄭玄曰：「丕讀曰不，愛子孫曰子。元孫遇疾，若汝不救，是將有不愛子孫之過，為天所責，欲使為之請命也。」是《索隱》所引鄭說「負」當作「不」。段玉

〔註387〕 參見蕭旭《「嬰兒」語源考》，收入《群書校補（續）》，花木蘭文化出版社，2014年版，第2073頁。

〔註388〕 段玉裁《古文尚書撰異》卷15，收入阮元《清經解》，鳳凰出版社，2005年版，第4800頁。

〔註389〕 王鳴盛《尚書後案》，收入《嘉定王鳴盛全集》第2冊，中華書局，2010年版，第634頁。

裁、惠棟、查德基都指出《索隱》引鄭說作「負」是轉寫之誤〔註390〕。惠棟曰：「鄭注《尚書》曰：『丕讀曰不，愛子孫曰子。』《史記》作『負子』（《索隱》引鄭注云『丕讀曰負』，誤也）。《白虎通》曰：『天子曰不豫，言不復豫政也；諸侯曰負子，子，民也，言憂民不復子之也。』《公羊傳》曰：『屬負茲。』《禮記音義隱》曰：『天子曰不豫，諸侯曰不茲，大夫曰犬馬，士曰負薪。』然則負子即不茲也。『負』與『丕』音相近（負讀為陪，《禹貢》『陪尾』，《史記》作『負尾』），『子』又與『茲』同。諸說不一，鄭氏為長。《益稷》曰：『予不子。』故鄭讀從之。孔訓丕為大，義所未安。」段玉裁說略同，池田從段說。俞樾曰：「『負子』之義本為『不子』。」〔註391〕章太炎曰：「古音負、丕皆如倍，故孔安國讀丕為負……負子者，所謂繦負其子……或負或抱，通得稱負。質言之，則保育其子耳。鄭以丕子為不慈，義雖可通。依《史》則責為責任，依鄭則責為譴責，不如舊故為長……若馬、偽孔，皆讀丕如字，以丕子為大子，則文義不馴矣。」〔註392〕施之勉從章說。曾運乾讀「丕子」為「布茲」，解為「布席」，指助祭之事〔註393〕。吳國泰曰：「『丕』、『負』皆為『保』之借字。」于省吾訓「丕子」為「斯子」〔註394〕。王叔岷曰：「丕、負古通……屈翼鵬兄《尚書釋義》云：『負，荷也，猶保也。』是也（說互詳拙著《尚書斠證》）。《索隱》未得『負』字之義。」丕、不、負、備並一聲之轉，「負子」之確詁不能定也。

（3）敷佑四方

《集解》：馬融曰：「武王受命於天帝之庭，布其道以佑助四方。」

按：今本《金縢》同，清華簡（一）《金縢》作「専又四方」。俞樾曰：「敷之言徧也，字通作普，亦通作溥，敷、溥、普文異義同。佑乃俗字，

〔註390〕段玉裁《古文尚書撰異》卷 14，《四部要籍注疏叢刊》，中華書局，1998年版，第 1954 頁。惠棟《九經古義》卷 4，收入阮元《清經解》，鳳凰出版社，2005 年版，第 2822 頁。查德基《學古堂日記·史記》，收入《二十四史訂補》第 1 冊，書目文獻出版社，1996 年版，第 407 頁。下文引同。

〔註391〕俞樾《群經平議》卷 5，收入王先謙《清經解續編》，鳳凰出版社，2005年版，第 6830 頁。

〔註392〕章太炎《太史公古文尚書說》，《章太炎全集》第 2 輯，上海人民出版社，2015 年版，第 252 頁。

〔註393〕曾運乾《尚書正讀》卷 3，中華書局，1964 年版，第 141 頁。

〔註394〕于省吾《雙劍誃尚書新證》卷 2，中華書局，2009 年版，第 104 頁。

當作右，而讀為『有』。敷佑四方者，普有四方也」〔註395〕王國維曰：「案《盂鼎》云：『匍有四方。』知『佑』為『有』之假借，非佑助之謂矣。」〔註396〕二氏說是也，《逨盤》亦有「匍有四方」之語。王引之亦指出「敷者，徧也」，惟王氏訓「佑」為「佑助」失之〔註397〕。「敷（專、溥）」音轉又作「方」、「旁」。

（4）知小人之依，能保施小民，不侮鰥寡

《集解》：孔安國曰：「小人之所依，依仁政也。故能安順於眾民，不敢侮慢惸獨也。」

按：吳國泰曰：「保施，《尚書》作『保惠』。保者，敷之借字。敷施小民者，敷施恩惠於小民也。」《書》見《無逸》。吳說非是，既誤解「保施」，又增「恩惠」足其義。依太史公說，施，惠也，作動詞用。保，養育。

（5）王乃得周公所自以為功代武王之說

按：功，今本《金縢》同，清華簡（一）《金縢》作「𦂅」。上文「周公於是乃自以為質」。吳國泰讀功為貢，是也，𦂅亦借字。質讀為贄。「貢」用作名詞，指獻神之贄物。

（6）成王執書以泣

按：執書以泣，今本《金縢》、《漢書·梅福傳》顏師古注引《尚書大傳》同，清華簡（一）《金縢》作「捕箸以溼」。「溼」同「泣」。箸，讀為書。捕，讀為敷，布也。

（7）惟予幼人弗及知

按：幼人，《漢書·梅福傳》顏師古注引《尚書大傳》同，今本《金縢》作「沖人」，清華簡（一）《金縢》作「𥄂人」。「𥄂」、「沖」聲轉。孔疏：「沖、童聲相近，皆是幼小之名。」朱駿聲讀沖為僮〔註398〕。

（8）惟朕小子其迎

《正義》：孔安國曰：「周公以成王未寤，故留東未還，成王改過自新，

〔註395〕俞樾《群經平議》，收入王先謙《清經解續編》，鳳凰出版社，2005年版，第6831頁。

〔註396〕王國維《與友人論〈詩〉〈書〉中成語二》，收入《觀堂集林》卷2，河北教育出版社，2001年版，第43頁。

〔註397〕王引之《經義述聞》卷3，江蘇古籍出版社，1985年版，第88頁。

〔註398〕朱駿聲《說文通訓定聲》，武漢市古籍書店，1983年版，第37頁。

遣使者迎之。」

按：今本《金縢》作「惟朕小子其新逆」，《釋文》：「新逆，馬本作『親迎』。」清華簡（一）《金縢》作「隹（惟）余沖（沖）人其親逆公」。《詩·東山》序鄭箋：「成王既得金縢之書，親迎周公。」是鄭本亦同馬本。孔疏引鄭玄注：「新迎，改先時之心，更自新以迎周公。」說同孔氏，非是。「新」、「親」古通，「親」是正字。逆、迎一聲之轉。

（9）煬公築茅闕門

《集解》：徐廣曰：「茅，一作第，又作夷。」

按：梁玉繩曰：「徐廣謂『茅，一作第，又作夷』，恐非也。《韓子·外儲說右上》、《說苑·至公》言『楚莊王立茅門之法』，『煬公築茅闕門』當亦其類。」李笠曰：「『茅』作『第』是也，『第』同『弟』，與『夷』形近易誤。」王叔岷曰：「茅、弟、夷三字形近易亂。此文當以『弟』為是，『第』又『弟』之變也。《說文》：『雉，古文作䧅。』或省作『弟』。《韓子》、《說苑》『茅門』並當作『弟門』或『第門』。」王叔岷說本洪頤煊、孫詒讓。洪氏曰：「『雉』字古文作『䧅』。『茅闕門』即『雉闕門』之譌。」〔註399〕洪氏又曰：「『茅』當作『苐』，因字形相近而譌。『苐門』即《春秋》所謂『雉門』。《說文》：『雉，古文作䧅。』《爾雅·釋詁》樊光注：『雉，夷也。』古文雉、弟、夷三字通用。《韓非子》：『荊莊王有茅門之法。』《御覽》卷353引作『苐門』（引者按：當作『弟門』），足與此互相證。」〔註400〕《御覽》卷638引《韓子》亦作「弟門」。孫詒讓曰：「茅門，下作『茆門』，《說苑·至公篇》亦作『茅』。案：茅門，即雉門也。《說文》：『雉，古文作䧅。』或省為『弟』，與『茅』形近而誤。《史記·魯世家》『築茅闕門』，即《春秋定二年經》之雉門兩觀也。」〔註401〕洪、孫說是也。宋翔鳳說同梁玉繩〔註402〕。翟灝曰：「《索隱》以『茅』為『第』字之譌，竊謂作如字讀亦無害。」〔註403〕

〔註399〕洪頤煊《禮經宮室答問》卷下，收入《續修四庫全書》第110冊，第167頁。

〔註400〕洪頤煊《讀書叢錄》卷18，收入《續修四庫全書》第1157冊，第714～715頁。

〔註401〕孫詒讓《札迻》卷7，中華書局，1989年版，第211頁。其說又見孫詒讓《周禮正義》卷65，中華書局，1987年版第2714頁。

〔註402〕宋翔鳳《過庭錄》卷11，中華書局，1986年版，第192頁。

〔註403〕翟灝《四書典故辨正》卷10，收入《續修四庫全書》第167冊，上海古籍出版社，2002年版，第498頁。「《索隱》」當是「《集解》」之誤記。

三氏以「茅」字為是，皆失之。李笠未知「第」、「夷」音轉。《竹書紀年》卷下亦誤作「茅闕門」。張玉春曰：「古文雉、茅、夷三字通用……又作『弟』或因與『夷』形近而誤。」〔註404〕張氏不通古音，全是妄說。

（10）富父終甥春其喉以戈，殺之

《集解》：服虔曰：「富父終甥，魯大夫也。春猶衝。」

按：朱駿聲、吳國泰讀春為撞〔註405〕。王叔岷曰：「《左傳》『春』作『椿』，杜注：『椿，猶衝也。』椿，俗春字。」《白氏六帖事類集》卷7、《御覽》卷351、368引《左傳》作「春」。春之言撞，擣也。《釋名》：「春，撞也。」

（11）魯人立齊歸之子裯為君

《集解》：徐廣曰：「裯，一作裪。」

《索隱》：《系本》作「稠」。又徐廣云一作「裪」，音紹也。

按：裯（稠）、裪一聲之轉。《釋名》：「綢，貂也。」綢或作紹，鯛或作鮹，髟或作髻，皆其比也。梁玉繩校《年表》謂作「裪」非〔註406〕，未達通假也。

（12）齊欲襲魯君

按：襲，《齊太公世家》、《穀梁傳・定公十年》、《新語・辨惑》作「執」，《家語・相魯》作「劫」。「襲」從龖省聲，本作「龑」（見《說文》），與「執」疊韻相轉，當讀作執，劫亦謂用力脅持之。「蓻」音轉作「罋（罋）」〔註407〕，是其比。《楚世家》：「楚王怒曰：『召我，我將好往襲辱之。』遂行，至盂，遂執辱宋公，已而歸之。」「襲辱」即「執辱」，此是明證。《商君列傳》「會盟已，飲，而衛鞅伏甲士而襲虜魏公子卬」，襲亦讀作執。《公羊傳・莊公十二年》何休注：「虜，執虜也。」又「女嘗執虜於魯侯。」「執虜」是漢人言。《陳杞世家》「楚之白公勝殺令尹子西、子綦，襲惠王」，《左傳・哀公十六年》、《楚世家》、《伍子胥列傳》「襲」作「劫」，襲亦讀作執。

〔註404〕張玉春《〈史記〉徐廣注研究》，《暨南學報》2002年第3期，第82頁。

〔註405〕朱駿聲《說文通訓定聲》，武漢市古籍書店，1983年版，第42頁。

〔註406〕梁玉繩《史記志疑》卷8，中華書局，1981年版，第364頁。

〔註407〕《漢書・項羽紀》「罋服」，《陳咸傳》「執服」，《朱博傳》「蓻服」，即一詞異寫。《玄應音義》卷9：「慴，古文蓻，或作罋。」

卷三十四《燕召公世家》

（1）哥詠之，作《甘棠》之詩

按：水澤利忠曰：「哥，蜀、凌、殿『歌』。」龍良棟曰：「哥，殿本作『歌』，吳本同，各本並作『哥』，音義同。」王叔岷曰：「殿本『哥』作『歌』，古今字。」淳熙本、慶長本亦作「歌」，《說苑·貴德》、《冊府元龜》卷 682、《資治通鑑外紀》卷 3 同。

（2）燕惠侯當周厲王奔彘

按：敦煌寫卷 P.2627 作「奏」，即「彘」，俗「彘」字（參見《龍龕手鏡》）。P.2627《管蔡世家》「周厲王奔於彘」，亦作此形。S.1722《兔園策府》卷第一《征東夷》：「不勞荀奏之謀，詎待涉河之說？」即「荀彘」。

（3）子釐侯立

按：釐，敦煌寫卷 P.2627 作「釐」，俗字。寫卷「釐」字皆作此形，下不再出。

（4）鄭桓公初封於鄭

按：桓公，敦煌寫卷 P.2627 作「宣公」。水澤利忠、王叔岷、施之勉曾取敦煌本校訂本篇，而失校此字。宣、桓古字通〔註408〕。

（5）立惠王弟穨為周王

按：水澤利忠曰：「穨，井、蜀、慶、中統、彭、凌、殿『頹』，敦煌、蔡『頹』。」王叔岷曰：「敦煌本、景祐本、黃善夫本、殿本『穨』皆作『頹』……『頹』乃『穨』之俗變。」敦煌寫卷 P.2627 作「頹」（水澤利忠校不誤），乾道本、淳熙本同。「頹」亦俗字。紹興本、慶長本、四庫本亦作「頹」。敦煌寫卷「穨」字皆作「頹」，下不再出。

（6）已而啟與交黨攻益，奪之

按：瀧川資言曰：「楓山、三條本『交』作『支』，《策》作『友』。」王叔岷曰：「《韓子》『交』亦作『友』。姚氏本《燕策》作『支』，與此楓、三本合。作『交』是。」宋元各本及四庫本、殿本作「交」，獨慶長本作「支」。《冊府元龜》卷 253、254、《通鑑》卷 3、《通志》卷 77 作「交」。

〔註408〕參見高亨《古字通假會典》，齊魯書社，1989 年版，第 165～166 頁。

卷三十五《管蔡世家》

（1）楚圍鄭，鄭降楚，楚復醳之

《正義》：醳音釋。

按：水澤利忠曰：「醳，敦煌『釋』。」段玉裁曰：「《史記》以『醳』為『釋』，同聲假借也。」〔註409〕吳國泰曰：「醳者，『釋』之借字。」王叔岷曰：「敦煌本『醳』作『釋』。《史記》例以『醳』為『釋』。」王叔岷說本王念孫〔註410〕，其說未必然也。《衛康叔世家》「楚莊王圍鄭，鄭降，復釋之」，《宋微子世家》「楚莊王圍鄭，鄭伯降楚，楚復釋之」，敘同一事，都作「釋」字。本篇下文「晉厲公伐曹，虜成公以歸，已復釋之」，《楚世家》「伐蔡，虜蔡哀侯以歸，已而釋之」，《陳杞世家》「楚圍陳，復釋之」，文例皆同。《鄭世家》作「舍」，與「釋」一聲之轉。

（2）昭侯十年，朝楚昭王，持美裘二

按：水澤利忠曰：「美，敦煌、南化、楓、梅『善』。」王叔岷曰：「敦煌本『美』作『善』，《御覽》卷480引同。『美』與『善』同意。」「美」是其舊本，作「善」當是以意改之。《白氏六帖事類集》卷4引作「美裘」，《穀梁傳·定公四年》、《公羊傳·定公四年》、《新序·善謀》、《吳越春秋·闔閭內傳》同。

（3）子桓公終生立

《集解》：孫檢云：「一作『終湦』。湦音生。」

按：敦煌寫卷 P.2627《集解》作：「孫儉曰：『作『終星』，音生。』」水澤利忠失校「檢」字作「儉」。《楚世家》《集解》二引孫檢說，《楚世家》《索隱》云：「裴注頻引孫檢，不知其人本末，蓋齊人也。」

（4）子宣公彊立

按：彊，敦煌寫卷 P.2627 作「彊」，下文「公孫彊」同。「彊」是「彊」改易聲符的俗字。S.170《失名道經》：「北方吾彊子玄冥君」，「吾彊」即「禺彊（強）」，神名。

〔註409〕段玉裁《說文解字注》「釋」字條，上海古籍出版社，1981 年版，第 50 頁。

〔註410〕王念孫《史記雜志》，收入《讀書雜志》卷 3，中國書店，1985 年版，本卷第 6 頁。

卷三十六《陳杞世家》

（1）羈旅之臣，幸得免負檐，君之惠也

按：張文虎曰：「檐，中統、舊刻、游本作『擔』。」檐，《田敬仲完世家》、《風俗通義·六國》同，《左傳·莊公二十二年》作「擔」。吳國泰曰：「擔者，儋之俗字。《說文》：『儋，何也。』」「何」是「荷」古字。

（2）鄙語有之，牽牛徑人田，田主奪之牛

按：王叔岷曰：「《左宣公一年傳》『徑』作『蹊』，杜注：『蹊，徑也。』」（今本《淮南子·人間篇》亦作『蹊』，《御覽》卷305引作『徑』，王念孫有說。）」《御覽》卷305引《淮南》仍作「蹊」，王念孫失檢，王叔岷承其誤。《楚世家》亦作「徑」，下文云「徑者則不直矣」，「徑」即不直之誼。《廣雅》：「徑，衺也。」指衺道，不走正路以求疾也。「蹊」字從奚，古音奚聲、頃聲相通，有不正之誼，故「蹊」亦衺也。《六書故》解《左傳》云「蹊，踐也」，非是。

（3）以義伐之，已而取之以利其地

按：利，貪也。《楚世家》作「以義伐之而貪其縣」。

（4）輕千乘之國而重一言

《正義》：《家語》云：「非申叔時之忠，弗能建其義。」

按：王叔岷曰：「《家語·好生篇》作『匪申叔之信，不能達其義』。非、匪古通。『信』乃『忠』之誤，『達』乃『建』之誤。」《初學記》卷17、《御覽》卷402引亦作「忠」、「建」。《御覽》卷616引「建」作「進」，亦誤。《類聚》卷20引作「忠」、「見」，「見」是「建」音誤。

卷三十七《衛康叔世家》

（1）郢對曰：「郢不足以辱社稷，君更圖之。」

按：《左傳·哀公二年》作「君其改圖」。更、改一聲之轉。

卷三十八《宋微子世家》

（1）紂沈湎於酒，婦人是用

按：《御覽》卷456引脫「沈」字，「婦人」下有「之言」二字（出處誤作《周書》）。

（2）小民乃並興，相為敵讎

《集解》：孔安國曰：「卿士既亂，而小民各起，共為敵讎。言不和同。」

按：《書·微子》作「小民方興」，孔傳「各起」下有「一方」二字。方、並一聲之轉。王念孫曰：「方讀為旁，旁之言溥也、徧也。言小民徧起，相為敵讎也。《史記·宋世家》『方』作『並』，『並』亦徧也。」〔註411〕陳喬樅亦指出「《史記》作『並興』，亦以訓詁代經文也」〔註412〕。孔氏解作「一方」，非是。

（3）今殷其典喪

《集解》：駰謂：典，國典也。

《索隱》：《尚書》「典」作「淪」，篆字變易，其義亦殊。

按：錢大昕曰：「典，讀如殄。典喪者，殄喪也。《攷工記》『輈欲頎典』，鄭司農讀典為殄。《燕禮》『寡君有不腆之酒』，注：『古文腆為殄。』是『典』、『腆』與『殄』通。」段玉裁、陳喬樅、皮錫瑞、劉逢祿、張文虎、查德基、瀧川資言、池田皆從錢說〔註413〕。章太炎曰：「《宋世家》作『典喪』，此古文本作『籑』字，後人不能說，以為字形近『侖』，讀為『淪』耳。錢大昕云云。」〔註414〕施之勉從章說。瀧川資言謂閻若璩說同錢氏，今檢《尚書古文疏證》卷2此條無此說，瀧川氏失檢。吳國泰曰：「典，當假作『顛』，實為『蹎』。」非是。

（4）箕子者，紂親戚也

《索隱》：司馬彪曰「箕子名胥餘」。

按：梁玉繩曰：「《書·微子》疏曰：『徧檢書傳，不見箕子之名，惟司馬彪注《莊子》云：「箕子，名胥餘。」不知出何書也。』考《莊子·大宗

〔註411〕 王念孫說轉引自王引之《經義述聞》卷3，江蘇古籍出版社，1985年版，第69頁。

〔註412〕 陳喬樅《今文尚書經說考》卷9，收入《續修四庫全書》第49冊，上海古籍出版社，2002年版，第356頁。

〔註413〕 段玉裁《古文尚書撰異》卷11，《四部要籍注疏叢刊》，中華書局，1998年版，第1921頁。陳喬樅《今文尚書經說考》卷9，第356頁。皮錫瑞《今文尚書考證》卷9，中華書局，1989年版，第228頁。劉逢祿《尚書今古文集解》卷9，收入《清經解續編》第2冊，上海書店，1988年版，第364頁。

〔註414〕 章太炎《疏證古文八事》，《華國月刊》第2卷第10冊，1925年版，第2頁；收入《太炎文錄續編》卷1，《章太炎全集》第5冊，上海人民出版社，1985年版，第74頁。其說又略見章太炎《太史公古文尚書說》，未引錢說，收入《章太炎全集》第2輯，上海人民出版社，2015年版，第250頁。

師篇》《釋文》及《文選・非有先生論》注，並引《尸子》云。」王叔岷曰：「《莊子・大宗師篇》『箕子胥餘』，《釋文》：『司馬云：「胥餘，箕子名也，見《尸子》。」崔同。又云：《尸子》曰：「箕子胥餘漆身為厲，被髮佯狂。」』」《莊子釋文》又曰：「或云：《尸子》曰：『比干也，胥餘其名。』」「胥餘」是奴僕之稱，也倒作「餘胥」、「儲胥」、「除胥」、「儲須」，單稱則曰「胥」。胥讀為諝、惰，指有才智。箕子為奴（一云佯狂為奴，一云被紂囚執為奴），因稱作「箕子胥餘」，並非其名為「胥餘」，「胥餘」更非比干之名。司馬彪及崔譔說非是〔註415〕。《初學記》卷11引《漢官儀》：「殷太甲時，伊尹為太保。紂時，胥餘為太師。」此「胥餘」指箕子，《後漢書・西羌傳》李賢注引《帝王〔世〕紀》云「箕子為父師」，是其證。

（5）遂隱而鼓琴以自悲，故傳之曰《箕子操》

《集解》：《風俗通義》曰：「其道閉塞憂愁而作者，命其曲曰操。操者，言遇菑遭害，困厄窮迫，雖怨恨失意，猶守禮義，不懼不懾，樂道而不改其操也。」

按：王叔岷曰：「《風俗通義》見《聲音篇》，今本『不改其操也』作『不失其操者也』。」今本《風俗通》「其道」誤作「其遇」，《後漢書・曹褒傳》李賢注引劉向《別錄》亦作「其道」。末句《別錄》作「不失其操也」。

（6）曰涕

《集解》：涕，《尚書》作「圛」。

《索隱》：涕音亦，《尚書》作「圛」。孔安國云「氣駱驛亦（不）連續」。今此文作「涕」，是涕泣亦相連之狀也。

按：水澤利忠曰：「《索隱》『圛』，蔡、耿、慶、彭、凌、游、殿『驛』。」小司馬解作「涕泣」，望文生義。錢大昕曰：「夷有弟音，故羠讀如稊，涕亦或為洟也。《尚書》『涕』為『驛』，與此文異。」張森楷從錢說。章太炎曰：「涕即今淚字，形氣與雨相類。」〔註416〕亦皆失之。今本《書・洪範》作「曰驛」。吳國泰曰：「涕者，圛之借字。」《詩・載驅》鄭玄箋：「弟，《古文尚書》以弟為圛。」古音涕、圛並同「易」。

〔註415〕參見蕭旭《韓詩外傳校補》。
〔註416〕章太炎《太史公古文尚書說》，收入《章太炎全集》第2輯，上海人民出版社，2015年版，第252頁。

（7）畯民用章

按：瀧川資言曰：「《書》『畯』作『俊』。」王叔岷曰：「《書鈔》卷 11 引《洪範》『俊』作『畯』，與《世家》合。『畯』、『俊』古通。」《文選・奉苔內兄希叔》李善注：「《尚書》曰：『畯民用康。』『畯』與『俊』同。」此當以「畯」為本字。《說文》：「畯，農夫也。」畯民，指農官，亦稱農大夫。又稱作「稸民」，《古文苑》卷 18 漢樊毅《修西嶽廟記》：「稸民用章。」也稱作「嗇人」、「嗇夫」、「嗇民」、「稸夫」、「稸人」。《書鈔》卷 11 引「用」誤作「同」。

卷三十九《晉世家》

（1）始君欲廢之，妾猶恨之；至於今，妾殊自失於此

《索隱》：太子之行如此，妾前見君欲廢而恨之，今乃自以恨為失也。

按：瀧川資言引中井積德曰：「『至於今』連上句，言至今日猶恨之也。自失於此，自以不勸廢為己之過也。『此』字指錯愛太子之事。」池田亦從中井說。「至於今」屬下句，九字為句，不當讀斷。恨，讀作很，違也，不從也。言始君欲廢太子，妾猶不從君也。

（2）君弟毋會

《索隱》：弟，但也。

按：水澤利忠曰：「弟，蜀、游『第』。」王叔岷曰：「黃善夫本、殿本『弟』並作『第』，《索隱》同。」景祐本、紹興本作「弟」，乾道本、淳熙本、元刻本、慶長本作「第」（元刻本、慶長本《索隱》仍作「弟」）。

（3）惠公馬鷙不行

按：水澤利忠曰：「鷙，耿、毛『縶』，慶『鷙』。」王叔岷曰：「鷙，《金樓子》作『縶』，取絆縶義，亦通。」景祐本、紹興本、殿本、瀧川《考證》本作「鷙」，乾道本、元刻本、慶長本亦作「鷙」。當以「鷙」為正字。《說文》：「鷙，馬重皃也。」段玉裁曰：「《晉世家》：『惠公馬鷙不行。』即《左傳》『晉戎馬還濘而止』。今本《史記》作『鷙』，譌字也。而《秦本紀》作『馬驇（鷙）』，不誤。」〔註417〕張森楷曰：「鷙，王本作『鷙』。段玉裁云：『當從馬。』」

（4）叔瞻曰：「君不禮，不如殺之，且後為國患。」

按：周尚木曰：「『且』字於義未洽，當為『毋』字之誤也。」張森楷曰：「且後，當作『後且』。」徐仁甫曰：「『且後為國患』上，當添『弗殺』二字。《鄭世家》詹曰：『君如弗禮，遂殺之。弗殺，使即反國，為鄭憂矣。』『殺之』下正有『弗殺』二字，可證此文亦當有『弗殺』二字。」此文「不如殺之」後承上文省略「不殺」二字，古人自有此文法，《鄭世家》則不省。《伍子胥列傳》「不誅，且為楚憂」，文例同，可證「且」字不誤，周尚木說非是。《留侯世家》：「且夫楚唯無彊，六國立者復橈而從之。」「無彊」下省略「彊則」或「若彊」二字〔註418〕，《索隱》引荀悅《漢紀》作「獨可使楚無彊，若彊，則六國屈橈而從之」，則未省〔註419〕。《張儀列傳》：「雖無出甲，席卷常山之險，必折天下之脊。」「無出甲」下省略「出甲則」三字〔註420〕。《商君列傳》：「汝可疾去矣，且見禽。」「去矣」下省略「不去」二字〔註421〕。《楚世家》：「雖無攻之，名為弒君。」「無攻之」下省略「攻之則」三字〔註422〕。《管子·立政九敗解》：「人君唯毋聽寢兵，則群臣賓客莫敢言兵。」「毋聽寢兵」下省略「聽寢兵」三字〔註423〕。《韓子·內儲說下》：「唯毋一戰，戰必不兩存。」此例「戰」字不省，是其完整句式。

（5）三賞之後，故且及子

按：李笠曰：「故，通作『固』。」瀧川資言、池田、徐仁甫說同。《永樂大典》卷15075引正作「固」。

〔註418〕參見王叔岷《史記斠證》，中華書局，2007年版，第1912頁。徐仁甫《史記注解辨正》，四川大學出版社，1993年版，第98頁。

〔註419〕沈家本謂「無彊」猶言「無敵」，則是未得其句法。沈家本《史記瑣言》卷2，收入《二十五史三編》第2冊，第815頁。

〔註420〕參見王念孫《史記雜志》，收入《讀書雜志》卷2，中國書店，1985年版，本卷第93頁。

〔註421〕參見李人鑒《太史公書校讀記》，甘肅人民出版社，1998年版，第1023頁。

〔註422〕參見王叔岷《史記斠證》，中華書局，2007年版，第1538～1539頁。徐仁甫《史記注解辨正》則謂省「攻之」二字，亦通，四川大學出版社，1993年版，第75頁。李人鑒《太史公書校讀記》謂「無」字衍文，非是，甘肅人民出版社，1998年版，第666頁。

〔註423〕參見楊樹達《古書疑義舉例續補》卷2「省句例」，收入《古書疑義舉例五種》，中華書局，1956年版，第219～220頁。

（6）先軫曰：「報施定霸，於今在矣。」

按：《左傳·僖公二十七年》作「報施救患，取威定霸，於是乎在矣」。是，猶此也，謂今時也。《公羊傳·宣公十五年》：「是何子之情也？」《韓詩外傳》卷2「是」作「今」，亦其例。

（7）先軫曰：「執曹伯，分曹、衛地以與宋，楚急曹、衛，其勢宜釋宋。」

按：急，《國語·晉語四》、《左傳·僖公二十八年》作「愛」。

（8）君何不解鄭，得為東道交

按：解，猶言釋放。《左傳·僖公三十年》、《新序·善謀》作「舍」，義同。

（9）使士會如秦迎公子雍

按：迎，《左傳·文公六年》作「逆」。下文「趙盾使趙穿迎襄公弟黑臀於周而立之」，《左傳·宣公二年》「迎」作「逆」。《楚世家》「鄭伯肉袒，牽羊以逆」，《左傳·宣公十二年》同，《鄭世家》、《新序·雜事四》「逆」作「迎」。《楚世家》「去晉，晉不送；歸楚，楚不迎」，《左傳·昭公十三年》「迎」作「逆」。《楚世家》「迎越女之子章立之」，《左傳·哀公六年》「迎」作「逆」。逆、迎一聲之轉。

（10）從臺上彈人，觀其避丸也

按：張文虎曰：「中統、毛本『避』作『逃』。」水澤利忠曰：「避，井、蜀、紹、毛、耿、游『逃』。」黃善夫本、乾道本、元刻本、慶長本、四庫本作「避」；景祐本亦作「逃」，《通志》卷77同。《左傳·宣公二年》作「辟」，《治要》卷5、《類聚》卷60、《白氏六帖事類集》卷3、4、《元和郡縣志》卷14、《御覽》卷177、350、451、627、755、《太平寰宇記》卷47引「辟」作「避」。疑《史記》舊本作「逃」，黃本等作「避」，從《左傳》改也。

（11）盾義之，益與之飯肉

按：飯，《冊府元龜》卷865作「飵」。「飯」俗作「飰」，形近而誤作「飵」。

（12）盾既去，靈公伏士未會，先縱齧狗名敖

《索隱》：縱，足用反。又本作「嗾」，又作「蹴」，同素后反。

按：水澤利忠曰：「蹴，耿、慶、彭、凌、游、殿『就』。」《左傳·宣公二年》作「公嗾夫獒焉」，《釋文》：「嗾，素口反，《說文》云：『使犬也。』服本作『㖘』。」今《說文》作「嗾，使犬聲」。①《索隱》「同」當一字為句，指「嗾」與「蹴」字同。「蹴」當作「噈」，古音就、造相轉〔註424〕，「噈」是「嗺」改易聲符的異體字，「嗺」又是「嗾」改易聲符的異體字。P.2011 王仁昫《刊謬補缺切韻》：「嗾，蘇后反，使狗聲，亦作嗺。」又「嗾，蘇豆反，使犬。又先侯反，或作嗺。」服本作「㖘」，亦其音轉字。音轉又作哨（宵），《方言》卷 7：「秦晉之西鄙，自冀隴而西，使犬曰哨。」又卷13：「宵，使也。」《玉篇》引《方言》：「秦晉冀隴謂使犬曰嗾。」戴震曰：「宵、嗾一聲之轉。《說文》云：『使犬聲。』」朱駿聲說同〔註425〕。音轉又作嗾，《集韻》：「嗾，使犬聲。」②齧，讀作狾、瘈。《說文》：「狾，狂犬也。《春秋傳》曰：『狾犬入華臣氏之門。』」所引《春秋傳》，《左傳·襄公十七年》作「瘈狗」，《釋文》：「瘈，《字林》作『狾』，狂犬也。」俗字亦作猘、猘、喇〔註426〕。

（13）頃公乃與其右易位，下取飲，以得脫去

按：《齊太公世家》作「醜父使頃公下取飲，因得亡，脫去」。疑此文「得」下脫「亡」字。《趙世家》：「嘗所食桑下餓人反扞救盾，盾以得亡。」《衛將軍驃騎列傳》：「獨以身得亡去。」

（14）願公試使人之周微考之

按：瀧川資言引中井積德說，據《左傳》作「嘗使諸周」，謂「人」字衍文；王叔岷又舉《晉語》作「且今君若使之於周」以證之。《冊府元龜》卷 253 作「願公試使至之周」，「人」當作「至」，指郤至。下文「果使郤至於周」即承此文而言。

〔註424〕參見張儒、劉毓慶《漢字通用聲素研究》，山西古籍出版社，2002 年版，第 143 頁。

〔註425〕戴震《方言疏證》卷 13，收入《戴震全集（5）》，清華大學出版社，1997年版，第 2462 頁。朱駿聲《說文通訓定聲》，武漢市古籍書店，1983 年版，第 316 頁。「使犬聲」是《說文》「嗾」字訓解，點校者點作：《說文》云：使，『犬聲』。」還出校記說：「《說文解字注》：『犬』作『吏』。」居然誤以為戴氏說「使」從「吏」得聲。

〔註426〕參見蕭旭《〈爾雅〉「猰㺄」名義考》，收入《群書校補（續）》，花木蘭文化出版社，2014 年版，第 1825 頁。

（15）郤至曰：「信不反君，智不害民，勇不作亂。」

按：反，《左傳·成公十七年》作「叛」，正字。

（16）齊靈公與戰靡下

《集解》：徐廣曰：「靡，一作歷。」

《索隱》：劉氏靡音眉綺反，即靡筓也。

按：梁玉繩曰：「蓋『歷下』與『靡下』一耳。」杭世駿《疏證》：「據《左傳》但言禦諸平陰，此必因鞌之戰而誤言之。」「靡」是「歷」形訛，「歷下」蓋指歷城，不是靡筓。《淮陰侯列傳》「信因襲齊歷下軍」，《集解》引徐廣曰：「歷下，濟南歷城縣。」《漢書·地理志》濟南郡有歷城。

卷四十《楚世家》

（1）楚之先祖出自帝顓頊高陽

按：李笠曰：「『祖』字衍。《秦本紀》云：『秦之先，帝顓頊之苗裔。』《趙世家》：『趙氏之先，與秦共祖。』……先即先祖。《左傳·僖二十六年》疏引正作『楚之先出自帝顓頊高陽』，《風俗通·六國》亦云『楚之先出自顓頊』，當據正。」王叔岷又補舉《長短經·七雄略》。辛德勇氏採李笠說，又補舉傳世文獻及出土材料包山楚簡、望山楚簡、葛陵楚簡文例〔註427〕。三氏說是，當據刪「祖」字，太史公稱楚之先祖例作「楚之先」，見《鄭世家》、《西南夷列傳》。《漢書·地理志》：「秦之先曰柏益，出自帝顓頊。」漢《益州太守高頤碑》：「君諱頤，字貫方，其先出自帝顓頊之苗胄裔乎！」文例亦同。楚簡稱作「楚先」，新蔡楚簡甲三268：「是日就禱楚祱（先）。」又甲三134、108：「乙亥禱楚先與五山。」

（2）重黎為帝嚳高辛居火正，甚有功，能光融天下，帝嚳命曰祝融

《集解》：虞翻曰：「祝，大。融，明也。」韋昭曰：「祝，始也。」

按：《冊府元龜》卷771引注作「祝，火也」，「火」是「大」形誤。韋昭說出《國語·鄭語》注。《左傳·昭公廿九年》：「火正曰祝融。」杜預注：「祝融，明貌。」孔疏引賈逵曰：「祝，甚也。融，明也。」《御覽》卷21引崔靈恩《三禮義宗》：「火正曰祝融者，祝，甚也。融，明也。言夏時物氣甚明也。」虞翻、崔靈恩說皆本於賈逵，「甚也」即「大也」。《玉燭寶典》

〔註427〕辛德勇《史記新本校勘》，廣西師範大學出版社，2017年版，第271～274頁。

卷4引《春秋元命苞》：「其帝祝融。祝融者，屬續也。」又引宋均注：「不言其帝炎而言祝融者，義取屬續也。」《白虎通‧號》：「謂之祝融何？祝者，屬也。融者，續也。言能屬續三皇之道而行之，故謂祝融也。」又《五行》：「祝融者，屬續。」《路史》卷 8 羅苹注：「祝，斷也。化而裁之之謂。陸佃解《月令》說云：『木發而榮之，金辱而收之，火祝而融之，水玄而冥之，蓋融而熱之火也。』」賈逵說「融，明也」得之，而諸家皆未得「祝」字之誼。「祝融」即「光融」義，杜預注「祝融，明貌」不誤。《國語‧鄭語》：「夫黎為高辛氏火正，以淳燿惇大，天明地德，光昭四海，故命之曰祝融，其功大矣……祝融亦能昭顯天地之光明，以生柔嘉材者也。」是其證。《太玄‧玄數》「神祝融」，范望注：「祝，猶章也，言其章明。」此說得之。祝之言燭也，字亦作爥。「祝融」亦作「祝誦」，《隸釋》卷 16《武梁祠堂畫像》：「祝誦氏無所造為。」洪适曰：「碑以『祝誦』為『祝融』。」

（3）陸終生子六人，坼剖而產焉

《集解》：干寶曰：「《詩》云『不坼不副，無災無害。』原詩人之旨，明古之婦人嘗有坼副而產者矣。」

按：王念孫曰：「『剖』本作『副』。《大雅‧生民篇》：『不坼不副。』後人見《集解》有『簡狄胷剖而生契』之語，因改『副』為『剖』耳。《說文》：『副，判也，籀作疈。』《御覽‧人事部》引《史記》作『坼疈而生』，是其明證矣。」水澤利忠曰：「《集解》上『副』，景、紹、慶『剖』。下『副』，景、井、蜀、慶、彭、凌、游、殿『剖』。」王叔岷曰：「景宋本《白帖》卷 6 引作『坼剖而生焉』，《御覽》卷 361 引作『坼疈而生焉』。王氏據《御覽》謂『剖本作副』，然《白帖》引此已作『剖』，則《御覽》所引『疈』字，疑習於《大雅‧生民》『不坼不副』之句而改之耳。」王叔岷說是，王念孫說非也，《左傳‧昭公十二年》、《昭公十八年》孔疏二引此文亦作「坼剖」，《冊府元龜》卷 237、《通志》卷 86 同。水澤氏有誤校，《集解》二「副」，景祐本、黃善夫本、元刻本都作「剖」，紹興本、乾道本、淳熙本、慶長本、四庫本上作「副」下作「剖」（《楚辭‧天問》洪興祖《補注》引同）。作「剖」是舊本，干寶從正文易《詩》「副」作「剖」。「剖」、「副」同源〔註 428〕，一聲之轉。《初學記》卷 22 引《歸藏》：「大副之吳刀，是用出禹。」《山海經‧海內經》郭璞注引《開筮》「副」作「剖」。

〔註 428〕 參見王力《同源字典》，商務印書館，1997 年版，第 102～103 頁。

（4）少子執疵為越章王

《索隱》：《系本》無「執」字，「越」作「就」。

按：王念孫曰：「《大戴禮・帝繫篇》『越章』作『戚章』，《索隱》引《世本》作『就章』。『戚』字古聲與『蹙』相近，則作『戚』者是也。『戚』訛為『戊』，故又訛為『越』。」張文虎、池田、張森楷從王說。梁玉繩則云「未知孰是」。王叔岷曰：「《大戴禮》無『執』字，與《世本》合。景祐本『疵』作『疪』，《大戴禮》同。」淳熙本亦作「疪」，乾道本作「庇」，黃善夫本、紹興本、元刻本、慶長本俱作「疵」。戴震校《大戴》曰：「此譌『疪』為『疵』，『越』為『戚』。韋昭注《國語》，不知楚之別封有越，而誤謂句踐芈姓，失之也。《鄭語》曰：『芈姓，夔越。』王符《潛夫論》亦曰『或封於夔，或封於越。』皆楚之越章耳。」〔註429〕校《大戴》諸家，均謂「疪」是「疵」訛〔註430〕。古人喜以疾病「疵」字取名，《戰國策・趙策一》晉人有「郄疵」，《印典》收有「徐疵」、「疾疵」。王念孫說恐不可從，戴震說「越」形誤作「戚」，是也，又音轉誤作「就」耳〔註431〕。

（5）武王卒師中而兵罷

《集解》：《皇覽》曰：「楚武王冢在汝南郡鮦陽縣葛陂鄉城東北，民謂之楚王岑。」

按：洪頤煊曰：「岑，古『陵』字。『琴』即『岑』字之譌。」徐文靖亦謂「琴乃岑之譌」〔註432〕，施之勉從洪說。岑，《後漢書・郡國志》劉昭注、《御覽》卷560引同，《水經注・汝水》作「琴」，古音相近。「琴」借作「岑」，山小而高曰岑，因稱冢亦曰岑，是古楚語。《水經注・沘水》：「今縣都陂中有大冢，民傳曰公琴者，即皋陶冢也。楚人謂冢為琴矣。」

（6）楚王怒曰：「召我，我將好往襲辱之。」遂行，至盂，遂執辱宋公，已而歸之

按：襲，讀作執，已詳《魯世家》校補。《春秋・僖公二十一年》云「執宋公以伐宋」。

〔註429〕戴震《再與盧侍講書》，收入《東原文集》卷3，《戴震全書》第6冊，黃山書社，1995年版，第288頁。

〔註430〕方向東《大戴禮記匯校集解》，中華書局，2008年版，第757～758頁。

〔註431〕另參見李家浩《清華戰國竹簡〈楚居〉中的酓膉、酓摯和酓綎》，《出土文獻》第3輯，中西書局，2012年版，第3頁。

〔註432〕徐文靖《管城碩記》卷29，中華書局，1998年版，第540頁。

（7）居數月，淫益甚

按：《御覽》卷451引「甚」上有「大」字。

（8）昔夏啟有鈞臺之饗

《集解》：杜預曰：「河南陽翟縣南有鈞臺陂。」

按：正文及注「鈞」，景祐本誤作「釣」。

（9）以封徇，曰：「無效齊慶封弒其君而弱其孤，以盟諸大夫！」

按：盟，《左傳·昭公四年》同，《呂氏春秋·慎行》作「亡」。高誘注：「亡其大夫，謂崔杼強而死。」高說非是。劉師培讀亡為盟，陳奇猷從其說〔註433〕，是也。

（10）十一年，伐徐以恐吳。靈王次於乾谿以待之

按：待，讀為恃。恃之，言為其依恃也。《左傳·昭公十二年》「以待之」作「以為之援」。

（11）豈敢愛鼎

按：豈敢，《左傳·昭公十二年》作「豈其」。豈其，猶言豈敢〔註434〕。

（12）盍以免其父召之

按：盍，《左傳·昭公二十年》同，黃善夫本、乾道本、元刻本作「蓋」，古字通，猶言何不。《伍子胥列傳》、《吳越春秋·王僚使公子光傳》作「可」，亦通。

（13）尚之為人，廉，死節，慈孝而仁

按：吳國泰疑「廉」下脫「能」字，近之。《冊府元龜》卷818「廉」下有「而」字，讀作「廉而死節，慈孝而仁」，與下文「胥之為人，智而好謀，勇而矜功」，相對成文。

（14）伍胥彎弓屬矢，出見使者

按：彎弓屬矢，《伍子胥列傳》作「貫弓執矢」。貫，讀為彎，音轉亦作關。屬，讀為注。韓兆琦曰：「屬，連。」非是。

（15）吳之邊邑卑梁與楚邊邑鍾離小童爭桑，兩家交怒相攻

按：怒，《太平寰宇記》卷126引誤作「怨」。

〔註433〕陳奇猷《呂氏春秋新校釋》，上海古籍出版社，2002年版，第1500頁。
〔註434〕參見蕭旭《古書虛詞旁釋》，廣陵書社，2007年版，第174頁。

（16）於是楚為扞關以距之

《集解》：李熊說公孫述曰：「東守巴郡，距扞關之口。」

《索隱》：按：《郡國志》巴郡魚復縣有扞關。

按：陳直曰：「《封泥考略》卷 4 第 53 頁有『扞關長印』、『扞關尉印』兩封泥。吳式芬考即《續漢書·郡國志》巴郡魚腹縣之扞關，據此當作『扞關』，今作『扞關』，為傳寫之誤文。」〔註435〕陳說非是，漢印作「」，亦是「扞」字。《華陽國志》卷 1：「巴、楚數相攻伐，故置扞關、陽關及沔關。」《水經注·江水》：「捍關，廩君浮夷水所置也……昔巴、楚數相攻伐，藉險置關，以相防捍。」「捍關」即「扞關」，取義於防扞、抵距，改作「扞」字則無義理可說。《戰國策·楚策一》：「秦西有巴蜀，方船積粟，起於汶山，循江而下……一日行三百餘里……不至十日而距扞關，扞關驚，則從竟陵以東盡城守矣。」《張儀列傳》同，《集解》引徐廣曰：「巴郡魚復縣有扞水關。」亦作「玕關」，《玉篇》：「玕，胡旦切，《史記》：『拒玕關之口。』」《廣韻》：「玕，拒也，又關名，在巫縣。」《鹽鐵論·險固》：「楚自巫山起方城，屬巫、黔中，設扞關以拒秦。」此據紛欣閣叢書本，龍谿精舍叢書本亦誤作「扞關」。

（17）田朌子不用也

按：朌，宋元各本及慶長本作「盼」，《通志》卷 86 同，《戰國策·齊策一》作「盼子」。梁玉繩曰：「『朌』疑『盼』之譌，說見《六國表》。」《戰國策·魏策二》「犀首、田盼欲得齊魏之兵以伐趙」，即此人。《田敬仲完世家》「吾臣有盼子者，使守高唐，則趙人不敢東漁於河」，黃善夫本同，天明刊本《治要》卷 11、《元和郡縣志》卷 20 引亦同（日鈔本《治要》作「昐子」，當是「盼」字誤書），《類聚》卷 83 引作「聆子」，《後漢書·李膺傳》李賢注、《玉海》卷 134 引作「盼子」，《御覽》卷 160 引作「昐子」，《御覽》卷 802 引作「昐子」，《冊府元龜》卷 239、《太平寰宇記》卷 19、54 引作「盼子」，《韓詩外傳》卷 10 亦作「盼子」。「聆」、「盼」、「昐（昐）」皆形譌字。

（18）見欺於張儀，則王必怨之

按：怨，《戰國策·秦策二》作「惋」。鮑彪注：「惋，猶恨。」惋，王

引之讀為怨〔註436〕。黃侃曰：「怨，別作惋。」〔註437〕字亦作訰，《集韻》：「訰，懟也。」

（19）且儀以前使負楚以商於之約

按：負，讀作倍、背。下文「倍齊而合秦」，又「齊、韓、魏為楚負其從親而合於秦，三國共伐楚」，是「負」、「倍」異字同義也。《匈奴列傳》「明告諸吏，使無負約」，亦同。

（20）兵銼藍田

按：王叔岷曰：「『銼』與『挫』通。《廣雅》：『挫，折也。』」《冊府元龜》卷238、《古史》卷17作「挫」。字亦作剉，《說文》：「剉，折傷也。」

（21）王雖東取地於越，不足以刷恥

按：王叔岷曰：「刷借為馭，拭也。亦多借『雪』為之。」《冊府元龜》卷238「刷」作「雪」，一聲之轉。

（22）寡人與楚接境壤界，故為婚姻

按：池田曰：「『境壤界』三字重言，封疆之謂也。」王叔岷曰：「『境壤界』三字疊義……《通鑒》作『寡人與楚接境』，三字疊義，故可略其二。」「壤」當是動詞，二氏說非也。徐仁甫曰：「壤界猶分界。」徐說無據。帛書《戰國縱橫家書·蘇秦獻書趙王章》：「則地與王布（邦）屬壤芥（界）者七百里。」《戰國策·趙策一》作「壤挈（界）」。《齊策三》：「三國之與秦壤界而患急，齊不與秦壤界而患緩。」「壤」亦動詞。字亦作攘，帛書《戰國縱橫家書·謂起賈章》：「地不與秦攘介（界）。」攘、壤，並讀為儴。《爾雅》：「儴，因也。」「因」即承接、連接義。

（23）小臣之好射鶀鴈羅鸗

《集解》：徐廣曰：「呂靜曰：『鸗，野鳥也。音龍。』」

《索隱》：呂靜音聾，鄒亦音盧動反，劉音龍。鸗，小鳥。

按：瀧川資言引中井積德曰：「羅，疑亦鳥名。」韓兆琦從其說。池田曰：「胤案：疑是『鸁』之省字，鳥名也。《廣雅》：『鸁，鴨也。』」蔣禮鴻曰：「《康熙字典》：『鸁，《字彙補》：「音羅，鳥名。」』『羅』蓋同『鸁』。」張森楷曰：「徧考字書，未見『羅』有鳥名之訓，惟《山海經·北山經》『北

〔註436〕 王引之《經義述聞》卷22，江蘇古籍出版社，1985年版，第530頁。
〔註437〕 黃侃《字通》，收入《說文箋識》，中華書局，2006年版，第148頁。

海有獸，狀如虎，名曰羅羅。』然與『騏鳱』不類，俟更詳考。鷺，《廣雅》
云『鵴也』，《正字通》云『鵴』同『鴨』，則『鷺』蓋鳧類也。」施之勉曰：
「《方言》：『羅謂之離，離謂之羅。』丁惟汾曰：『羅、離同聲，古作離，
今作羅。』《說文》：『離，離黃，倉庚也，鳴則蠶生。』……今謂之黃鶯、
黃鸝是也。」〔註438〕王叔岷曰：「《御覽》卷 832 引《春秋後語》『小臣』
作『外臣』。羅借為離，今字作鸝。《春秋後語》『鷺』作『籠』，下同。蓋
誤以羅為網羅字，因妄改『鷺』為『籠』耳。」乾道本、元刻本、慶長本、
四庫本、殿本《索隱》作：「騏音其，小鳱也。鄒誕鷺音盧動反，劉氏音龍，
是小鳥名。」淳熙本「是」作「鷺」，餘同；黃善夫本「騏」誤作「十」，
餘同。今本《索隱》乃後人妄改，非其舊。《御覽》卷 832 引《後語》作「騏
鳱羅籠」，「騏」誤作「騏」。騏鳱羅鷺，《御覽》卷 914、《通志》卷 86 引同。
考《廣雅》：「鷺、鳧、鵙、鼉也。」《集韻》：「鷺，盧動切，鳥名，小鵴也。」
又「鷺，盧東切，鳧屬。」「鵴（鼉）」同「鴨」。鷺即鳧，是野鴨；鳱是野
鵝（非鴻雁），則「鷺」、「鳱」類別相近，本篇下文云「其獲非特鳧鳱之實
也」，「鳧鳱」即承「鷺」、「鳱」而言，小臣所射騏鳱羅鷺，即鳧鳱也。《說
苑·說叢》「蒲且修繳，鳧鳱悲鳴」，亦足為旁證。施之勉、王叔岷讀「羅」
為「鸝」，非其比也。「羅」非鳥名，中井積德等說非是。「騏」亦非鳥名，
《索隱》說「騏，小鳱」，《集韻》謂「鵙，小雁」，皆無據。羅，讀為離。
離鷺，謂離群之鴨。「騏」是增旁俗字，本當作「其」，讀作奇，單也，隻
也，即「匹馬倚輪」之「倚」字。騏鳱，猶言孤鳱。

（24）且魏斷二臂，顛越矣

按：越，讀為蹶，僵也。

（25）則出寶弓，砐新繳

《集解》：徐廣曰：「以石傅弋繳曰砐。砐音波。」

按：張文虎曰：「弋，毛譌『戈』。」《玉篇殘卷》「砐」字條引徐廣說，
脫「石」字，「弋」誤作「戈」。

（26）三國布瓬

《集解》：徐廣曰：「瓬，音翅。一作屬。」

《索隱》：瓬，亦作翅，同式豉反。

〔註438〕 施之勉《史記會注考證訂補補遺》，華岡出版有限公司，1976 年版，第 1793
頁。

按：《索隱》「同」一字為句，指「狐」與「翅」二字同，是異體字，全書此例發凡於此，不再另出。狐，景祐本、紹興本同，《班馬字類》卷 4 引同；黃善夫本、乾道本、淳熙本、元刻本、慶長本、四庫本、殿本作「狐」，《通志》卷 86 引同。《說文》：「狱，翼也。狐，狱或從氏。」黃本等作「狐」從氏是形訛字。

（27）夫虎肉腺，其兵利身，人猶攻之也。若使澤中之麋蒙虎之皮，人之攻之必萬於虎矣

《索隱》：謂虎以爪牙為兵，而自利於防身也。

按：黃式三曰：「疑『兵』當作『皮』。」〔註439〕瀧川資言從其說，李人鑒說同。《冊府元龜》卷 889 正作「其兵利身」。

（28）楚襄王兵散，遂不復戰，東北保於陳城

按：《六國表》作「王亡走陳」，《白起列傳》作「東走徙陳」，《韓子·初見秦》作「荊王君臣亡走，東服於陳」（《戰國策·秦策一》「服」作「伏」）。「保」、「服（伏）」一音之轉，當讀為赴，猶言奔走、趨赴〔註440〕。

卷四十一《越王句踐世家》
（1）越王乃以餘兵五千人保棲於會稽

按：《左傳·哀公元年》：「越子以甲楯五千，保於會稽。」《戰國策·韓策三》：「昔者吳與越戰，越人大敗，保於會稽之上。」《墨子·非攻中》：「（吳闔閭）東而攻越，濟三江五湖，而葆之會稽。」《吳越春秋·夫差內傳》：「越王大恐曰：『……抵罪於吳，軍敗身辱，遁逃出走，棲於會稽，國為墟莽，身為魚鼈。』」《越絕書·內傳陳成恒》作「遯逃出走，棲於會稽」。「保（葆）」即「遁（遯）逃出走」義。《孟子·梁惠王下》：「越王勾踐退於會稽。」「退」亦退逃義。保，讀為赴，猶言奔走、趨赴。清華簡（七）《越公其事》：「趕烓（登）於會旨（稽）之山。」趕，讀為馯（馹），奔突義，與「保」訓趨奔義合〔註441〕。李人鑒謂此文「保」字當刪，未是。《越絕書·請糴內傳》：「昔者越王句踐與吳王夫差戰，大敗，保棲於會稽山上。」亦「保棲」連文。

〔註439〕黃式三《周季編略》卷 8 中，收入《續修四庫全書》第 347 冊，上海古籍出版社，2002 年版，第 145 頁。
〔註440〕參見蕭旭《清華簡（七）校補》。
〔註441〕參見蕭旭《清華簡（七）校補》。

（2）越王謂范蠡曰

《正義》：《會稽典錄》云：「范蠡字少伯，越之上將軍也。本是楚宛三戶人，佯狂倜儻負俗……種笑曰：『吾聞士有賢俊之姿，必有佯狂之譏，內懷獨見之明，外有不知之毀。』」

按：《御覽》卷 474 引《會稽典略》「佯狂」上有「被髮」二字，《書鈔》卷 34 引《會稽典錄》僅引「被髮佯狂」四字。《越絕書・外傳記范伯》：「（范蠡）復被髮佯狂，不與於世。」當據補「被髮」，讀作：「被髮佯狂，倜儻負俗。」又《御覽》引「賢俊之姿」作「賢聖之資」，「譏」作「議」。

（3）而使范蠡與大夫柘稽行成

《索隱》：柘稽越大夫也。《國語》作「諸稽郢」。

按：《國語・吳語》、《吳越春秋・勾踐入臣外傳》作「諸稽郢」。錢大昕曰：「柘、諸聲相近。」瀧川資言從其說。金文有「越王者旨於賜戈」〔註 442〕、「越王者旨於賜矛」〔註 443〕，「者旨」即「諸稽」，以地名為氏。

（4）吳有越，腹心之疾；齊與吳，疥癬也

按：錢大昕曰：「『徙』、『鮮』聲相近，故『瘯』為『癬』之異文。」瀧川資言引凌稚隆曰：「瘯，息淺切，與『癬』同。」池田從錢說，並指出《吳語》作「癬」。王叔岷曰：「《國語・吳語》、《說苑・正諫》『瘯』並作『癬』，與《呂氏春秋》合。」「瘯」是「癬」改易聲符的異體字，《玄應音義》卷 15：「癬：又作瘯，同，私淺反。」癬之言徙也，一聲之轉。《釋名》：「癬，徙也，浸淫移徙處日廣也，故青徐謂癬為徙也。」張以仁曰：「與猶於也。《呂覽・知化篇》作『夫齊之於吳也，疥癬痛也』（引者按：『痛』當作『之病』），可參證。此說見吳昌瑩《經詞衍釋》。」吳說是也，池田亦從之。李人鑒謂此文「與」當作「於」，未是。

（5）導諛者眾

按：王念孫曰：「『導諛』即『諂諛』也。或作『道諛』，《莊子・天地篇篇》『道諛之人』是也……『諂』與『導』，聲之轉。」池田、張森楷從其說。王叔岷曰：「《吳越春秋・勾踐伐吳外傳》『導諛』作『道諛』。」《平津侯主父列傳》「諂諛者眾」，《漢書・嚴安傳》作「調諛」。

〔註 442〕 參見《殷周金文集成》11310.A1，中華書局，1992 年版，第 17 冊第 408 頁。

〔註 443〕 參見《殷周金文集成》11511B，中華書局，1994 年版，第 18 冊第 48 頁。

（6）今既以雪恥，臣請從會稽之誅

按：誅，《國語·越語下》作「罰」。

卷四十二《鄭世家》

（1）和集周民，周民皆說，河雒之閒，人便思之

按：人便，《冊府元龜》卷 268 引同，又卷 329 引作「久更」。此二字疑當作「人更」。

（2）今公為司徒，民皆愛公，公誠請居之，虢、鄶之君見公方用
事，輕分公地。公誠居之，虢、鄶之民皆公之民也

按：王叔岷曰：「《長短經·七雄略》注『誠請』作『請試』。此疑本作『公試請居之』，下文『公誠居之』，則進一層言之也。」《長短經》注作「請試居之，民皆公之民也」，是節引。疑此文「請」字因與「誠」音近而致衍，二句皆作「公誠居之」。《毛詩譜·鄭譜》孔疏引已衍「請」字。

（3）召子亹弟公子嬰於陳而立之，是為鄭子

《索隱》：《左傳》以鄭子名子儀，此云嬰，蓋別有所見。

按：梁玉繩曰：「此誤以子儀為嬰，說在《表》。」張森楷從梁說。牛運震曰：「公子嬰，即《左傳》所謂子儀也。改『儀』作『嬰』，或別有所見邪？」王叔岷曰：「《鄭詩譜》疏引《世家》『嬰』作『儀』。」《左傳·莊公十四年》、《漢書·五行志》鄭子名子儀。《十二諸侯年表》亦云：「鄭子嬰元年，子亹之弟。」《左傳》作「儀」者，讀為婗，俗作倪、兒，指小兒，與「嬰」同義。《隸釋》卷 9 漢《費鳳碑》：「梨儀瘁傷。」洪适曰：「《孔宙碑》亦云：『迺綏三縣，黎儀以康。』黎則黎老之稱，儀則讀如『旄倪』之倪也。」黃生曰：「黎，老人也。儀與倪通，小兒也。」〔註444〕《隸續》卷 20《斥彰長田君斷碑》：「安惠穟（黎）儀。」古人例以「嬰」、「兒」為名。

（4）假曰：「重德不報。」

按：《龜策列傳》有「盛德不報」語。

（5）染其指

按：吳國泰曰：「染者濡之借字。」非是。《說文》：「擩，染也。」染、擩聲轉。「濡」本訓是水名，訓濡染亦是借字。

〔註444〕洪适《隸釋》卷 9，中華書局，1986 年版，第 108 頁。黃生《義府》卷下，
　　　黃生、黃承吉《字詁義府合按》，中華書局，1954 年版，第 245 頁。

（6）鄭襄公肉袒擘羊以迎

按：段玉裁曰：「擘或叚借為牽字，如《史記》『鄭襄公肉袒擘羊』，即《左傳》之『牽羊』也。」〔註445〕施之勉從段說。杭世駿《疏證》引《史詮》：「擘，古『牽』字。」瀧川資言、池田說同。水澤利忠曰：「擘，南化、楓、梭、三、梅、毛、詳節『牽』。」吳國泰曰：「擘者輓之借字，牽引義。」王叔岷曰：「《左宣十二年傳》、《楚世家》『擘』亦作『牽』字。」段說是，「擘」是借字，非古字。《冊府元龜》卷243、《通志》卷77亦作「牽」。

卷四十三《趙世家》

（1）孟增幸於周成王，是為宅皋狼

《集解》：徐廣曰：「或云皋狼地名，在西河。」

《索隱》：按：如此說，是名孟增號宅皋狼。而徐廣云「或曰皋狼地名，在西河」。按《地理志》，皋狼是西河郡之縣名。蓋孟增幸於周成王，成王居之於皋狼，故云皋狼。

按：《索隱》末句「故云皋狼」當作「故云宅皋狼」，脫「宅」字。小司馬以「居之於皋狼」解「宅皋狼」之名義。

（2）杵臼謬曰：「小人哉程嬰！昔下宮之難不能死，與我謀匿趙氏孤兒，今又賣我。縱不能立，而忍賣之乎！」

按：張文虎曰：「匿，毛本『立』，吳校本同。」水澤利忠曰：「匿，蜀、耿、毛『立』。」蔣禮鴻曰：「作『立』字是，下言『縱不能立』，與此相承。」景祐本、黃善夫本、紹興本、乾道本、元刻本、慶長本作「匿」，《新序·節士》、《冊府元龜》卷764、《通志》卷87同。「匿」字不誤，下文「然趙氏真孤乃反在，程嬰卒與俱匿山中」，「匿」字承此而言。《韓世家》「程嬰、公孫杵臼之藏趙孤趙武也，厥知之」，匿即藏義。

（3）春秋祠之，世世勿絕

《集解》：《新序》曰：「程嬰、公孫杵臼可謂信友厚士矣。嬰之自殺下報，亦過矣。」

按：宋本《新序·節士》「信友」作「信交」。信交，謂以信相交也。

（4）趙簡子疾，五日不知人，大夫皆懼。醫扁鵲視之

按：「醫」上當據《風俗通·六國》補「呼」字。《扁鵲傳》作「於是

召扁鵲，扁鵲入視病」，《論衡・紀妖》作「於是召進扁鵲，扁鵲入視病」。呼、召義合。

（5）簡子由此能附趙邑而懷晉人

按：王叔岷曰：「附借為拊，揗也。」王氏說同桂馥〔註446〕，然其說非是。附，附著、歸附、歸依。《廣雅》：「附，依也。」

（6）毋卹曰：「君所以置毋卹，為能忍詢。」

按：吳國泰曰：「『詢』者『詬』之或體。」王叔岷曰：「『詢』與『詬』同，恥也。」蔣禮鴻說同。《冊府元龜》卷 749、919 作「詬」。《淮南子・道應》作「忍羞」，《說苑・建本》「忍辱」，義同。又《淮南》、《說苑》「置」作「立」，亦義同。

（7）親自剖竹

按：王叔岷曰：「《御覽》卷 962 引『剖』作『割』，《論衡》同。剖、割義近，古亦通用。」王說非是，「割」是「剖」相近之訛，不是音通。《初學記》卷 28、《元和郡縣志》卷 16、《冊府元龜》卷 241、244、《御覽》卷 40、881、《事類賦注》卷 24、《太平寰宇記》卷 40、43、《永樂大典》卷 5203 引都作「剖」，《風俗通義・六國》、《水經注・汾水》同。吳承仕校《論衡》謂「割」字誤，據本書訂作「剖」〔註447〕。

（8）余霍泰山山陽侯天使也

按：梁玉繩曰：「《論衡・紀妖篇》作『余霍太山陽侯天子』，與此同譌，當依《風俗通》卷 1 作『余霍太山陽侯大吏』。」瀧川資言、張森楷從梁說。王叔岷曰：「此文『山』字誤疊。『天』乃『大』之誤。『吏』、『使』古通。《初學記》卷 28 引作『余霍泰山陽侯天吏也』，但誤一『天』字。」施之勉舉《初學記》異文，又指出《御覽》卷 881 引作「余霍太山之陽侯天使也」。孫人和校《論衡》曰：「《史記》作『余霍泰山山陽侯天使也』。」此文脫一『山』字（本書重文多脫其一）。『子』疑當作『使』。」吳承仕校《論衡》曰：「當依《史記》作『天使』。此作『天子』，《風俗通》作『大吏』，並非。上文云：『致天之命，是天使者也。』簡子得二筐，襄子得竹二節，其事相類。且論明云『大山之神』，則改為『大吏』，又無義矣。梁說非。」

〔註446〕桂馥《說文解字義證》，齊魯書社，1987 年版，第 1046 頁。

〔註447〕吳承仕說轉引自黃暉《論衡校釋》，中華書局，1990 年版，第 919 頁；吳承仕《論衡校釋》未載此條，北京師範大學出版社，1986 年版。

黃暉曰：「孫、吳說是也。《郡國志》注引《史記》作『余霍大山山陽侯天吏也』，『吏』字亦誤。《指瑞篇》云：『吉凶，或言天使之所為。』《水經·洞過水注》：『原，過水西阜上有原過祠，懷道協靈，受書天使，故水取名。』亦足證此文當作『天使』。」〔註448〕《元和郡縣志》卷16、《冊府元龜》卷241、244、《通志》卷87引同今本，《水經注·汾水》《御覽》卷40、《太平寰宇記》卷40、43、《永樂大典》卷2952、5203引作「余霍太山山陽侯天使也」，《後漢書·郡國志》劉昭注引作「余霍大山山陽侯天吏也」。下「山」當作「之」，後人誤作重文符號，因改作「山」字。「之」字可省，故《風俗通》、《論衡》無此字。「天使」是，古人謂不可知之神道為天使〔註449〕。

（9）且有伉王，赤黑，龍面而鳥噣

按：梁玉繩曰：「《風俗通》『亦』作『赤』，是也，此譌。」張文虎曰：「宋本、毛本『赤』，它本譌『亦』。」瀧川資言竊二氏說。王筠曰：「『亦』字如《說文》解其本義也，今字作『掖』，俗字作『腋』。」水澤利忠曰：「赤，慶、彭、凌、游、殿『亦』。」吳國泰曰：「『亦』者『奕』之省文。奕，大也。」王叔岷曰：「景祐本、黃善夫本『赤』亦並誤『亦』。」施之勉曰：「《冊府元龜》卷241、244引作『赤』。」梁、張二氏說是。紹興本、淳熙本、慶長本作「赤」不誤，乾道本亦誤作「亦」。慶長本上方有校記：「赤，一作亦。」

（10）大膺大胸，脩下而馮

《集解》：徐廣曰：「脩，或作隨。」

《正義》：馮，音憑，依也。（據《考證》本，黃善夫本上方校記引「依也」作「馮依也」。）

按：梁玉繩曰：「徐云『脩，或作隨』，義同。《風俗通》作『脩下而馮上』。」李笠曰：「『馮』下當依《風俗通·六國篇》補『上』字。此句以『脩下』與『馮上』對也。《文選·吳都賦》劉注：『馮隆，高貌。』蓋謂伉王下體長而上體高耳。又王逸《楚辭·天問》注以『馮』訓『大』，於義亦通。」瀧川資言從李說。池田引龍洲曰：「脩，長也。馮，閎大也。」吳國泰曰：

〔註448〕黃暉《論衡校釋》，中華書局，1990年版，第919～920頁。孫人和、吳承仕說並引自此書。

〔註449〕參見俞正燮《〈左傳〉「天使」義》，收入《癸巳類稿》（俞氏手訂本）卷2，收入《叢書集成續編》第18冊，新文豐出版公司，1988年印行，第363頁。

「此謂武靈王足巨而善走也。脩，長也。下，下體，即足也。馮，《說文》『馬急行貌』，引申之為善走義。」王叔岷曰：「『脩』、『隨』不同義，蓋由『脩』誤為『循』，復易為『隨』耳。循、隨同義。『馮』下當依《風俗通》補『上』字。馮，迫也。謂下體長而上體短耳。《莊子・外物篇》老萊子之弟子稱孔子『脩上而趨下』（《釋文》：「趨音促。李（頤）云：『下短也。』」）謂上體長而下體短，與此文意相反。《淮南子・道應篇》盧敖稱一士『豐上而殺下』，文例亦同。則『馮』當訓迫（猶短），不當訓高，明矣。」李、王說「馮」下補「上」字，是也，而餘說均誤。「脩」當從一本作『隨』，「脩」、「隋」形近致誤，隋、隨古通，於此並讀作橢。馮，讀作豐，大也。《說文》「䨎，讀若馮」，是其音轉之證。「隨下而馮上」是狀其人身體下部橢長，上部豐大。《晏子春秋・內篇諫上》說湯「兌上豐下」，說伊尹「豐上兌下」，《論衡・死偽》「兌」作「銳」。《御覽》卷 80 引《春秋合誠圖》說堯「兌上豐下」，《宋書・符瑞志》說堯「面銳上豐下」。景宋本《淮南子・地形篇》：「其人修形兌上，大口決眥。」道藏本作「脩形兌上」，《御覽》卷363引作「墮形銳上」，「隋」形誤作「脩」，又易作「修」，「墮」則「隋」借字。

（11）引汾水灌其城，城不浸者三版

按：王念孫曰：「『浸』當為『沒』，字之誤也。《文選・辯亡論》注、《御覽・治道部》引此並作『沒』，《魏世家》作『湛』（與『沈』同），湛亦沒也。《秦策》及《韓子・難篇》並作『沈』，《說苑・權謀篇》作『沒』，《趙策》作『沈』又作『沒』。」張森楷從王說。王叔岷曰：「《御覽》卷163引『浸』亦作『沒』，《風俗通》、《御覽》卷369引《春秋後語》並同（《水經・澮水注》引《史記》亦作『沒』，惟所引蓋《秦策四》之文）。竊疑『浸』乃『湛』之借字，《論衡》、《國語・晉語九》韋注亦並作『浸』。」《水經注》引《史記》，出《魏世家》。「浸」字不誤，王念孫說非是。王叔岷說「浸乃湛借字」，是也，浸、沈、湛並疊韻相轉。裴學海早指出：「浸為沈之借字。」〔註450〕《左傳・宣公十二年》：「沈尹將中軍。」杜預注：「沈，或作寢。」「沈丘」音轉作「寢丘」、「寑丘」，都是其證。「浸」亦灌沒、淹沒之義，《水經注・澮水》引《史記》：「今乃知之汾水可以浸安邑，絳水可以浸平陽」，《魏世家》、《秦策四》、《韓子・難三》、《說苑・敬慎》二「浸」作「灌」。

〔註450〕裴學海《評高郵王氏四種》，《河北大學學報》1962 年第 2 期，第 64 頁。

（12）治中牟

《集解》：《地理志》曰河南中牟縣，趙獻侯自耿徙此。瓚曰：「中牟在春秋之時是鄭之疆內也……按中牟當漯水之北。」

按：疆內，《左傳·定公九年》孔疏引同，《水經注·渠水》引《漢書》薛瓚注作「堰」，「堰」是「疆」形訛，全祖望、趙一清已校正，楊守敬從其說〔註451〕。漯水之北，《水經注》引作「漯水之上」，孔疏引作「溫水之上」，趙一清謂「溫」是「漯」誤〔註452〕。「漯」是「濕」俗譌字。

（13）謂相國公仲連曰

按：王叔岷曰：「《御覽》卷821引《春秋後語》『連』作『建』，卷630引此文『連』亦作『建』。」「建」是形誤字，《治要》卷11、《書鈔》卷106、《冊府元龜》卷239、737引作「連」。

（14）番吾君曰：「牛畜、荀欣、徐越皆可。」

按：荀欣，天明刊本《治要》卷11、《御覽》卷630引同，日鈔本《治要》作「葛欣」，下文二處又作「苟欣」，皆誤鈔。

（15）伐魏，敗涿澤

《正義》：涿音濁。徐廣云長杜有濁澤，非也。《括地志》云：「濁水源出蒲州解縣東北平地。」爾時魏都安邑，韓、趙伐魏，豈河南至長杜也？解縣濁水近於魏都，當是也。

《校勘記》：長杜，疑當作「長社」，下同。《魏世家》《集解》引徐廣曰：「長社有濁澤。」《韓世家》《集解》引徐廣同。（6／2197）

按：校作「長社」是也，張森楷亦曰：「殿本『社』誤『杜』，今依各本正。」《水經注·潧水》「皇陂即古長社縣之濁澤也，《史記》『魏惠王元年，韓懿侯與趙成侯合軍，伐魏，戰於濁澤』是也。」《後漢書·郡國志》：「長社有有蜀城有蜀津。」劉昭注：「《史記》曰：『魏惠王元年，韓、趙合軍，伐魏蜀澤。』」「蜀澤」即「濁澤」，亦即「涿澤」。

（16）肅侯游大陵

《集解》：徐廣曰：「太原有大陵縣，亦曰陸。」

〔註451〕楊守敬、熊會貞《水經注疏》卷22，收入《楊守敬集》第4冊，湖北人民出版社、湖北教育出版社，1997年版，第1374頁。

〔註452〕趙一清《水經注釋》卷22，收入景印文淵閣《四庫全書》第575冊，臺灣商務印書館，1986年初版，第387頁。

《校勘記》：「陸」疑當作「大陸」。《後漢書・郡國志》劉昭注：「《史記》曰『趙肅侯游大陸，出於鹿門』，即大陵。」（6／2198）

按：《冊府元龜》卷 743 引注，正作「亦曰大陸」。大陵，《書鈔》卷 139、《御覽》卷 451、822 引同，《初學記》卷 18、《類聚》卷 24 引作「大陸」。

（17）美人熒熒兮，顏若苕之榮

按：王叔岷曰：「美人熒熒兮，《御覽》卷 1000 引同，卷 570 引作『美人芺兮』。『芺』疑『熒』之誤。如一本作『芺』，『芺』字亦當疊。『芺』乃『熒』之俗誤。芺芺，獨貌也。」王氏前說是，「熒熒」狀美人之顏容。《書鈔》卷 106、《冊府元龜》卷 892 引作「熒熒」，《列女傳》卷 7 同。

（18）命乎命乎，曾無我嬴

《集解》：綦毋邃曰：「言有命祿，生遇其時，人莫知己貴盛盈滿也。」

《正義》：命，名也。嬴，姓嬴也。言世眾名其美好，曾無我好嬴也。重言「名乎」者，以談說眾也。

按：梁玉繩曰：「《列女傳》云：『命兮命兮，逢天時而生，曾莫我嬴嬴。』」杭世駿說同。王叔岷曰：「綦毋氏訓嬴為盈，王照圓《列女傳補注》亦云：『嬴嬴猶盈盈也，亦與「熒熒」聲義同，皆言其容體輕麗也。』」綦毋邃說是，《正義》說全誤。嬴之言盈，輕盈也。《廣雅》：「嬴嬴，容也。」「嬴」是美好義，故疊言以狀其容。俗字亦作孂，《方言》卷 1：「娥、孂，好也。秦曰娥，宋魏之閒謂之孂……『好』其通語也。」郭璞注：「孂，音盈，言孂孂也。」《御覽》卷 570 引「嬴」誤作「嬴」。曾無我嬴，猶言無人有我美麗。新版《史記》點校本於「嬴」旁標專名線，以為是人名，恐未得。

（19）異日，王飲酒樂，數言所夢，想見其狀

按：王念孫曰：「『異日』之文與上『他日』相複，『異日』本作『旦日』，字之誤也。旦日，謂夢見美女之明日也。夜夢美女鼓琴而歌，故明日數言所夢，而想見其狀，不待異日也。舊本《書鈔・樂部二》引此正作『旦日』（陳禹謨依俗本改為『異日』），《御覽・樂部八》同。」張森楷從王說。《御覽》卷 570（即《樂部八》）引作「旦曰」，王氏失檢，瀧川資言竊取王說，承其誤而不知檢正。施之勉引吳汝綸曰：「王氏《雜志》作『旦日』，非是。此下云『數言所夢』，則非一日也。」池田亦引其說。吳說「數言所夢，則非一日」，非是。王飲酒樂矣，一日之中數言所夢，正狀其酒酣，有何不

可？王說「異日」指明日，是也，而改字則誤。《元和郡縣志》卷 16、《冊府元龜》卷 237、892、《太平寰宇記》卷 40、《古史》卷 20 引並作「異日」，《列女傳》卷 7 同。此「異日」不指他日，而是指明日。《韓子‧難三》：「異日，其御問曰。」《論衡‧非韓》作「翼日」，《酉陽雜俎》續集卷 4 引《論衡》作「異日」。翼、異，並讀為昱，字亦作翌、翊。《書鈔》卷 106 乃以意改之。

（20）因夫人而內其女娃嬴。孟姚也

《集解》：《方言》曰：「娃，美也。吳有館娃之宮。」

按：娃，《書鈔》卷 106 引同，《御覽》卷 570 引形誤作「姓」。又《書鈔》引「孟姚也」作「字孟姚」。娃訓美好，是「佳」聲轉字，嬴、姚亦同義。《方言》卷 13：「姚，美也。」《列女傳》卷 7：「趙靈吳女者，號孟姚。」取美好義為名號。黃善夫本下方有校記云：「孟，長也。姚，舜姓也。」非是。「娃嬴」下句號當改作逗號。

（21）可以毋盡百姓之勞，而序往古之勳

《正義》：厚，重也。往古謂趙簡子、襄子也。

按：王念孫曰：「張所見本作『厚往古之勳』，故訓厚為重。今案『厚』與『序』文義皆有未安，當依《趙策》作『享往古之勳』，字之誤也。享，受也。」張文虎、池田、張森楷、王叔岷從其說，王叔岷又曰：「黃善夫本、殿本『厚』並作『序』，蓋據正文作『序』改之也。」瀧川資言曰：「古鈔本、楓山、三條本『序』作『厚』，與《正義》合，可從。《策》作『享』。」水澤利忠曰：「序，南化、楓、三、梅『厚』。」徐仁甫曰：「序猶象，『象』與『享』聲義並近。作『厚』者不知『序』義而妄改之。」黃善夫本正文作「序」，《正義》作「厚」（水澤氏謂《正義》作「序」，失檢），王叔岷失檢。宋元各本及慶長本都作「序」，《冊府元龜》卷 238 同。「序」字不誤。序，比次，按次第順從。序往古之勳，謂功績比次於前人。韓兆琦曰：「序，列、取。」無據。

（22）夫有高世之功者，負遺俗之累；有獨智之慮者，任驚民之怨

《正義》：負，留也。言古周公、孔子留衣冠禮義之俗，今變為胡服，是負留風俗之譴累也。言世有獨計智之思慮者，必任隱逸敖慢之民怨望也。

按：瀧川資言引中井積德曰：「負，猶被也。遺，棄也。遺俗，猶違世也。累，猶瑕疵也。驚民，猶悍民，謂不順者。」瀧川又曰：「『驚』、『謷』、

『嗷』通。《商君書・更法篇》：『有高人之行者，固見負於世；有獨知之慮者，必見驚於民。』《史記・商君傳》亦云：『有高人之行者，固見非於世；有獨知之慮者，必見敖於民。』」李笠曰：「負，何（同『荷』）也，被也。『負』正對『任』字也。」吳國泰曰：「『負』者『被』之借字。」王駿圖曰：「負即負戴之負。遺俗謂遺棄流俗。」王叔岷曰：「負、任互文，負猶任也。《新序・善謀篇》：『有高人之行者，固負非於世；有獨知之慮者，必見警於民。』《越絕書・外傳記范伯篇》：『有高世之材，必有負俗之累；有至智之明者，必被眾庶之議。』《意林》卷 5 引《唐子》：『夫士有高世之名，必有負俗之累；有絕群之節，必嬰謗嗤之患。』」負、背、被，一聲之轉，猶言承受。《漢書・武帝紀》：「士或有負俗之累而立功名。」顏注引晉灼曰：「負俗，謂被世譏論也。」

（23）王既定負遺俗之慮，殆無顧天下之議矣

按：瀧川資言曰：「《策》亦有『負』字。『負』字由上文衍。」王叔岷曰：「《策》『既』作『即』。即猶既也，定猶必也。『負遺俗之慮』本上文『負遺俗之累』言之，『負』字非衍。殆猶則也。」瀧川說是，王說誤。上句《商子・更法》、《新序・善謀》作「君亟定變法之慮」，既、即，並讀為亟，急也。定，確定。殆，猶必也。

（24）昔者舜舞有苗，禹袒裸國，非以養欲而樂志也，務以論德而約功也

按：約，讀為徼，字亦作邀、要，猶言求取、獲得。《戰國策・趙策二》正作「要」。

（25）狂夫之樂，智者哀焉；愚者所笑，賢者察焉

按：瀧川資言曰：「《商君書・更法篇》：『愚者笑之，智者哀焉；狂夫之樂，賢者喪焉。』」池田曰：「察，《戰國策》作『戚』，似是。」王叔岷曰：「《新序》云：『愚者之笑，智者哀焉；狂夫之樂，賢者憂焉。』」孫詒讓曰：「作『憂』誼較長。」〔註 453〕石光瑛曰：「『戚』與『憂』誼同，則『憂』誼長明矣。」〔註 454〕高亨曰：「喪是悲悼之意。」〔註 455〕喪，讀作傷。察，讀作憯、悽。《廣雅》：「憯，愁也。」字亦作濟，《方言》卷 1：

〔註 453〕孫詒讓《札迻》卷 5，中華書局，1989 年版，第 141 頁。
〔註 454〕石光瑛《新序校釋》，中華書局，2001 年版，第 1165 頁。
〔註 455〕高亨《商君書注譯》，中華書局，1974 年版，第 18 頁。

「濟、溠憂也。陳楚或曰溠，或曰濟；自關而西秦晉之閒或曰愬，或曰溠。」「戚」是「感」省，同「愬」。

（26）雖驅世以笑我，胡地中山吾必有之

《正義》：驅，音區。驅，盡也。驅世謂盡一世以笑我也。（據《考證》本）

按：池田曰：「驅，猶云舉。」驅，《戰國策·趙策二》作「敺」，《商子·更法》、《新序·善謀》作「拘」，並讀為舉。敺世，即舉世。韓兆琦曰：「驅，使。」非是。

（27）夫翦髮文身，錯臂左衽，甌越之民也

《索隱》：錯臂亦文身，謂以丹青錯畫其臂。孔衍作「右臂左衽」，謂右袒其臂也。

按：《戰國策·趙策二》、《長短經·是非》、《冊府元龜》卷238同。鮑彪注：「以兩臂交錯而立，言無禮容。」瀧川資言從其說。吳師道曰：「既言『文身』，則『畫臂』為複，恐後說是，『錯』或『袒』字之訛。」梁玉繩、杭世駿《疏證》皆從其說。錯，當讀作鏨。鏨臂，猶言刻臂，乃越人盟約之習俗。姚宏注：「劉無『錯臂』字，一作『𢫨面』。」「𢫨」亦是「鏨」音轉。《淮南子·齊俗篇》：「胡人彈骨，越人契臂。」《類聚》卷33、《御覽》卷480引「契」作「剠」，《御覽》卷430引作「齧」，並讀作契，刻也〔註456〕。「契（挈）」、「刻」雙聲音轉。《列子·湯問》「剠臂以誓」，「剠」是「刻」借字。

（28）卻冠秫絀

《集解》：徐廣曰：「秫絀，《戰國策》作『秫縫』，絀亦縫紩之別名也。秫者，縶鍼也。古字多假借，故作『秫絀』耳。此蓋言其女功鍼縷之麤拙也。又一本作『鮭冠黎緤』也。」

《校勘記》：秫者縶鍼也：秫，景祐本、紹興本、黃本、殿本作「鉥」，是。《說文》：「鉥，縶鍼也。」（6／2200）

按：方以智曰：「秫絀，麤縫也。《趙世家》『卻冠秫絀』，《戰國策》作『鯷冠秫縫』，一本作『鮭冠黎紲』。秫，縶鍼也，言女工內畢之拙。秫謂

〔註456〕 參見于大成《淮南子校釋》，臺灣大學1970年博士論文；收入《淮南鴻烈論文集》，里仁書局，2005年版，第775頁。

鈗也。《儀禮》：『外畢，斬衰也；內畢，齊縫向內也。』卻冠者，絺紵之『紵』，借用『卻』也。舊說『鯷』、『鮭』以魚皮為冠者，非也，蓋言其粗耳。」
〔註457〕梁玉繩曰：「《國策》『鯷冠秫縫』，鯷音題，大鮎，以其皮為冠。『秫』與『鈗』同，音術，鍼也。此『卻』字疑非。」姚範曰：「『秫』疑同『述』。《續漢‧輿服志》『冠以展角（萹）為述』，《晉志》『金博山述』。徐注非。」
〔註458〕瀧川資言引中井積德曰：「鯷蓋琵琶魚，其皮大者堪為冠，皮文似鼉，故《策》注謬作『大鮎』。鮎，謂鰻也，鮎鰻是河池物，難作南海產。秫絤，《策》作『秫縫』，蓋析（折）草莖作絲〔註459〕，用縫衣也。『秫絤』卒不可通，恐訛文。」王叔岷曰：「秫借為鈗，《說文》：『鈗，綦鍼也。』（段注：『綦，疑當作長。』）卷子本《玉篇‧糸部》引此作『錼』，『錼』乃『鈗』之誤。」①《集解》「秫者」，水澤利忠曰：「秫，景、井、蜀、耿、慶、彭、凌、游、殿『鈗』。」乾道本、慶長本《集解》亦作「鈗者」，《班馬字類》卷5、《冊府元龜》卷238引同，淳熙本誤作「錼者」（即耿本，水澤氏失檢）。此當作「鈗者」，徐廣指出正字是「鈗」，本書作「秫」是假借。又各本「卻」作俗字形「卻」。《玉篇殘卷》「絤」字條引此文作「卻裾（冠）錼（鈗）絤」，引徐廣說作「絤，絳（縫）也，紩之別名也」，又引《蒼頡篇》：「絤，紩也。」②《說文》「鈗，綦鍼也」，「綦」字不誤，王叔岷引段玉裁說，改作「長」，殊為無據。「綦」亦作「紀」〔註460〕。《靈樞經‧九鍼論》：「長鍼取法於綦鍼。」正有「綦鍼」一詞。《廣雅》：「鋪、鈗、紀，鍼也。」《玉篇殘卷》「紀」字條引《埤蒼》：「紀，所以連鋪也。」P.2011王仁昫《刊謬補缺切韻》、《廣韻》：「紀，連鍼也。」S.617《俗務要名林》：「紀，對縫也。」《玄應音義》卷15：「作紀：所以聯綴簪記之也。」「綦鍼」即「紀鍼」。字亦作捥，《玄應音義》卷4：「諸捥：字亦作紀，渠記反。所以連綴簪記之也。」《類聚》卷35引《妬記》：「遇見婦捉紀跗欲成衣。」紀跗猶言鍼腳。③絤訓縫紩，

〔註457〕 方以智《通雅》卷36，收入《方以智全書》第1冊，上海古籍出版社，1988年版，第1113～1114頁。
〔註458〕 姚範《援鶉堂筆記》卷16，收入《續修四庫全書》第1148冊，上海古籍出版社，2002年版，第555頁。姚氏引「萹」誤作「角」。
〔註459〕 池田引「析」作「折」，當是。池田四郎次郎《史記補注（上編）》（池田英雄增補），日本明德出版社，1975年版，第405頁。
〔註460〕 參見王念孫《廣雅疏證》，收入徐復主編《廣雅詁林》，江蘇古籍出版社，1992年版，第640頁。桂馥《說文解字義證》「鈗」字條，齊魯書社，1987年版，第1227頁。

張舜徽指出「乃借紲為綴也」〔註461〕，其說至確，古音叕、出相通〔註462〕。「綴」音轉又作「納」、「綄」〔註463〕。中井氏謂「秫紲」是訛文，未達通假也。④一本「卻冠」作「鮭冠」，「鮭冠」當是「觟冠」形訛。「觟冠」又作「桂冠」，音轉亦作「獬冠」、「解冠」。「觟」是「觟𧣾」省語，「觟𧣾」疊韻連語，又作「獬豸」、「解豸」、「解廌」、「獬廌」、「解廌」、「貈狸」，一角神羊之名。觟冠即觟𧣾冠，其冠以鐵為柱，狀似獬豸角形。《淮南子‧主術篇》：「楚文王好服解冠。」高誘注：「解豸之冠，如今御史冠。」《御覽》卷684引作「觟冠」。《廣雅》：「解豸，冠也。」《後漢書‧輿服志》：「法冠，或謂之獬豸冠。」是其證也。《說文》：「解，一曰解廌，獸也。」又「廌，解廌，獸也。」「解廌」也單呼作「廌」，《說文》：「薦，獸之所食艸。古者神人以廌遺黃帝，帝曰：『何食何處？』曰：『食薦，夏處水澤，冬處松柏。』」「廌」即指解廌獸。「廌」從豸得聲，或借「豸」為之，故「解豸冠」也省稱作「豸冠」，見《初學記》卷12。《國策》作「鯷冠」，《長短經‧是非》同，古音「是」與「弟」、「虒」相通，虒、豸音同，故「鯷冠」又「豸冠」之聲轉。⑤本書作「卻冠」者，「卻」當作「郄（郤）」。古音「郤」與「只」相通，故亦與「是」聲相轉。《莊子‧人間世》「吾行郤曲」，《釋文》：「郤，去逆反，《字書》作『迟』，《廣雅》云：『迟，曲也。』」《說文》：「迟，曲行也。」⑥一本「秫紲」作「黎緤」者，無考，未詳。

（29）年穀豐孰

　　按：《戰國策‧趙策一》作「年穀豐盈」，馬王堆帛書《戰國縱橫家書‧蘇秦獻書趙王章》作「禾穀絳（豐）盈」。

（30）眾人善之，然而賢主圖之

　　《校勘記》：圖，《戰國策‧趙策一》作「惡」。（6／2201）

　　按：瀧川資言曰：「《策》『圖』作『惡』。中井積德曰：『圖者，懼思之意。』」施之勉引吳汝綸曰：「此『圖之』，與下『察之』意同。」王叔岷曰：「《趙策》作『眾人喜之，而賢主惡之』（鮑本作『喜』作『善』，蓋據

〔註461〕　張舜徽《說文解字約注》，華中師範大學出版社，2009年版，第3196頁。

〔註462〕　參見蕭旭《〈說文〉「忿，忽也」疏證》，臺灣藝文印書館《中國文字》2019年冬季號（總第二期），第88～95頁。

〔註463〕　參見蕭旭《S.617〈俗務要名林〉疏證（九則）》，收入《敦煌文獻校讀記》，花木蘭文化出版社，2019年版，第78頁。

《史記》改）。『喜』與『惡』對言。此文『圖』，疑本作『嗇』，古『鄙』字。『善』與『鄙』對言。猶言眾人善之，然而賢主不善之耳。」李人鑒曰：「帛書作『眾人喜之，賢君惡之』，《趙策一》作『眾人喜之，而賢主惡之』。此『善』字當作『喜』，『圖』字當作『惡』。」鮑彪注：「惡，心不安也，以其無以致之故。」帛書整理者曰：「惡，《趙策》同，疑有誤。《趙世家》作『圖』。」〔註464〕王、李說「善」當作「喜」，是也。《戰國策》舊本當作「喜」，《冊府元龜》卷886所引正如此。「甘露降，時雨至，年穀豐孰，民不疾疫」云云，非賢主所圖而能得，亦非賢主所鄙。圖，讀為悇，憂懼也。P.2011王仁昫《刊謬補缺切韻》：「悇，憚憂。」

（31）怨毒積怒

按：杭世駿曰：「《戰國策》作『怨毒積惡』。」帛書作「怨竺（毒）積怒」。

（32）秦趙與國，以彊徵兵於韓，秦誠愛趙乎？其實憎齊乎

按：《趙策一》作「以秦為愛趙而憎韓」，帛書作「下吏皆以秦為夏（憂）趙而曾（憎）齊」。帛書整理者曰：「似以帛書作『憂』為是。」〔註465〕今本作「愛」字是，下文「秦非愛趙而憎齊也」亦然。

（33）欲亡韓而吞二周，故以齊餤天下

按：吞，《趙策一》同，帛書作「呻」。《簡帛集成》整理者引上博簡《子羔》「取而軟之」原整理者讀軟為吞，指出「呻」與《說文》訓「吟」的「呻」是同形字，與「吞」是異體字〔註466〕。馬王堆帛書《胎產書》「呻（吞）爵甕二」，又「產（生）呻（吞）之」，二「呻」字整理者亦讀作「吞」〔註467〕。「呻」亦作「唋」，與「軟」是異體字，從口從欠一也。《玉篇殘卷》引《字書》：「軟，古文『呻』字也。」「吞」字從「天」得聲，「天」音轉讀如「身」〔註468〕，「身」、「申」同音，故「呻」或「軟」可讀作「吞」，

〔註464〕《馬王堆漢墓帛書〔參〕》，文物出版社，1983年版，第69頁。《長沙馬王堆漢墓簡帛集成》第3冊取其說，中華書局，2014年版，第248頁。

〔註465〕《馬王堆漢墓帛書〔參〕》，文物出版社，1983年版，第69頁。《簡帛集成》第3冊取其說，中華書局，2014年版，第248頁。

〔註466〕《長沙馬王堆漢墓簡帛集成》第3冊，中華書局，2014年版，第248～249頁。

〔註467〕《馬王堆漢墓帛書（四）》，文物出版社，1985年版，第138頁。

〔註468〕「天竺」音轉作「身毒」，是其例。

「呻（軟）」與「吞」不是異體字。餤，《趙策》、帛書作「餌」。餤，讀為啖、啗，利誘，與「餌」義同。

（34）恐天下畏己也，故出質以為信

按：瀧川資言曰：「《策》『畏』作『疑』。」鄭良樹曰：「帛書本《國策》『畏』作『疑』。」〔註469〕畏，疑懼、憂慮之義。質，《策》同，帛書作「摯」，借字。

（35）聲以德與國，實而伐空韓

《校勘記》：實而，殿本作「而實」，《通志》卷87同。《趙策一》亦作「而實」。（6／2201）

按：張文虎曰：「而猶則也，凌本不解其義而乙之。」張森楷從其說。水澤利忠曰：「凌、殿『實而』互倒。」吳國泰曰：「聲猶名也，言秦名為見德於趙，而實則伐空虛之韓也。」施之勉說同吳氏。王叔岷曰：「聲猶名也，而猶則也。」李人鑒曰：「帛書作『聲德與國，實伐鄭、韓』，《趙策一》作『聲德於與國，而實伐空韓』。『實而』二字乃『而實』之誤倒。張氏說非是。」李說是也，張氏等說雖通，但據本篇上文「聲善而實惡」之文例，當乙作「而實」為長。

（36）說士之計曰：「韓亡三川，魏亡晉國，市朝未變而禍已及矣。」

按：瀧川資言曰：「市朝未變，言速也。《策》作『是韓未窮而禍及於趙』。」王叔岷曰：「《考證》引《趙策》，據鮑本也。姚本『是』作『恃』，黃氏《札記》云：『今本恃作是，乃誤涉鮑也。鮑改恃為是，吳氏有正。』」帛書下句作「市朝未罷過（禍）及於趙」，《簡帛集成》整理者曰：「金正煒指出『市、恃音近，朝、韓形似，因以致誤』。裘錫圭疑《趙策一》的『窮』為『罷』之形近誤字，其說可從。」〔註470〕金正煒校「恃韓」作「市朝」，可從，帛書是其確證。金正煒又指出「『窮』與『終』通，市朝未終，亦猶未變也」〔註471〕，亦可依據，裘說「窮」是「罷」形誤，未足信。《廣雅》：

〔註469〕鄭良樹《史記賸義》，收入《大陸雜志史學叢書》第5輯第2冊《史記考證研究論集》，第73頁。

〔註470〕《長沙馬王堆漢墓簡帛集成》第3冊，中華書局，2014年版，第249頁。

〔註471〕金正煒《戰國策補釋》卷4，收入《續修四庫全書》第422冊，上海古籍出版社，2002年版，第511頁。

「罷，歸也。」罷、歸義相因，言市罷而歸耳。變，讀為反，俗字作返。

（37）燕盡齊之北地，去沙丘、鉅鹿斂三百里

《正義》：斂，減也。言破齊滅韓之後，燕之南界，秦之東界，相去減三百里，趙國在中閒也。

按：朱駿聲曰：「斂，叚借為儉。《正義》：『減也。』按：約也。」〔註472〕瀧川資言引中井積德曰：「『斂』與『儉』通。」《趙策一》作「今燕盡韓之河南，距沙丘而至鉅鹿之界三百里」，帛書作「今燕盡齊之河南，距莎（沙）丘、巨（鉅）鹿之囿三百里」。鄭良樹曰：「囿，城也。疑『斂』似為『之界』之誤合。」〔註473〕鄭說非是，無此誤合之法。距，亦去也。斂，讀為閒。《荀子·非十二子》「斂然聖王之文章具焉」，《韓詩外傳》卷4作「簡然」。《策》作「界」，閒、界一聲之轉。帛書作「囿」，讀作域，亦界也。

（38）秦之上郡近挺關，至於榆中者千五百里

按：瀧川資言曰：「挺關，《策》作『扞關』。扞關，楚北境，與趙無干涉。」張琦曰：「挺關，諸書所引皆作『扞關』，蓋字譌也。」〔註474〕張氏蓋謂當作「挺關」。錢穆曰：「楚有扞關，或趙亦有之，而『挺』則字訛。」〔註475〕挺關，《冊府元龜》卷888、《古史》卷20同，王應麟《通鑑地理通釋》卷8、吳師道《補注》引作「扞關」，《趙策一》亦作「扞關」，帛書作「欒關」。據《楚世家》楚有「扞關」。「挺」是「扞」形譌。帛書作「欒關」者，欒讀作彌、弭，止也，與「扞」義近。黃錫全說：「干亦即杆、竿，有挺、直等義……故『干關』讀如『竿關』，可作『挺關』……《說文》：『梃，一枚也。』枚、欒二字雙聲，微、脂二部相近……因此，『欒關』即『枚關』，亦即『挺關』，是假欒為枚。」〔註476〕說諸字取義於挺直，余所不信也。

（39）踰句注，斬常山而守之，三百里而通於燕

按：池田曰：「斬，斷絕路也。」《趙策一》作「今踰句注，禁常山而

〔註472〕 朱駿聲《說文通訓定聲》，武漢市古籍書店，1983年版，第122頁。
〔註473〕 鄭良樹《史記賸義》，收入《大陸雜志史學叢書》第5輯第2冊《史記考證研究論集》，第73頁。
〔註474〕 張琦《戰國策釋地》卷下，收入《叢書集成初編》第3055冊，中華書局，1985年影印，第66頁。
〔註475〕 錢穆《史記地名考》，商務印書館，2001年版，第1324～1325頁。
〔註476〕 黃錫全《「干關」方足布考──干關、扞關、挺關、麋關異名同地》，《訓詁論叢》第2輯，文史哲出版社，1997年版，第138～139頁。

守，三百里通於唐、曲吾」，帛書作「今增注、茝恒山而守，三百里過燕陽、曲逆」。「過」是「通」形訛。「增」同「曾」，當為「魯」形訛。魯，讀為踰。茝，帛書整理者讀為阯，超踰義〔註477〕，是也；《策》作「禁」，《史》作「斬」，義各不同。斬，讀為塹，池田說非是。顏世鉉讀茝為遏，認為「茝（遏）」和「禁」為同義詞；「斬」和「制」在「截斷」的意義上是同義詞，因為「制」有「禁止」、「遏止」義，由於類推的作用，「斬」也有「禁止」、「遏止」義〔註478〕，非是。陽、唐聲轉。「曲逆」即「曲吾」，逆、吾亦聲轉〔註479〕。

（40）代馬胡犬不東下

《正義》：郭璞云：「胡地野犬似狐而小。」

按：胡犬，《趙策一》作「胡駒」，帛書作「胡狗」。「狗」是「駒」借字，俗改作「犬」。《宋書·索虜傳》：「代馬胡駒，出自冀北。」胡駒，謂胡馬。代馬胡駒，借指代郡胡兵。《漢書·匈奴傳》「胡馬不窺於長城」，賈子說「胡人不敢南下而牧馬」，即「代馬胡駒不東下」之誼。

（41）西兵以禁彊秦

按：禁，《趙策一》同，帛書作「唫」，借字。《釋名》：「金，禁也。其氣剛嚴，能禁制也。」又「金鼓，金，禁也，為進退之禁也。」

（42）反高平、根柔於魏

《集解》：徐廣曰：「根柔，一作『槍柔』，一作『平柔』。」

《正義》：返，還也。根柔，未詳。

按：杭世駿曰：「《戰國策》作『反溫、軹、高平於魏』。」梁玉繩曰：「『根柔』之地未見，似宜從《策》。」朱起鳳曰：「『根柔』當作『溫枳』，『根』、『溫』音亂，『柔』、『枳』形似。」又曰：「『枳』即『軹』字之省。『溫』字作『根』者，音之近。『枳』字作『柔』，又形之誤也。或曰：『柔』當作『李』，《續漢志·郡國志》河內郡有軹有李城。」〔註480〕吳國泰從朱

〔註477〕《馬王堆漢墓帛書〔參〕》，文物出版社，1983年版，第69頁。
〔註478〕顏世鉉《說幾則古文獻中與從「曷」聲之字相關的釋讀》，北京大學《第一屆古典學國際學術研討會論文集》，2017年11月18～19日，第106頁。
〔註479〕參見王念孫《戰國策雜志》卷1收入《讀書雜志》卷1，中國書店，1985年版，本卷第95頁。又參見《馬王堆漢墓帛書〔參〕》整理者說，文物出版社，1983年版，第69頁。
〔註480〕朱起鳳《辭通》卷1、12，上海古籍出版社，1982年版，第30、1126頁。

氏說謂「根柔」是「溫枳」之誤。《國策》一本「軟」作「枳」。帛書「根柔」作「溫軟」。朱說「溫、根音近」，可取。蓋「溫枳」或作「榅朵」，因形聲相近而誤作「根柔」耳。

（43）反巠分、先俞於趙

《集解》：徐廣曰：「巠分，一作『王公』。《爾雅》曰『西俞、鴈門是』。」

《正義》：「分」字誤，當作「山」字耳。《括地志》云：「句注山一名西陘山。」郭注云：「西隃即鴈門山也。」西、先聲相近，蓋陘山、西隃二山之地並在代州鴈門縣，皆趙地也。

按：今《爾雅》作「西隃」。《趙策一》作「反三公、什清於趙」，帛書作「反王公、符逾於趙」。鮑彪注：「『公』字疑誤。安定有三水，朔方有三封，勃海有三戶，皆近趙。《張儀傳》『塞什谷之口，當屯留之道』，則什近屯留。《後志》中牟有清口，皆趙地也。」錢大昕曰：「『王公』疑『三公』之譌。常山郡元氏縣有三公山。」張文虎、沈家本、水澤利忠從錢說。梁玉繩曰：「巠分，徐云『一作王公』，蓋字之譌。《策》作『三公、什清』，據《後漢續志》注，常山元氏縣有三公塞也。但《正義》云云，說亦通。」池田從梁說，張森楷從錢、梁說。杭世駿舉《國策》異文，未作判斷。張琦曰：「《正義》云云，則『陘山』譌作『巠分』，又譌『三公』也。《張儀傳》徐廣曰：『什一作尋，鞏縣有尋口。』《索隱》曰：『尋、什聲相近，故〔名〕惑也。』前、後《志》中牟皆在河南，非趙之中牟，則什口、清口皆非趙地。《史》作『先俞』，《正義》以為即雁門也。」〔註481〕吳國泰曰：「朱起鳳曰：『『三公』作『巠分』，蓋字形之誤也。『什清』書傳無徵，依《史記》作『先俞』為是。」〔註482〕吳國泰曰：「『什』、『先』聲近，『清』則『渝』之形譌。」王叔岷曰：「徐注『王公』，『王』蓋『三』之誤。《正義》謂『分字誤，當作山』，『分』與『山』形不近，恐難致誤。」據帛書，「巠分」、「三公」是「王公」形訛，徐廣所見一本是也。《正義》改作「巠山」非也。徐廣說「先俞」即「西俞」，張氏說「西、先聲近」，皆是也。《呂氏春秋·不侵》「君不若使人西觀秦王」，《戰國策·齊策四》「西」作「先」。又古地名「西零」聲轉作「先零」，美女名「西施」聲轉作「先施」，亦其

〔註481〕 張琦《戰國策釋地》卷下，收入《叢書集成初編》第3055冊，中華書局，1985年影印，第67頁。原文脫「名」字，據《索隱》補。
〔註482〕 朱起鳳《辭通》卷1，上海古籍出版社，1982年版，第30頁。

例。吳國泰說「清」是「渝」形訛，是也。「什清」當是「付渝」形訛，即帛書之「符逾」，當是「西（先）俞」別名。或單稱作「俞」，《穆天子傳》卷1：「天子西征，乃絕隃之關隥。」郭璞注疑「隃」指西隃。

（44）齊之事王，宜為上佼

《索隱》：佼猶行也。

《正義》：佼，音效，功勞也。（據《考證》本）

按：王念孫曰：「小司馬說非也。『佼』與『交』同。（《說文》：『佼，交也。』）上交，上等之交也。《趙策》作『宜為上交』，又曰『秦與韓為上交』，『秦與梁為上交』，皆其證。」沈家本、吳國泰說同，張文虎、瀧川資言、水澤利忠、池田、張森楷從王說。帛書亦作「交」，《古史》卷20引同。「上交」是《戰國策》及帛書習語，猶言善交。王駿觀曰：「《方言》：『自關而東、河濟之閒，凡好謂之佼。』言齊之事王宜為上好也。」此說非是，《方言》卷1作「姣」，是美麗義。

（45）齊抱社稷而厚事王，天下必盡重王義

按：抱，《趙策一》作「危」（曾本作「抱」），帛書作「探」。金正煒曰：「『危』即『抱』之脫誤。」〔註483〕「探」同「探」，從保省聲，讀為抱。

（46）二十八年，藺相如伐齊，至平邑。罷城北九門大城

按：《御覽》卷161引脫誤作「趙惠王三十八年，藺相如城九門大城」。

（47）趙王新立，太后用事，秦急攻之

按：新，《趙策四》同，馬王堆帛書《戰國縱橫家書·觸龍見趙太后章》作「規」。帛書整理者曰：「規，疑是『親』字之誤。『親』和『新』字通。」〔註484〕

（48）必以長安君為質，兵乃出

按：為質，《趙策四》同，《御覽》卷365、740二引《春秋後語》亦同，帛書作「來質」。

（49）太后盛氣而胥之

《集解》：胥猶須也。《穀梁傳》曰：「胥其出也。」

〔註483〕 金正煒《戰國策補釋》卷4，收入《續修四庫全書》第422冊，上海古籍出版社，2002年版，第512頁。

〔註484〕 《馬王堆漢墓帛書〔參〕》，文物出版社，1983年版，第61頁。

按：宋刊本《穀梁傳·僖公二十二年》作「須其出」。胥，帛書同，《趙策四》作「揖」。吳氏《補注》：「《史》云『胥之』，『胥』字當是。」王念孫曰：「吳說是也。《集解》曰：『胥猶須也。』《御覽》引此《策》作『盛氣而須之』。下文言『入而徐趨』，則此時觸龍尚未入，太后無緣揖之也。」〔註485〕瀧川資言曰：「《策》『胥』作『揖』，義異。」陳直指出「胥」形訛作「揖」。王叔岷曰：「《記纂淵海》卷48引此『胥』作『須』，從《集解》也。」吳、王說是，瀧川未知「揖」乃「揖」形誤。《說文》：「頡，待也。」桂馥曰：「《五經文字》：『須，今借為須待字。本作頡，今不行已久。』或借胥字。」〔註486〕吳國泰、蔣禮鴻亦指出「胥」借作「頡」。「揖」亦借字。《記纂淵海》卷63引此文「胥」作「待」，以意改之也。

（50）竊自恕，而恐太后體之有所苦也

按：苦，《御覽》卷740引《春秋後語》、《冊府元龜》卷252、《通鑒》卷5同，《趙策四》作「郄」，帛書作「䤵」。鮑彪注：「『郄』、『郤』同。以己病足，因恐后不能前，亦自恕以及人也。」王念孫曰：「鮑未解『郤』字之義。『郤』字本作『俙』，讀如煩勮之勮，謂疲羸也。言恐太后玉體之疲羸，故願望見也。《廣雅》：『困、疲、羸、券、俙，極也。』皆謂困極也……『俙』、『歝』、『歛』、『郤』併字異而義同。《趙世家》作『苦』，『苦』與『郤』同義，則『郤』為『倦俙』之『俙』明矣。」〔註487〕錢繹曰：「苦、郤，聲之轉也。」〔註488〕李人鑒曰：「『苦』字為『郤』字之誤。王說是也，本字作㑃，《說文》：『㑃，勞也。』錢氏說「苦、郤聲轉」，有其可能；余則謂「苦」疑為「丟」形誤，「丟」又「郤」脫誤。

（51）老婦恃輦而行耳

按：恃輦而行，《趙策四》、《御覽》卷740引《春秋後語》同，帛書作「持（恃）連（輦）而睘（還）」。帛書整理者曰：「還，旋轉。」〔註489〕睘，當讀作趨。《說文》：「趨，疾也。」指疾行。蓋謂疾行則恃輦，慢行則

〔註485〕 王念孫《戰國策雜志》，收入《讀書雜志》卷1，中國書店，1985年版，本卷第99頁。所引《御覽》見卷456。
〔註486〕 桂馥《說文解字義證》「頡」字條，齊魯書社，1987年版，第885頁。
〔註487〕 王念孫《戰國策雜志》，收入《讀書雜志》卷1，中國書店，1985年版，本卷第100頁。
〔註488〕 錢繹《方言箋疏》卷12，上海古籍出版社，1984年版，第701頁。
〔註489〕 《馬王堆漢墓帛書〔參〕》，文物出版社，1983年版，第61頁。

徒步耳。《呂氏春秋‧行論》「使者行至齊」，高誘注：「行，還也。」還亦讀作趨，與「行」同義。

（52）少益嗜食，和於身也

按：和，《趙策四》同，帛書作「智」。帛書整理者曰：「智，通『知』，《趙策》與《趙世家》並作『和』，字形之誤。《方言》卷3：『知，愈也，南楚病愈者或謂之知。』這裏是說有益身體。」〔註490〕裘錫圭、范祥雍從其說〔註491〕。古書「知」、「和」形近易訛，傳世本作「和」字是。和，調也〔註492〕。

（53）老臣賤息舒祺最少，不肖

按：舒祺，《趙策四》同，《御覽》卷456引《策》作「舒旗」，帛書作「訏旗」。又帛書「肖」作「宵」，借字。

（54）媼之送燕后也，持其踵，為之泣

按：持其踵，《趙策四》同，帛書作「攀其踵（踵）」。「攀」同「扳」，《廣雅》：「扳，援也。」

（55）其吏民皆安為趙，不欲為秦

按：安亦欲也，猶言願意、樂意。《趙策一》作「其民皆不欲為秦，而願為趙」，正作「願」字。《孟子‧梁惠王上》：「梁惠王曰：『寡人願安承教。』」「願安」是複語。

（56）秦服其勞而趙受其利

按：服，《趙策一》作「被」，一聲之轉。「被」為本字，遭受也。《平準書》「轉漕甚遼遠，自山東咸被其勞」，《漢書‧陳湯傳》「作治數年，天下徧被其勞」，皆用本字。

（57）雖彊大不能得之於小弱，小弱顧能得之於彊大乎

按：顧，《通鑑》卷5作「固」，借字。顧，猶反也。

〔註490〕《馬王堆漢墓帛書〔參〕》，文物出版社，1983年版，第61頁。
〔註491〕裘錫圭《讀書札記九則——〈戰國策〉「觸讋說趙太后」章中的錯字》，收入《裘錫圭學術文集》卷4，復旦大學出版社，2012年版，第398頁。范祥雍《戰國策箋證》，上海古籍出版社，2011年版，第1236頁。
〔註492〕劉洪濤《利用出土文獻校正王力〈古代漢語〉文選注釋舉例》（未刊稿）一文也有相同意見。

（58）不可與為難

《正義》：趙不可與秦作難。

按：《正義》說誤。《趙策一》作「不可與戰」。《秦策一》「將西南（面）以與秦為難」〔註493〕，高誘注：「難，猶敵也。」

（59）吏民能相安，皆賜之六金

按：安，《趙策一》作「集」。集，讀為輯，亦安也。

（60）龍兌

《正義》：《括地志》云：「北新城故城在易州遂城縣西南二十里。按：遂城縣西南二十五里有龍山，邢子勵《趙記》云『龍山有四麓，各有一穴，大如車輪，春風出東，秋風出西，夏風出南，冬風出北，不相奪倫』。按蓋謂龍兌也。」

按：①《書鈔》卷158引邢子勵《龍山記》：「山東北與軍都，西北與飛相接，其山石上往往有似仙人及龍跡，故以為名。四麓各有一穴，大如車輪，春則風生東，秋出西，夏出南，冬出北，不相奪倫。」《御覽》卷45引《隋圖經》：「龍山：在易縣西南三十里有龍山，石上往往有仙人及龍跡，西麓谷有一坁，大如車輪，春則風出東，夏出南，秋出西，冬出北。」《太平寰宇記》卷67引「坁」作「洞」，餘同。「坁」當是「坎」形誤，俗「穴」字。《隋圖經》「西麓谷」當據《趙記》作「四麓各」。言龍山之四麓各有一洞穴，春風出自東麓之穴，秋風出自西麓之穴，夏風出自南麓之穴，冬風出自北麓之穴也。②本書《酈商傳》：「其秋燕王臧荼反，商以將軍從擊荼，戰龍脫，先登陷陣，破荼軍易下。」《集解》：「徐廣曰：『龍脫，在燕趙之界。』駰案：《漢書音義》曰：『地名。』」《索隱》：「龍脫，孟康曰『地名』，在燕、趙之界，其地闕。」《正義》：「易下，易州易縣。」錢大昕、沈欽韓等指出「龍脫」即「龍兌」〔註494〕，屬易州。脫、兌，並讀為闋，實為穴。「龍兌」取義於龍山之風穴。《老子》第52章「塞其兌，閉其門」，郭店楚簡「兌」作「逸」，北大漢簡作「脫」，《釋文》引河上本、景福碑本作「銳」（宋刊河上公本作「兌」）。

〔註493〕下文「南」作「面」，是也。
〔註494〕錢大昕《史記考異》卷5，收入《二十二史考異》卷5，《嘉定錢大昕全集（二）》，江蘇古籍出版社，1997年版，第91頁。沈欽韓《漢書疏證》卷27，收入《續修四庫全書》第266冊，上海古籍出版社，2002年版，第773頁。錢穆《史記地名考》卷15，商務印書館，2001年版，第801頁。

《文選‧風賦》「空穴來風」，李善注引《莊子》「空閲來風」。

（61）以王遷降

《集解》：《淮南子》云：「趙王遷流於房陵，思故鄉，作為山水之謳，聞之者莫不流涕。」

《校勘記》：山水，景祐本、紹興本、耿本、黃本、彭本、殿本作「山木」，《文選‧恨賦》李善注引《淮南子》及高誘注並同。《淮南子‧泰族訓》：「趙王遷流於房陵，作為山水之嘔。」王念孫《雜志》以為「山水」當作「山木」。（6 / 2205）

按：彭本「山木」二字殘，不能確定是何字。乾道本、慶長本、四庫本亦作「山木」，《古文苑》卷7《枯樹賦》章樵註引《淮南子》同。《劉子‧辯樂》：「趙王遷於房陵，心懷故鄉，作山木之謳。」即本《淮南》，字正作「木」。流涕，景祐本、紹興本、乾道本、淳熙本、元刻本同，黃善夫本、慶長本、四庫本、殿本作「隕涕」，宋刊本、道藏本《淮南子》作「殞涕」。

卷四十四《魏世家》

（1）晉獻公卒，四子爭更立，晉亂

按：《方言》卷3：「更，代也。」

（2）若脫躧然

按：張文虎曰：「躧，吳校元板作『屣』。」水澤利忠曰：「躧，耿『屣』。」王叔岷曰：「宋本《白帖》卷12引『躧』作『屣』，《御覽》卷698引《春秋後語》、羅隱《兩同書‧敬慢篇》並同。『躧』與『屣』同。」字亦作「蹝」、「縰」，皆「鞾」俗字。

（3）秦伐我，至陽狐

《正義》：《括地志》云：「陽狐郭在魏州元城縣東北三十里也。」

按：三十里，《田敬仲完世家》《正義》引作「三十二里」。「陽狐」又作「陽孤」、「陽壺」、「陽胡」。

（4）卑不謀尊，疏不謀戚

按：《韓詩外傳》卷3作「卑不謀尊，疏不間親」，《說苑‧臣術》作「賤不謀貴，外不謀內，疎不謀親」。《管子‧五輔》：「遠不間親，新不間舊。」

（5）翟璜忿然作色曰

按：忿然，《韓詩外傳》卷3作「悖然」。悖，讀為艴，字亦作怫、艳、

拂、沸、佛、勃、孛〔註495〕，又以雙聲音轉作忿。《蘇秦列傳》「於是韓王勃然作色」，《長短經・七雄略》同，《戰國策・韓策一》作「忿然」，P.3616《春秋後語》作「怫然」。《呂氏春秋・重言》：「艴然充盈。」《論衡・知實》作「怫然」，《列女傳》卷2作「忿然」，《說苑・權謀》作「勃然」。亦其例。

（6）惠王數被於軍旅，卑禮厚幣以招賢者

按：張文虎曰：「被，王、凌作『敗』。」水澤利忠曰：「被，慶、彭、凌、游、殿『敗』。」景祐本、紹興本、淳熙本、慶長本作「被」，《冊府元龜》卷241、《古史》卷21、《通志》卷77亦同；乾道本、四庫本、殿本亦作「敗」。

（7）魏氏地不盡則不知已

按：王叔岷曰：「則不知已，《春秋後語》作『則不和』。」《春秋後語》見《御覽》卷682、《說郛》卷5引。《後語》有脫誤，此文是。已，止也。不知已，不知止也。

（8）中旗馮琴而對曰

《索隱》：《戰國策》作「推琴」者，《春秋後語》作「伏琴」，而《韓子》作「推瑟」，《說苑》作「伏瑟」，文各不同。

按：《班馬字類》卷2：「馮，音憑，恃也。」梁玉繩曰：「中旗，《策》作『中期』，古字通也。而《說苑・敬慎篇》作『申旗』，與《策》、《史》異。」池田從梁說。水澤利忠曰：「作推琴者，耿、慶、彭、凌、游、殿無『者』字。」吳國泰曰：「馮者，憑之借字。」蔣禮鴻說同吳氏。王叔岷曰：「今本《韓非子・難三篇》作『中期推琴』，王先慎云：『《御覽》卷459引作「中期伏瑟」。』《說苑・敬慎篇》作『申旗伏瑟』。黃丕烈《秦策札記》云：『申即中譌。推或馮字之譌，馮、伏聲之轉。』」〔註496〕乾道本、慶長本、四庫本、殿本《索隱》「推琴」下亦無「者」字，「者」是衍文。《御覽》卷459引《韓子》作「中旗伏瑟」，王先慎誤「旗」作「期」。黃丕烈說「申即中譌，馮、伏聲之轉」皆是也，但說「推或馮字之譌」則無據。《策》、《韓》自作「推」字。《莊子・讓王》「孔子推琴喟然而歎曰」〔註497〕，又《漁父》

〔註495〕 參見蕭旭《中村不折藏敦煌寫卷〈莊子〉校補》，收入《敦煌文獻校讀記》，花木蘭文化出版社，2019年版，第28頁。

〔註496〕 王叔岷《史記斠證》，中華書局，2007年版，第1664頁。

〔註497〕 《呂氏春秋・慎人》、《風俗通義・窮通》同。

「孔子推琴而起曰」，皆「推」字不誤之證。《論語·先進》「舍瑟而作，對曰」，《御覽》卷 577 蔡邕《女訓》「若問曲名，則捨琴興對曰」，「推琴（瑟）」蓋即「捨琴（瑟）」也。《田敬仲完世家》「去琴按劍曰」，「去琴」亦即「推琴」。

（9）不湛者三版

按：瀧川資言曰：「《策》『湛』作『沈』，同。」王叔岷曰：「《韓非子》『湛』作『沈』。」《元和郡縣志》卷 14 引此文「湛」作「沈」，古音同。《書鈔》卷 139 引此文作「下者三板」，乃誤「不」作「下」，又脫「湛」字。《說苑·敬慎》作「不滿者三板」，《御覽》卷 64 引「滿」作「沒」，「滿」同「漫」。

（10）丈人芒然乃遠至此，甚苦矣

按：池田引關修齡曰：「芒然，疲倦之貌。」吳國泰曰：「芒者，氂之借字。」芒然，《魏策四》同，《新序·雜事三》作「岡然」，《後漢書·崔駰傳》李賢注引《策》作「忙然」，《長短經·七雄略》作「茫然」。芒、岡，並讀作忙，字亦作萌。《廣雅》：「萌，遽也。」（11）痤因上屋騎危

按：因，P.2589《春秋後語》同，《說苑·善說》作「自」。P.2589《後語》「危」作「堄」，S.1439《春秋後語釋文》：「騎堄，下魚毀反，室棟。」桂馥指出本字作𢉖，《說文》：「𢉖，屋梠也，秦謂之桷，齊謂之𢉖。」〔註498〕

（12）無忌謂魏王

《校勘記》：無忌，《荀子·彊國篇》楊倞注引《史記》作「朱忌」，《戰國策·魏策三》作「朱己」，「己」、「忌」古通用。（6／2243）

按：《校勘記》說本王念孫，王叔岷從王說校作「朱忌」。《御覽》卷 514 引「無忌」上加「信陵君」三字，亦為誤文所惑。

（13）貪戾好利無信

按：信，《魏策三》同，馬王堆帛書《戰國縱橫家書·朱己謂魏王章》作「親」。

（14）不識禮義德行

按：識，《魏策三》同，帛書作「試」。下文「王不識」，亦同。「試」是借字。

〔註498〕參見桂馥《札樸》卷 5，中華書局，1992 年版，第 173 頁。

（15）若禽獸耳

按：獸，《魏策三》同，帛書作「守」，乃「狩」省文，古「獸」字。

（16）穰侯舅也，功莫大焉，而竟逐之

按：《魏策三》同，帛書「舅」作「咎」，「竟」作「諒」，皆借字。

（17）兩弟無罪，而再奪之國

按：奪，《魏策三》同，帛書作「挩」。奪、挩，並讀作敓，彊取也。《廉頗藺相如列傳》「終不可彊奪」，亦借字。

（18）今韓氏以一女子奉一弱主

按：奉，帛書同，《魏策三》作「承」。

（19）秦非無事之國也，韓亡之後必將更事，更事必就易與利，就易與利必不伐楚與趙矣

按：二「更」字，帛書同，《魏策三》誤作「便」。

（20）是知伯之禍也

按：禍，《魏策三》同，帛書作「過」，借字。

（21）所行甚遠，所攻甚難

《索隱》：攻，亦作「致」，《戰國策》見作「致軍」，言致軍糧難也。

按：今本《魏策三》作「攻」，帛書同。上句云「行三千里而攻冥阨之塞」，即「所行甚遠，所攻甚難」所指。「致」是「攻」形訛。

（22）聽使者之惡之，隨安陵氏而亡之

《正義》：隨猶聽也。無忌說言使者惡安陵氏，亦聽秦亡安陵氏。

按：方苞曰：「隨，隨以兵也。」施之勉從方說。黃式三曰：「隨、墮古通用。」〔註499〕瀧川資言從黃說。李笠曰：「張說非。隨猶從也。『從』有赴就之義。又《廣雅》：『隨，逐也。』於義亦通。」池田從李氏前說。王叔岷曰：「隨不必借為墮。聽、隨互文。」韓兆琦曰：「隨，任，與上文『聽』字同義。」《魏策三》亦作「隨」，黃氏讀隨為墮，是也，帛書正作「墮」。言聽使者讒惡安陵氏，因墮安陵氏而亡之也。

（23）繞舞陽之北

按：繞，《魏策三》同，帛書作「繚」。

〔註499〕黃式三《周季編略》卷8下，收入《續修四庫全書》第347冊，上海古籍出版社，2002年版，第168頁。

（24）秦七攻魏，五入囿中

《集解》：徐廣曰：「一作『城』也。」

《索隱》：囿即圃田。圃田，鄭藪，屬魏。徐廣云「一作城」。而《戰國策》作「國中」。

《正義》：《括地志》云：「圃田澤在鄭州管城縣東三里。《周禮》云豫州藪曰圃田也。」

按：梁玉繩曰：「徐廣謂『囿』一作『城』，是，《策》作『國中』。」張森楷從其說。瞿方梅曰：「下文尚有『國繼以圍』之語，則此作『囿』為是。」池田從瞿說。李人鑒曰：「囿，帛書同，《魏策三》『囿』誤作『國』。」瞿、李說非是，未得「囿」之誼。《集解》置於「中」字下，《冊府元龜》卷 735、736 引徐廣說作「一作『城中』」，「也」是「中」誤，當是指徐廣所見本「囿中」一作「城中」。「城」當是「域」形誤，「囿」亦「域」借字。「域」、「國」同源，「域中」即「國中」。言秦七次攻魏，有五次打到魏國境內。下文「國繼以圍」之「國」指國都，與此不同。

（25）文臺墮

《索隱》：文臺，臺名。《列士傳》曰「隱陵君施酒文臺」也。

按：文臺墮，《魏策三》同，帛書作「支臺隨（墮）」。S.1439《春秋後語釋文》：「文臺隳：許規反。」《索隱》所引《列士傳》無考。「隱」當作「傿」，形聲俱近。淳熙本作「[圖]」，字形尤近。「傿」同「鄢」。「鄢陵君」見《楚策四》。「鄢陵」亦作「傿陵」，音轉又作「安陵」。《田敬仲完世家》《正義》引《括地志》：「鄢陵，李奇云六國時為安陵也。」

（26）今韓受兵三年，秦橈之以講

《索隱》：橈音尼孝反。謂韓被秦之兵，橈擾已經三年，云欲講說與韓和。

《正義》：橈，曲也。（據《考證》本）

按：瀧川資言、池田並引中井積德曰：「謂攻三年，秦屈撓之，以和議。」水澤利忠曰：「尼，耿、慶、彭、凌、游、殿『苦』。」王叔岷曰：「《正義》說是也。殿本『橈』作『撓』，《魏策》同。橈、撓，正、假字。《說文》：『橈，曲木也。』」尼孝反，慶長本、四庫本亦作「苦孝反」，乾道本、淳熙本「苦」形誤作「若」（水澤氏所稱耿本即淳熙本，誤校作「苦」）。「橈」音苦孝反不誤，不必改作「尼孝反」。橈，帛書亦作「撓」。橈、撓，並讀為嬈，煩

嬈。《說文》：「嬈，苛也，一曰擾。」《正義》及中井說皆非也。

（27）楚、趙必集兵

按：集，帛書作「疾」。

（28）今不存韓，二周、安陵必危

按：下句《魏策三》作「則二周必危、安陵必易也」，帛書作「貳（二）周、安陵必貤」。「貤」、「易」音轉，當讀為墮，毀壞。「委蛇」音轉作「委隨」、「委遁」、「委移」，是其比也。

（29）楚、趙大破，衛、齊甚畏

按：畏，《魏策三》同，帛書作「卑」。帛書整理者謂「畏」是「卑」形誤〔註500〕。

卷四十五《韓世家》

（1）此謂「時絀舉贏」

按：水澤利忠曰：「贏，景、井、紹、蜀、慶、彭、毛、凌、游、殿『嬴』。」池田曰：「『嬴』當作『贏』。」王叔岷曰：「《通鑑》『絀』作『詘』，古字通用。」贏，乾道本、淳熙本、慶長本、四庫本亦作「嬴」，宋本《冊府元龜》卷796《古史》卷22、《通志》卷77同（四庫本《冊府》作「贏」），《通鑑》卷2作「贏」。贏、嬴，正、借字。

（2）高門成，昭侯卒，果不出此門

按：果，《說苑·權謀》作「竟」。竟，猶果也，副詞。

（3）韓氏急，公仲謂韓王曰

《索隱》：韓相國，名侈。

按：沈濤曰：「《戰國策》公仲名朋，不名侈。又《田敬仲完世家》『魏王謂韓馮、張儀曰』，《集解》引徐廣曰：『韓之公仲侈也。』則公仲即韓馮，馮、朋聲相近，古字率相通。益見公仲名朋，不名侈。朋、侈字形相近，是以誤耳。《韓策》云『韓相公仲使韓侈之秦』，明韓侈別是一人。」瀧川資言從沈說。李笠曰：「《韓非子·十過篇》作『公仲朋』，鮑本《國策》同。此《索隱》與《田完世家》《集解》作『侈』，並『朋』之訛也。『朋』又作『馮』，聲同借用也。」池田從李說。王叔岷曰：「《田完世家》徐注：『韓馮，韓之公仲侈也。』又《甘茂傳》『是王欺魏王，而臣受公仲侈之怨也』，

〔註500〕《馬王堆漢墓帛書〔參〕》，文物出版社，1983年版，第55頁。

《集解》引徐廣曰：『佟，一作馮。』則公仲佟，即韓馮，亦即《韓非子》之『公仲朋』。『佟』蓋『佣』之誤，與『馮』古亦通用。至於《韓策三》之『韓佟』，自是別一人也。」諸說皆是，王引之亦指出：「『馮』與『朋』聲相近，則作『朋』者是也。《韓非子・十過篇》及《漢書・古今人表》並作『公仲朋』。」〔註501〕馬王堆帛書《戰國縱橫家書・公仲佣謂韓王章》作「公中（仲）佣」，「佣」同「佣」。《田敬仲完世家》「韓馮」，帛書《戰國縱橫家書・蘇秦謂陳軫章》作「韓佣（佣）」。

（4）與國非可恃也

按：《韓策一》同，帛書「與」作「冶」，「恃」作「持」，皆借字。

（5）此以一易二之計也

按：《韓策一》同，帛書「易」作「為」。《田敬仲完世家》「此所謂以卑為尊者也」，《齊策四》「為」作「易」。「為」亦改易、代換義。《淮南子・主術篇》「是猶代庖宰剝牲而為大匠斫也。」為亦代也。

（6）秦伐我，取穰

《正義》：郭仲產《南雍州記》云：「楚之別邑。秦初侵楚，封公子悝為穰侯。」

按：《太平御覽經史圖書綱目》列有「郭仲產《南雍州記》」，又卷 43 引其書，《書鈔》卷 61、《初學記》卷 5 亦引之，《太平寰宇記》卷 142、143、145 凡三引之。《水經注》屢引郭仲產說，未出書名。《舊唐書・經籍志》：「《南雍州記》三卷，郭仲彥撰。」「彥」當是「產」形訛。

（7）公何不令楚王築萬室之都雍氏之旁，韓必起兵以救之

按：《韓策二》「雍氏」前有「於」字，「救」作「禁」。此文「雍氏」前省介詞「於」。《說文》：「救，止也。」與「禁」同義，指禁止楚築萬室之都。下文「公戰不勝楚，楚塞三川守之，公不能救也」，救亦禁止義，指禁止楚塞三川。

（8）張儀謂秦王曰：「與楚攻魏，魏折而入於楚，韓固其與國也，是秦孤也。」

按：王念孫曰：「今本『秦孤』誤作『孤秦』，茲據宋本、游本及《韓

〔註501〕 王引之說轉引自王念孫《戰國策雜志》，收入《讀書雜志》卷 1，中國書店，1985 年版，本卷第 66 頁。

策》改。下文曰『是齊孤也』，《楚世家》曰『是楚孤也』，文義並與此同。」
瀧川資言曰：「秦孤，王柯、凌本倒。王念孫云云。愚按：楓山、三條本亦
作『秦孤』。」水澤利忠曰：「慶、彭、凌、殿『秦孤』互倒。」景祐本、
紹興本、淳熙本、慶長本作「秦孤」，《冊府元龜》卷 237、《古史》卷 22、
《通志》卷 77 同；乾道本、黃善夫本、元刻本、殿本誤倒作「孤秦」，《冊
府元龜》卷 888 誤同。

（9）公戰而勝楚，遂與公乘楚，施三川而歸。公戰不勝楚，楚塞三
川守之，公不能救也

《正義》：施猶設也。言韓戰勝楚，則秦與韓駕御於楚，即於天子之都，
張設救韓之功，行霸王之迹，加威諸侯，乃歸咸陽是也。

按：朱駿聲據《正義》「施，設也」，云：「施，叚借為攺。」王念孫曰：
「下『楚』字（引者按：指「楚塞」之楚）疑衍，此謂秦塞三川而守之，
非謂楚也。《韓策》無下『楚』字。張說甚謬。施讀為移。移，易也。言與
韓乘楚，而因易三川以歸也。《韓策》作『易三川而歸』，是其明證矣。《田
完世家》曰：『請與韓地，而王以施三川。』《蔡澤傳》曰：『利施三川，以
實宜陽。』《秦策》同。張訓施為展，亦非。義併與此同。『施』與『移』
古同聲而通用。」池田從王說。張文虎曰：「宋本、舊刻、中統、游、毛『施』
並作『弛』。」郭嵩燾曰：「『施』當作『弛』。《說文》：『弛，解也。』」韓勝
楚則相與乘楚，而三川之兵以解。《正義》甚誤。」瀧川資言引中井積德曰：
「施，言揚威也。」瀧川又曰：「愚按《田完世家》『請與韓地，而王以施
三川』，《蔡澤傳》『利施三川，以實宜陽』，並義同。《策》作『易』，王念
孫據為移易之義，未得。」水澤利忠曰：「施，南化、景、井、游、毛『弛』。
《札記》所云『弛』字當作『弛』。」吳國泰曰：「施、易皆傷之借字。傷，
交傷也，猶俗謂交換也。」王駿觀曰：「《韻會》云：『施音易，乘間贊易也。』
非張設也。」王叔岷曰：「景祐本、黃善夫本『施』並作『弛』。弛，俗『弛』
字。施、弛古通。王氏據《韓策》，謂『施讀為移。移，易也』，是也。」「楚
塞」之「楚」不是衍文，鮑本《韓策》有「楚」字。「施三川」與「塞三川」
對言，諸說皆未得。元刻本、慶長本、四庫本、殿本作「施」，《冊府元龜》
卷 237 引同；景祐本、黃善夫本、紹興本、乾道本、淳熙本都作「弛」，《古
史》卷 22、《通志》卷 77 引作「弛」（施之勉已及《通志》）。施當讀作弛，
俗字作弛，猶言解除、鬆懈，指解除三川的關禁。《田完世家》、《蔡澤傳》

之「施三川」亦同。《韓策二》作「易三川」，易、施、弛（弛），並一聲之轉。言韓、秦勝楚，則解除三川的關禁而歸；如不能勝楚，則楚塞三川之關而守。救，猶言禁止、阻止。《蔡澤傳》「利施三川」，黃善夫本下方校記云：「施，欺取。」尤是無稽之說。

（10）司馬庚三反於郢

《集解》：徐廣曰：「庚，一作唐。」

按：梁玉繩曰：「《國策》作『康』。疑『庚』、『唐』字誤。」杭世駿、沈家本都但出異文，未作判斷。瀧川資言曰：「《策》作『康』，蓋秦人。」王叔岷曰：「『唐』、『康』並諧庚聲，與『庚』古蓋通用。」王說是也。徐注「唐」，《冊府元龜》卷 237 引同，又卷 888 引作「康」。鮑彪注：「司馬康，秦人。」此瀧說所本。疑「康」、「庚」皆「唐」轉音，「唐」指唐且（雎），秦人，《秦策三》「秦相應侯使唐雎載音樂，予之五千金，居武安。」〔註 502〕《呂氏春秋·期賢》「秦興兵欲攻魏，司馬唐諫秦君曰」，《新序·雜事五》「司馬唐」作「司馬唐且」（《淮南子·修務篇》誤作「司馬庚」）。

（11）公不如亟以國合於齊楚，齊楚必委國於公

按：下句《韓策二》作「秦必委國於公以解伐」。下「齊楚」當作「秦」，《古史》卷 22 引此文據《策》改。言公仲以韓與齊楚合，則秦必恐而以國聽公仲也。

（12）韓挾齊魏以圍楚，楚必重公

《正義》：言韓合齊魏以圍楚，楚必尊重芈戎以求秦救矣。

按：圍，《韓策二》作「盻」。鮑彪注：「盻，睥睨也。」吳師道《補正》曰：「盻，恨視也，五禮反。」池田引履軒曰：「《策》『圍』作『盻』，是偽（譌）文。」（履軒是中井積德的號，瀧川資言此條未引其說）。吳說是。圍，讀為媁，《說文》：「媁，不說（悅）皃。」字亦作愇，《廣雅》：「愇，恨也。」字亦作違，《屈原列傳》《懷沙》：「懲違改忿兮，抑心而自彊。」違亦忿恨義。《文選·幽通賦》：「豈余身之足殉兮，違世業之可懷。」李善注：「曹大家曰：『違，恨也。』違，或作愇，愇亦恨也。」《漢書·敘傳》「違」作「愇」。

〔註 502〕魏亦有唐雎，此別一人也。《魏世家》：「魏人有唐雎者，年九十餘矣，謂魏王曰。」

（13）公挾秦楚之重以積德於韓，公叔伯嬰必以國待公

按：瀧川資言曰：「《韓策》『待』作『事』。」待，讀為侍，聲轉亦作事，事奉也。《荀子·君道》「以禮待君」，《韓詩外傳》卷4「待」作「事」。

（14）韓相國謂陳筮曰

《集解》：徐廣曰：「筮，一作筌。」

《索隱》：徐廣云一作「荃」。《戰國策》作「田茶」。

按：梁玉繩曰：「徐廣『筮』作『筌』，並訛。《國策》作『田苓』，是。《索隱》引《策》誤為『茶』。」陳直曰：「陳筮之名，有『筮、筌、荃、茶、苓』五字之不同，未知孰是。」王叔岷曰：「陳筮，《韓策三》作『田苓』。陳、田古通。」《漢書·古今人表》中下亦作「陳筮」，梁玉繩曰：「『陳筮』始見於《史·韓世家》，『筮』又作『筌』（《集解》徐廣注），又作『茶』（《索隱》引《韓策》），本作『苓』（《韓策》）。」〔註503〕「茶」、「荃（筌）」都是「苓」形誤，《御覽》卷460引《策》「田苓」又形誤作「由余」。「筮」是「莖」形誤，古音「令」、「巠」相轉，「苓」音轉作「莖」，又形誤作「筮」。《呂氏春秋·察傳》作「沈尹筮」，《尊師》「沈申（尹）巫」，《贊能》作「沈尹莖」，此其相訛之例。

（15）穰侯曰：「公無見王，請今發兵救韓。」

按：張文虎曰：「今，王、柯、凌譌『令』。」池田從張說，瀧川資言則逕襲其說。王叔岷曰：「殿本『今』亦誤『令』，《韓策》同。今猶即也。」王氏說本王念孫說耳〔註504〕。

卷四十六《田敬仲完世家》

（1）陳完者，陳厲公他之子也

《索隱》：他音徒何反。

按：張文虎曰：「他，凌本『佗』。」水澤利忠曰：「他，景、紹、井、耿、慶、彭、毛、凌、游、殿『佗』。」王叔岷曰：「『他』乃『佗』之隸變。」黃善夫本、乾道本、淳熙本正文作「佗」，《索隱》作「他」；元刻本、慶長本、四庫本、正文及《索隱》俱作「佗」；《御覽》卷200引作「他」。

〔註503〕梁玉繩《漢書人表考》卷6，收入《叢書集成初編》第3710冊，中華書局，1985年影印，第342頁。

〔註504〕王念孫《戰國策雜志》，收入《讀書雜志》卷1，中國書店，1985年版，本卷第69～70頁。

（2）田常心害監止

按：吳國泰曰：「害者，患之借字。《說文》：『患，憂也。』」王叔岷曰：「害猶妬也。」王說是也，但未得本字。害，讀為妎，妬恨也，俗作婡。

（3）毀言日至……譽言日聞

按：王念孫曰：「兩『言』字皆後人所加。『毀』、『譽』皆言也，無庸更加『言』字。舊本《書鈔·封爵部下》、《刑法部下》（陳禹謨本並依俗本加『言』字）、《類聚·治政部上》、《御覽·封建部一》、《職官部六十四》、《治道部四》、《刑部十一》引此皆無兩『言』字，《通典·職官十五》同。唯《通鑑·周紀一》作『毀言日至』、『譽言日至』，則所見《史記》本已有兩『言』字矣。」池田、張森楷從王說。張文虎曰：「《御覽》卷 623 引無兩『言』字，疑衍。」水澤利忠從張說。王叔岷曰：「《長短經·息辯》亦無兩『言』字。惟《治要》引已有兩『言』字，則兩『言』字未必後人所加矣。王氏所稱《書鈔·封爵部下》（卷 48）及《御覽·封建部一》（卷 198）並未引下文。又所稱《書鈔·刑法部下》（卷 45）及《御覽·刑法部十一》（卷 645）但引下文，且《御覽·刑法部》引下文作『譽言日聞』，非無『言』字也。」王叔岷訂王念孫失檢，皆是也。日鈔本《治要》卷 11 引無二「言」字，天明刊本則有，王叔岷所據乃刊本，未見更早之鈔本也。王念孫說「兩『言』字皆後人所加」，得之。《淮南子·氾論篇》：「齊威王設大鼎於庭中，而數無鹽令曰：『子之譽日聞吾耳，察子之事，田野蕪，倉廩虛，囹圄實，子以姦事我者也。』乃烹之。」與《史記》所記，傳聞異辭，然足證「譽」下無「言」字。《魏其武安侯列傳》「以故毀日至竇太后」，《漢書·田蚡傳》同，亦足證「毀」下無「言」字。《書鈔》、《治要》、《類聚》、《通典》、《長短經》引俱無「言」字，而《冊府元龜》卷 239、《古史》卷 23、《通志》卷 87 引同今本，《太平寰宇記》卷 20 引上文亦有「言」字，是唐人所見無「言」字，「言」字乃宋代人所加也。

（4）是子以幣厚吾左右以求譽也

按：王叔岷曰：「《書鈔》卷 45 引作『是子厚幣吾左右以求譽也』，《通鑑》卷 1 作『是子厚幣事吾左右以求譽也』，《長短經》作『是子常以幣事吾左右以求譽也』。」《治要》卷 11、《冊府元龜》卷 707、《古史》卷 23、《御覽》卷 266、623、645、《通志》卷 87 引同今本，《通典》卷 33「譽」作「名」，餘同。考上文「是子不事吾左右以求譽也」，此乃對文，「厚」當作「事」，

《長短經》不誤。《類聚》卷52引「厚」作「享」，亦誤。

（5）夫大弦濁以春溫者，君也；小弦廉折以清者，相也

《集解》：《琴操》曰：「大弦者，君也，寬和而溫。小弦者，臣也，清廉而不亂。」

《索隱》：大弦濁以溫者君也。案：《春秋後語》「溫」字作「春」，春氣溫，義亦相通也。蔡邕曰：「凡弦以緩急為清濁。琴，緊其弦則清，緩其弦則濁。」

按：王念孫曰：「『濁以春溫』文不成義。《索隱》本出『大弦濁以溫者君也』八字，注云：『案：《春秋後語》溫字作春。春氣溫，義亦相通也。』據此則小司馬本無『春』字，今本作『春溫』者，一本作『溫』，一本作『春』，而後人誤合之耳。《御覽・人事部》引此作『春』，從別本也。陳祥道《禮書》引作『春溫』，則所見本已誤。」梁玉繩曰：「《索隱》本無『春』字，故小司馬云『《春秋後語》溫字作春，義亦相通』，蓋後人附注異本，傳寫連為『春溫』耳。當衍『春』字，下同。」池田從梁說，張森楷從王、梁說。沈濤曰：「如小司馬說，則史文本作『大絃濁以溫』，《春秋後語》作『濁以春』。今《史記》『溫』上衍『春』字，蓋涉注而誤。」〔註505〕黃式三曰：「據《索隱》，『春』衍字。」〔註506〕張文虎曰：「《御覽》卷577引無『春』字，與《索隱》本合。又卷460引有『春』字，無『溫』字。」瀧川資言曰：「『濁』下疑脫『重』字。沈濤云云，錢大昕、梁玉繩亦有此說。張文虎云云。」吳國泰曰：「『春溫』之言不可通。春者，純之借字。《淮南子・覽冥訓》『純溫以淪，鈍悶以終』，注：『純，一也。溫，和也。』……此文當作『大弦純溫以濁』，與下『廉折以清』對文。」王叔岷曰：「王氏所稱《御覽・人事部》，即張氏所稱《御覽》卷460。考《書鈔》卷109引此已作『春溫』，如《史記》原文如此，則『春溫』為複語，義亦可通。又黃善夫本、殿本《索隱》並無『大弦濁以溫者君也』八字。」乾道本、淳熙本、元刻本、慶長本、四庫本《索隱》亦無「大弦濁以溫者君也」八字。《冊府元龜》卷856、《事類賦注》卷11引作「濁以溫」，同《御覽》卷577；《記

纂淵海》卷 78 引作「急以溫」。《書鈔》卷 109、《冊府元龜》卷 743、《禮書》卷 124、《玉海》卷 110、《能改齋漫錄》卷 3、5、《合璧事類備要》前集卷 57、《大事記解題》卷 3、《通志》卷 87、《班馬字類》卷 1《補遺》引同今本。作「春溫」不誤,「濁以春溫」與「廉折以清」對文,「廉折」對「春溫」,「清」對「濁」(蔡邕說可證)。瀧川於「濁」下補「重」字,非是。春溫,言如春之溫,即《莊子・大宗師》「煖然似春」之誼。

（6）攫之深

《集解》:徐廣曰:「以爪持弦也。攫音己足反。」

按:攫,《冊府元龜》卷 743、《玉海》卷 110、《通志》卷 87、《大事記解題》卷 3、《班馬字類》卷 1、5《補遺》引同,《御覽》卷 460 引誤作「擢」,宋刊《冊府元龜》卷 856、《御覽》卷 577、《事類賦注》卷 11 引誤作「推」(四庫本《冊府》卷 856 不誤)。

（7）大小相益

按:水澤利忠曰:「益,南化、楓、三、謙、梅『蓋』。」黃善夫本校記云:「益,作『蓋』。」一本誤。益,《冊府元龜》卷 743、《玉海》卷 110、《通志》卷 87、《大事記解題》卷 3 引同;慶長本誤作「蓋」(下文不誤),宋刊《冊府元龜》卷 856、《御覽》卷 577、《事類賦注》卷 11 引誤同(四庫本《冊府》卷 856 不誤)。

（8）回邪而不相害者

按:回邪,《御覽》卷 577、《事類賦注》卷 11、《冊府元龜》卷 743、856、《通志》卷 87、《玉海》卷 110、《大事記解題》卷 3 引同,《御覽》卷 460 引誤作「因推」。回亦邪也。

（9）夫治國家而弭人民

按:王叔岷曰:「《文選・九日從宋公戲馬臺集送孔令詩》注引作『夫理國家而彌人倫』。治之作理,避唐高宗諱改。彌、弭古通。民之作倫,避太宗諱改。」彌、弭,並讀為敉、侎。《說文》:「敉,撫也。《周書》:『亦未克敉公功。』讀若弭。侎,敉或從人。」

（10）鈞諧以鳴,大小相益,回邪而不相害者,四時也

按:此複舉同上文。《御覽》卷 577、《冊府元龜》卷 856 引「四時也」作「上下和鳴,吏民相親也」,不知何據。

（11）騶忌子曰：「謹受令，請謹毋離前。」

　　按：瀧川資言曰：「楓山、三條本『令』作『命』。」施之勉曰：「《御覽》卷 577 引『令』作『命』。」令，讀為命。《廣韻》：「命，教也。」上文「騶忌子曰：謹受教」，正作「教」字。

（12）淳于髡曰：「狶膏棘軸，所以為滑也，然而不能運方穿。」

　　《索隱》：狶膏，豬脂也。棘軸，以棘木為車軸，至滑而堅也。然而穿孔若方，則不能運轉，言逆理反經也。

　　按：王叔岷曰：「《說文繫傳》卷 11：『《春秋後語》淳于髡說鄒忌曰：「狶膏棘軸，所以為滑。」棘即棗，亦堅緻滑易之木也。』」《御覽》卷 577 引「狶」誤作「狢」，「滑」誤作「猾」，卷 776 引不誤。

（13）淳于髡曰：「弓膠昔幹，所以為合也，然而不能傅合疏罅。」

　　《集解》：徐廣曰：「幹，一作乾。」

　　《索隱》：幹，音孤捍反。昔，久舊也。幹，弓幹也。徐廣又曰一作「乾」。《考工記》作「枏幹」，則枏、昔音相近。言作弓之法，以膠被昔幹而納諸檠中，則是以勢令合耳。傅音附。罅音五嫁反。以言膠幹可以勢暫合，而久亦不能常傅合於疏罅隙縫。

　　按：朱駿聲據《索隱》說，亦謂「昔」借為「枏」〔註 507〕。瀧川資言、池田並引中井積德曰：「久乾之幹，被之以膠，可以傅合；然削幹平易則可以膠矣，若削之不平，有疏罅，雖有膠不能合之。」王叔岷曰：「昔幹，《考工記·弓人》作『枏幹』。枏、昔，正、假字。『枏』與『枏』同。幹、乾，正、假字。」韓兆琦引史珥曰：「『昔』當如《考工記》『老牛之角紛而錯之』解，讀如『錯』，蓋弓胎之鋸紋也。」《御覽》卷 577 引作「弓膠腊幹，所以為勢，然而不能傅合疎遠」，文有失誤。《索隱》引《考工記》，解作「膠被昔幹」，則是以「膠昔幹」連文，非是；朱氏等說亦皆非是。此文「昔幹」與《考工記》「枏幹」無涉。此文當從一本作「昔乾」。昔亦乾也，增旁字作腊。《說文》：「昔，乾肉也。腊，籀文從肉。」引申有乾義。俗字亦作焟、暒，《廣雅》：「焟，乾也。」P.2011 王仁昫《刊謬補缺切韻》：「焟，乾。」《玉篇》：「焟，乾也，亦〔作〕暒，同。」焟謂火乾，暒謂日乾，其義一也。《釋名》：「腊，乾昔也。」「昔乾」即「乾昔」，同義連文也。字亦作「乾腊」，《初學記》卷 28 引《山海經》：「雲山之上，其實乾腊。」《禮記·檀

〔註 507〕朱駿聲《說文通訓定聲》，武漢市古籍書店，1983 年版，第 537 頁。

弓上》鄭玄注：「木工宜乾腊，且豫暴。」《釋名》：「複，其下曰舄。舄，
腊也。行禮久立，地或泥濕，故複其末下，使乾腊也。」亦作「乾暗」，《慧
琳音義》卷 82：「乾暗：音昔，肉乾也。」又作「軗鰡」，上博楚簡（二）
《容成氏》簡 23＋24：「面軗鰡。」考《周禮・考工記・弓人》：「膠也者，
以為和也。」又「凡相膠，欲朱色而昔。」孫詒讓曰：「鄭、賈並讀昔為錯，
與上『老牛之角紾而昔』同。今以文義審之，亦當讀如字。蓋膠以乾昔為
貴也。《史記・田敬仲世家》：『淳于髡曰：弓膠昔幹（幹），所以為合也。』
《集解》引徐廣云：『一作乾。』《索隱》云：『昔，久舊也。』依徐引別本，
則『昔幹（幹）』亦即『昔乾』，可證此『膠欲昔』之義。《索隱》又謂彼『昔
幹』即此上文之『析幹』，則非也。」〔註508〕孫說皆確。此文與《考工記》
「膠也者，以為和也……凡相膠，欲朱色而昔」正足相互印證。言弓之膠
乾燥，所以膠合成弓也。

（14）請謹自附於萬民

按：附於，《御覽》卷 577 引作「撫附」。

（15）狐裘雖敝，不可補以黃狗之皮

按：水澤利忠曰：「敝，景、井、紹、耿、慶、彭、游、殿『弊』。」
王叔岷曰：「景祐本、黃善夫本、殿本『敝』並作『弊』，《御覽》卷 577、《記
纂淵海》卷 52 引並作『獘』，《御覽》卷 694 引《春秋後語》同。『獘』乃
『獘』之誤，『弊』又『獘』之變也。敝、獘，正、假字。」乾道本、慶長
本亦作「弊」，《通志》卷 87 同；《記纂淵海》卷 57、《通鑒》卷 84 胡三省
注引作「敝」，《冊府元龜》卷 799 作「獘」。《新序・雜事二》作：「狐白之
裘，補之以弊羊皮，何如？」此即「狗尾續貂」一語之出處。

（16）請謹擇君子，毋雜小人其閒

按：下句《御覽》卷 577 引作「無親小人」，蓋臆改。《新序・雜事二》
作「請不敢雜賢以不肖」。

（17）大車不較，不能載其常任；琴瑟不較，不能成其五音

《索隱》：較者，校量也，言有常制。

按：王駿觀曰：「膏車為較。」王叔岷曰：「《御覽》卷 577 引上『不較』

〔註508〕 孫詒讓《周禮正義》卷 86，中華書局，1987 年版，第 3539 頁。孫氏引「幹」
誤作「幹」。

作『無戠』，下『不較』作『無軩』。」《御覽》引無二「其」字，王氏失校。《御覽》蓋臆改，《記纂淵海》卷 55、《通志》卷 87 引同今本。《冊府元龜》卷 799 上「不較」同，下「不較」作「不調」，亦以意改之耳。王駿觀說非是，二「較」同義。

（18）是人必封不久矣

《集解》：《新序》曰：「淳于髡之徒禮倨，騶忌之禮卑……騶忌之禮倨，淳于髡之禮卑……必且歷日曠久，則系氂能挈石，駑馬亦能致遠。」

按：王叔岷曰：「《新序》見《雜事二》，『系』作『絲』，殿本《集解》『系』作『絲』。」二「倨」，今本《新序》同；宋元各本及慶長本作「踞」，《冊府元龜》卷 799 引同。「系」當據今本《新序》作「絲」，《冊府》引同。《初學記》卷 17 引《史記》作「絲整」，其出處誤，「絲」字不誤，「整」是「氂」形誤〔註 509〕。《後漢書·崔駰傳》李賢注引《說苑》作「絲氂猶能挈石」。挈，讀為栔，刻也，字亦作鍥、楔、剢。挈石，猶言刻石，截斷堅石。《淮南子·說山篇》云「馬氂截玉」。

（19）將以照千里，豈特十二乘哉

《校勘記》：將以照千里，《後漢書·李膺傳》李賢注引《史記》此上有「以此為寶」四字。（6／2295）

按：《校勘記》說全本梁玉繩，池田亦從其說。王叔岷曰：「《集聖賢群輔錄》引此及《春秋後語》，此句上亦並有『以此為寶』四字。」《治要》卷 11、《類聚》卷 83、《御覽》卷 802 引無「以此為寶」四字，《韓詩外傳》卷 10 同。《史記》與《外傳》當是同一來源，舊本《史記》必無此四字。

（20）驗其辭於王之所

按：所，《御覽》卷 322、726 引《春秋後語》同，《齊策一》作「前」。「前」、「所」形近，「前」字義長。

（21）淳于髡

《正義》：贅聟，齊之稷下先生也。

按：《正義》「聟」，黃善夫本作「聟」，元刻本、慶長本作「聟」。王叔岷訂「聟」作「聟」。諸字都是「智」形訛，俗「壻（婿）」字。

〔註509〕《呂氏春秋·音初》「殷整」，《文心雕龍·樂府》誤作「殷氂」，是其例。

（22）蘇代謂田軫曰

按：下文「今者臣立於門」，馬王堆帛書《戰國縱橫家書‧蘇秦謂陳軫章》「臣」作「秦」，是蘇秦自稱，帛書整理者指出「作『蘇代』是錯的」〔註510〕。

（23）煮棗將拔，齊兵又進

按：拔，帛書作「榆」。帛書整理者曰：「榆，疑當讀為渝，《爾雅》：『渝，變也。』此指煮棗戰事將起變化。《田敬仲完世家》作『拔』。」〔註511〕榆，讀為降〔註512〕。《老子》第32章：「天地相合，以降甘露。」帛書甲、乙本及北大漢簡本「降」作「俞」，郭店楚簡本作「逾」。《漢書‧禮樂志》「神之揄，臨壇宇」，揄亦讀為降。

（24）子來救寡人則可矣；不救寡人，寡人弗能拔

《索隱》：能猶勝也。言不勝其拔，故聽齊拔之耳。

按：李笠曰：「『能』同『耐』。耐，猶忍也。上云『煮棗將拔，齊兵又進』，故此謂不忍坐視其拔，意欲折而入齊耳。」瀧川資言引岡白駒曰：「『能』、『耐』通。」瀧川又曰：「不能拔，猶言不忍為齊所拔也。」池田引履軒曰：「言不忍坐視，將捨秦韓事齊，以免於拔也。」王叔岷曰：「弗能拔，猶今語『不能自拔』耳。」鄭良樹曰：「帛書本《國策》『拔』作『支』，是也。」〔註513〕鄭說是。「能」是副詞。但帛書作「枝」，整理者曰：「枝，通『支』，支持。《田敬仲完世家》作『拔』，形近而誤。」〔註514〕

（25）而王以施三川

《正義》：施，張設也。言秦王於天子都張設迫脅也。

按：瀧川資言引中井積德曰：「施，謂威加之。施三川，與上文『伐三川』意全同。」水澤利忠曰：「施，耿『弛』。」王駿圖曰：「施當音弛。《韻會》云：『乘間竄易也。』」施之勉從王說。吳國泰曰：「施者，易之借字。」王叔岷曰：「施猶易也。」施，帛書同，當讀作弛。

〔註510〕《馬王堆漢墓帛書〔參〕》，文物出版社，1983年版，第71頁。

〔註511〕《馬王堆漢墓帛書〔參〕》，文物出版社，1983年版，第72頁。

〔註512〕參見思齊（網名）《對清華簡〈繫年〉釋文的一處疑惑》，復旦古文字網「學術討論」論壇2011年12月23日。王輝《釋「卑隃」──兼談「逾」有「降下、降服」義》，《辭書研究》2013年第4期，第88頁。

〔註513〕鄭良樹《史記賸義》，收入《大陸雜志史學叢書》第5輯第2冊《史記考證研究論集》，第79頁。

〔註514〕《馬王堆漢墓帛書〔參〕》，文物出版社，1983年版，第72頁。

（26）公常執左券以責於秦、韓，此其善於公而惡張子多資矣

《索隱》：券，要也。左，不正也。言我以右執其左而責之。

《正義》：左券下，右券上也。蘇代說陳軫以上券令秦韓不用兵得地，而以券責秦韓卻韓馮、張儀以徇服魏，故秦韓善陳軫而惡張儀多取矣。

《校勘記》：左券，疑當作「右券」。《平原君列傳》：「且虞卿操其兩權，事成，操右券以責。」《戰國策·韓策三》：「安成君東重於魏，而西貴於秦，操右契而為公責德於秦、魏之主，裂地而為諸侯，公之事也。」據《索隱》亦當作「右券」。（6／2296）

按：《正義》「而以券責秦韓」之「券」上脫「下」字。帛書「券」作「芥」，是「契」借字。刻木為券，謂之契。中分其契，各執其一，而合之以表信。取財物於人者持右契，主財物者持左契。《禮記·曲禮上》「獻粟者執右契」，惟其執持右契，乃可以獻。《韓子·外儲說左下》「以功受賞，臣不德君，翟璜操右契而乘軒」，翟璜受賞，故操右契而可以取財物於人主。執左契者則受責於人而不可責於人，故《老子》第 79 章云「是以聖人執左契而不責於人」。今田軫執右券以責於秦、韓，故秦、韓善於田軫也。

（27）二十六年，齊與韓魏共攻秦，至函谷軍焉。二十八年，秦與
　　　韓河外以和，兵罷

《校勘記》：秦與韓，梁玉繩《志疑》卷 24：「不言與魏，何也？蓋脫之。」按《魏世家》：「秦復予我河外及封陵以和。」（6／2296）

按：《古史》卷 23 正作「秦與韓、魏」。

（28）故願王明釋帝以收天下

按：收，《齊策四》作「就」。「就」是音誤，《策》上文「王因勿稱，其於以收天下，此大資也」，亦作「收」字。

（29）是王不煩一兵，不傷一士，無事而割安邑也

按：「不煩一兵，不傷一士」，《韓策三》作「不折一兵，不殺一人」。煩，勞也。折，損也。

（30）伏式結軼西馳者

《索隱》：軼音姪。軼者，車轍也，言車轍往還如結也。《戰國策》作「結靷」。

按：楊慎曰：「軼借作轍。」〔註 515〕《正字通》「軼」字條云：「轍，

〔註 515〕楊慎《轉注古音略》卷 5，並收入景印文淵閣《四庫全書》第 239 冊，臺

通作軼。」沈濤曰：「『結軼』當作『結轍』。」〔註516〕朱駿聲曰：「軼，叚借為徹。」〔註517〕朱起鳳曰：「《國策》作『靷』是也。」〔註518〕吳國泰曰：「軼者，轍之借字。」瀧川資言曰：「軼，作『靷』者是。靷，駕牛馬之具，在胸曰靷，所以引之前行也。」據池田所引，「作靷者是」是中井積德說，瀧川竊其說耳。王叔岷曰：「《韓策三》『式』作『軾』，古字通用。伏式結軼，於義自通。軼借為徹。徹、轍古今字。」《戰國策・韓策三》作「結伏軾結靷西馳者」，《孟嘗君列傳》「憑軾結靷西入秦者」，皆作「靷」字。憑、伏一聲之轉，另詳《孟嘗君列傳》校補。「軼」當據《古史》卷23引校作「鞅」，形近致訛，小司馬云云，所見本已誤。鞅是繫於馬頸的皮革，靷是繫於馬胸的皮革，二者相類，故為異文。《國語・晉語九》「吾兩鞍將絕」，韋昭注：「鞍，靷也。」《御覽》卷746引作「鞅」，有注：「鞅，引也。」《左傳・哀公二年》作「靷」。「引」同「靷」。

（31）且趙之於齊楚，扞蔽也

按：王叔岷曰：「《御覽》卷325引《春秋後語》『扞』作『捍』，同。」《齊策二》作「隱蔽」。

（32）猶齒之有脣也，脣亡則齒寒

按：有，《齊策二》同，《御覽》卷325引《春秋後語》作「於」。有、於一聲之轉。

（33）且救趙之務，宜若奉漏甕沃焦釜也

按：《齊策二》「且」下有「夫」字，「焦」作「燋」。《御覽》卷325引《春秋後語》「且救」誤作「是故」〔註519〕，「焦」亦作「燋」。《白氏六帖事類集》卷15引「務」作「急」。

卷四十七《孔子世家》

（1）孔子生魯昌平鄉陬邑

《正義》：伍緝之《從征記》云闕里背邾面泗。

灣商務印書館，1986年版，第396頁。

〔註516〕沈濤《銅熨斗齋隨筆》卷3，收入《續修四庫全書》第1158冊，上海古籍出版社，2002年版，第641頁。

〔註517〕朱駿聲《說文通訓定聲》，武漢市古籍書店，1983年版，第633頁。

〔註518〕朱起鳳《辭通》卷14，上海古籍出版社，1982年版，第1359頁。

〔註519〕《太玄・達》：「小利小達，大迷匾匾，不故。」《竹溪鬳齋十一藁》續集卷25引「故」作「救」。是其例。

　　按：瀧川《考證》本「《從征記》」作「《述征記》」，「邾」作「洙」。水澤利忠曰：「述，慶、彭、凌、殿『從』，南化、梅《校記》『術』。洙，慶、彭、凌、金陵『邾』，南化、梅《校記》『洙』。」作「《從征記》」是，其作者《封禪書》《正義》引作「伍緝之」，《元和郡縣志》卷 13、《初學記》卷 8、21、《御覽》卷 605、《太平寰宇記》卷 23、《玉海》卷 78 引同；《太平御覽經史圖書綱目》作「伍輯之」，《書鈔》卷 87、94、《類聚》卷 39、40、《御覽》卷 39、157、560 引同。《隋書・經籍志》云「宋奉朝請《伍緝之集》十二卷」。「緝」、「輯」古字通。邾，慶長本、四庫本、殿本亦作「洙」，《水經注・泗水》、《玉海》卷 102 引同，當據校正。面，向也，本字作偭。《說文》：「偭，鄉（向）也。」

　　（2）孔子要経，季氏饗士，孔子與往

　　《索隱》：要経，一作「要經」。要經猶帶經也。

　　按：梁玉繩曰：「《索隱》以『要経』為『要經』，非。」「經」是「経」形訛。《家語・曲禮子夏問》孔子曰：「雖在衰経，亦欲與往。」「要経」即「腰経」，指在腰之喪服。

　　（3）木石之怪夔、罔閬

　　《集解》：韋昭曰：「木石謂山也。或云夔一足，越人謂之山繅也。或言獨足。魍魎，山精，好學人聲而迷惑人也。」

　　《索隱》：繅音騷。然山繅獨一足，是山神名，故謂之夔。夔，一足獸，狀如人也。

　　按：山繅，明道本、金李刊本《國語・魯語下》韋昭注引或說同（非韋昭本人說），韋氏又云：「繅，音騷，或作獿。」《法苑珠林》卷 42 引作「山𤟤」，《冊府元龜》卷 797 引作「山魈」。《後漢書・禮儀志》劉昭注作「山獿」，《御覽》卷 885 引《家語》注同。《廣韻》：「魈，山魈，出汀州，獨足鬼。」《集韻》：「魈，山鬼，或作獙。」其字當作「獿」為正，聲轉作「獙」、「魈」，「獿」字俗譌作「獙」。又作「山臊」，《荊楚歲時記》：「先於庭前爆竹，以辟山臊惡鬼。按《神異經》云：『西方山中有人焉，其長尺餘，一足，性不畏人，犯之則令人寒熱，名曰山臊。人以竹著火中，煿燁有聲，而山臊驚憚遠去。』《玄黃經》所謂山獙鬼也。」《御覽》卷 29 引《荊楚歲時記》亦作「山臊」，《法苑珠林》卷 42、《御覽》卷 883、《集韻》「獙」字條引《神異經》作「山獙」。又作「山蕭」，見《酉陽雜俎》卷 15。

（4）孔子循道彌久，溫溫無所試，莫能己用

按：池田引龍洲曰：「『溫』與『蘊』通。」瀧川資言曰：「古鈔本、楓山、三條本『循』作『脩』。溫，讀為蘊。」瀧川讀溫為蘊，襲彼邦龍洲說歟？水澤利忠曰：「循，南化、楓、三、梅『脩』。」吳國泰曰：「『循』當為『修』。溫者，慍字之借。慍慍，不愉也。」王叔岷曰：「『脩』字義勝，上文『孔子不仕，退而脩《詩》《書》《禮》《樂》』，亦所謂『脩道』也。」「脩詩書禮樂」之「脩」同「修」，是編纂義，非修行義。宋元各本及慶長本都作「循道」，《冊府元龜》卷 953 同。《說文》：「述，循也。」《廣雅》：「循，述也。」互為聲訓，猶言申述、遵循。吳氏讀溫為慍，是也。慍慍，憂鬱不得意貌。試，用也。

（5）獻酬之禮畢

按：獻酬，《家語‧相魯》作「獻酢」。《廣韻》：「酢，酬酢。蒼頡篇：『主荅客曰酬，客報主人曰酢。』」

（6）孔子趨而進，歷階而登，不盡一等

《索隱》：謂歷階級也。故王肅云「歷階，登階不聚足」。

按：王叔岷曰：「今本《家語》無王注。」《家語‧相魯》無注，但《家語‧子夏問》「孔子初為中都宰，聞之歷級而救焉」，王肅有注云：「歷級，遽登階，不聚足。」此《索隱》所本。「歷階」即「歷級」。

（7）歌曰：「彼婦之口，可以出走；彼婦之謁，可以死敗。」

《集解》：王肅曰：「言婦人之口請謁，足以憂使人死敗，故可以出走也。」

按：李笠曰：「『謁』、『敗』不叶，『謁』字義亦欠妥。《說苑‧說叢》作『婦人之口，可以出走；婦人之喙，可以死敗。』『喙』與『口』互文，古韻又同部，當近是。《論語‧微子篇》疏引《世家》，『謁』作『謂』。『謂』、『敗』古韻亦同部。《家語‧子路初見》作『請』，蓋即『謂』字之誤。宋本亦作『謁』，蓋後人從《史記》改也（孫志祖引盧云：『「請」當從《史記》作「謁」。』非。）瀧川資言、韓兆琦從李說。《集解》當據《家語‧子路初見》注刪「憂」字。四庫本、姜本、寬永本、宗智本《家語》作「謁」（《史記‧樂書》《索隱》、《類聚》卷 19、《御覽》卷 465、《樂府詩集》卷 83 引《家語》同），覆宋本《家語》作「請」（《御覽》卷 571 引同）。李笠說非是，「喙」、「敗」月部字，「謁」亦月部字協韻。漢‧揚雄《百官箴‧廷尉箴》：「殷以刑顛，秦以酷敗。獄臣司理，敢告執謁。」亦「謁」、「敗」為

韻。作「請」則是以意改之（《說文》：「請，謁也。」），非其舊本。

（8）環珮玉聲璆然

《正義》：璆音虯。

按：璆然，《類聚》卷67引《典略》同，《御覽》卷700引魚豢《典略》作「璆璆然」，《書鈔》卷132引《典略》作「鏐然」，狀玉聲。《說文》：「球，玉聲。璆，球或從翏。」《楚辭·九歌·東皇太一》「璆鏘鳴兮琳琅」，「璆」、「鏘」皆玉鳴聲。朱熹《集注》：「璆、鏘皆玉聲。《孔子世家》云：『環珮玉聲璆然。』」

（9）宋司馬桓魋欲殺孔子，拔其樹

按：拔，《晏子春秋·外篇》、《說苑·尊賢》、《風俗通·窮通》同，讀為伐，《禮記·儒行》孔疏引作「伐」。《莊子·天運》、《山木》、《讓王》、《漁父》四篇述此事並云「伐樹」，《呂氏春秋·慎人》、《家語·困誓》、《列子·楊朱》、《論衡·儒增》、《孔叢子·詰墨》同。《蘇秦列傳》引《周書》：「豪氂不伐，將用斧柯。」《賈子·審微》、《說苑·敬慎》、P.3616《春秋後語》、《長短經·七雄略》「伐」同，《戰國策·魏策一》引作「拔」。

（10）孔子欣然笑曰

按：《黥布列傳》：「黥布欣然笑曰。」《孔叢子·記問》：「夫子忻然笑曰。」「欣然」同「忻然」，乃笑皃，非喜皃，當讀作「听然」，笑而露齒也。《說文》：「听，笑皃。」字亦作「齗」，音轉又作「齹」、「憖」〔註520〕《說文》：「唏，笑也。」《韓詩外傳》卷8「景公嘻然而笑曰」，又「哀公嘻然而笑曰」。「唏」、「嘻」亦是「欣」音轉。笑，《論衡·骨相》同；《家語·困誓》作「歠」，非是。《白虎通·德論》作「喟然而笑」，「喟」字誤。本篇下文「孔子欣然而笑曰」，同。

（11）今蒲，衛之所以待晉楚也

按：待，抵禦也，防備也。

（12）靈公曰：「善！」然不伐蒲

按：王叔岷曰：「然猶乃也。」王說本於吳昌瑩、楊樹達〔註521〕，池

〔註520〕 參見王念孫《廣雅疏證》，收入徐復主編《廣雅詁林》，江蘇古籍出版社，1992年版，第101頁。又參見蕭旭《清華簡（七）校補》。
〔註521〕 吳昌瑩《經詞衍釋》，中華書局，1956年版，第131頁。楊樹達《詞詮》，中華書局，1954年版，第256頁。

田亦從吳說。吳說非是。然，猶終也、卒也，《家語・困誓》作「卒不果伐」，言最終沒有伐蒲。《賈子・時變》「然不知反廉恥之節，仁義之厚」，《漢書・賈誼傳》「然」作「終」。《說苑・敬慎》「然所以得者，餌也」，《說苑・談叢》、《大戴禮記・曾子疾病》、《荀子・法行》、《潛夫論・忠貴》「然」作「卒」。

（13）有心哉，擊磬乎

《集解》：何晏曰：「有心謂契契然也。」

按：契契然，有心事之貌，憂愁貌，亦作「挈挈」、「挈挈」。劉寶楠曰：「《詩・大東》云『契契寤歎，哀我憚人』，毛傳：『契契，憂苦也。』《擊鼓》傳：『契闊，勤苦也。』《廣雅・釋訓》：『挈挈，憂也。』『挈』、『契』同。」〔註522〕劉說是，但仍未達一間。《楚辭・九歎》：「孰契契而委棟兮？」王逸注：「契契，憂貌也。契，一作挈。」《廣雅》：「挈挈、崛崛、烈烈、悊悊、怛怛，憂也。」《廣雅》諸字並是轉語，正字作忛。《說文》：「忛，憂也。」字亦作㥛，見《玉篇》、《集韻》〔註523〕。

（14）悠悠者天下皆是也

《集解》：孔安國曰：「悠悠者，周流之貌也。」

按：瀧川資言曰：「《論語》『悠悠』作『滔滔』。」王叔岷曰：「《論語・微子篇》孔注『悠悠』亦作『滔滔』。阮元《校勘記》：『《釋文》出「滔滔」，云：「鄭本作『悠悠』。」』……鄭作『悠悠』，亦從《古論》。」《鹽鐵論・大論》、《中說・王道》引《論語》亦作「悠悠」，《漢書・敘傳》顏師古注引作「慆慆」，皆一聲之轉。《呂氏春秋・音初》「慆濫之音」，《禮記・樂記》、《史記・樂書》並作「滌濫」。《淮南子・墜形篇》：「東方曰條風。」《呂氏春秋・有始》作「滔風」。皆攸聲、舀聲相通之證。

（15）植其杖而芸

《集解》：孔安國曰：「植，倚也。除草曰芸。」

按：《論語・微子》、《高士傳》卷上同。王駿觀曰：「石經《論語》作『置其杖而芸』。考『植』本與『置』通。訓植為倚，殊於理勢不合。」施

〔註522〕劉寶楠《論語正義》卷17，中華書局，1990年版，第599頁。

〔註523〕參見蕭旭《〈說文〉「忈，忽也」疏證》，臺灣藝文印書館《中國文字》2019年冬季號（總第二期），第88～95頁。王念孫改「悊悊」作「悊悊」，非是。

之勉引周柄中說略同。「芸」是「耘」俗字，亦作「耘」。

（16）王若用之，則楚安得世世堂堂方數千里乎

按：《滑稽列傳》：「以楚國堂堂之大，何求不得？」《齊太公世家》：「景公嘆曰：『堂堂！誰有此乎？』」堂堂，盛大貌。音轉則作「常常」、「裳裳」，《廣雅》：「常常，盛也。」

（17）欲召之，則毋以小人固之，則可矣

按：瀧川資言曰：「『毋以小人固之』文義不通。岡白駒曰：『固，鄙陋也，勿以小人視之。』參存。」池田曰：「固，讀為錮。」張森楷曰：「『固』疑當作『間』。然各本皆作『固』。據《說文》：『固，四塞也。』」施之勉從張說，又曰：「《論語集注箋義》、《闕里文獻考》『固』字作『間』。」王叔岷曰：「『固』有阻義。」韓兆琦曰：「固，拘束、限制。」諸說均未達其誼。宋元各本及慶長本皆作「固」，《古史》卷31、《通志》卷88同；《冊府元龜》卷600、《孔子編年》卷4作「間」，蓋臆改。固，讀為姻、嫭、妒，妒忌、嫌惡。《逸周書‧祭公解》：「女無以嬖御固莊后。」王念孫曰：「固，讀為姻。《說文》：『姻，嫭也。』《廣雅》作『嫭』，云：『嫉、嫪、嫭，妬也。』」〔註524〕

（18）余祗回留之，不能去云

《索隱》：祗，敬也。言祗敬遲迴不能去之。有本亦作「低迴」，義亦通。

按：水澤利忠曰：「景、蜀、慶、彭、毛、游『祗迴』二字作『低回』。」顧炎武《日知錄》卷27：「按《玉篇》：『低，除饑切，低佪，猶徘佪也。』然則字本當作『低佪』，省為『低回』耳。今讀為『高低』之低，失之。《楚辭‧九章‧抽思》『低佪夷猶宿北姑兮』，『低』一作『徘』。」池田從顧說。王叔岷曰：「景祐本、黃善夫本並作『低回』，《記纂淵海》卷65引同，殿本作『祗回』。」王氏所據《記纂淵海》乃近刻本，宋刻本《淵海》在卷162，亦作「低回」。除水澤氏指出者外，紹興本、乾道本、慶長本亦都作「低回」，《大事記解題》卷9、《文章正宗》卷13、《西漢年紀》卷2、《黃氏日抄》卷51引同；淳熙本作「祗回」，黃善夫本、乾道本、元刻本《索隱》亦作「祗」字。作「低回」是也，《索隱》本誤。低回，猶言徘徊、徬徨。《刺

〔註524〕王念孫《逸周書雜志》，收入《讀書雜志》卷1，中國書店，1985年版，本卷第45頁。

客列傳》「傍偟不能去」，是其誼也。

卷四十八《陳涉世家》

（1）悵恨久之

按：瀧川資言曰：「楓山本『恨』作『悵』。」水澤利忠曰：「恨，南化、楓、三、梅『然』。」二氏所校楓山本不同，未知孰是。施之勉、王叔岷並指出《類聚》卷 26 引「恨」作「悵」。宋元各本及慶長本作「悵恨」，《漢書》作「悵然」。

（2）燕雀安知鴻鵠之志哉

《索隱》：《尸子》云「鴻鵠之鷇，羽翼未合，而有四海之心」是也。

按：《尸子》「合」字，《意林》卷 1、《御覽》卷 402、916 引同（《御覽》卷 402 出處誤作《文子》），《類聚》卷 90 引作「全」，《記纂淵海》卷 42 引作「成」（出處誤作《尹子》）。《留侯世家》：「鴻鵠高飛，一舉千里。羽翮已就，橫絕四海。」《漢書》作「羽翼已就」，《說苑·辨物》：「完（恒）山之鳥生四子，羽翼已成，乃離四海。」

卷四十九《外戚世家》

（1）大臣議立後，疾外家呂氏彊，皆稱薄氏仁善

按：瀧川資言曰：「《漢書》『彊』下有『暴』字。」《漢書·外戚列傳》作「彊暴」，與「仁善」對舉，義長。「彊暴」亦是《史記》習語，或倒作「暴彊」。《龜策列傳》：「或為仁義，或為暴彊。暴彊有鄉，仁義有時。」

（2）竇太后，趙之清河觀津人也

《索隱》：按：皇甫謐云名猗房。

按：《御覽》卷 396 引《三輔決錄》：「文帝竇后名猗，清河觀津人也。」

（3）男方在身時，王美人夢日入其懷

按：王叔岷曰：「《御覽》卷 397 引『在』作『任』，《漢紀》、《御覽》卷 88 引《漢武故事》並作『姙』。『在』蓋『任』之誤。姙，俗『妊』字。妊、任，正、假字。『任身』複語。《廣雅》：『妊、身，侅也。』身、侅，古、今字。」王說非是，「在」與「時」呼應，「在」字不誤，介詞。《漢書·外戚列傳》、《宋書·符瑞志上》、《通鑑》卷 16 都作「在身」（《類聚》卷 16、《御覽》卷 147 引《漢書》同今本）。《論衡·命義》：「子在身時，席不正不坐，割不正不食，非正色目不視，非正聲耳不聽。」亦其例。《搜神記》

卷10「及權在孕，又夢日入懷」，《晉書・劉聰載記》「初聰之在孕也，張氏夢日入懷」，其事相類，「在身」即「在孕」。《御覽》卷397引作「任身」，又卷4引作「姙娠」，皆臆改。

（4）常使侍者祝唾其背

按：馬王堆帛書《雜療方》：「即不幸為蜮蟲蛇蠭（蜂）射者，祝唾之三。」又《五十二病方》：「因唾匕，祝之曰……」祝，讀為咒。

（5）而韓王孫名嫣

按：嫣，《漢書・外戚列傳》同；《御覽》卷 539 引作「嬀」，乃形誤字。

（6）生男無喜，生女無怒

按：怒，《御覽》卷470引誤作「怨」。

（7）視其身貌形狀，不足以當人主矣

《校勘記》：身貌，王念孫《雜志》：「古書無以『身貌』二字連文者，『身』當為『體』，俗書作『軆』，因脫其右半耳。《類聚・人部》、《初學記・中宮部》、《御覽・皇親部》、《人事部》引此並作『軆貌』。」（6／2397）

按：瀧川資言曰：「古鈔本、楓山、三條本『身』作『體』，與《類聚》、《初學記》、《御覽》所引合。」水澤利忠曰：「身，南化、楓、梜、三、謙、梅『躰』。」王氏校「身」作「體」，是也，但有誤校。身貌形狀，《初學記》卷10、《御覽》卷380（即《人事部》）引確作「體貌形狀」，《御覽》卷144（即《皇親部》）引作「形貌體狀」（王叔岷已及），《類聚》卷18（即《人部》）引作「體形狀」（脫「貌」字）。

（8）諺曰：「美女入室，惡女之仇。」

按：《白氏六帖事類集》卷6、《合璧事類備要》前集卷30引作「好女入室，惡女之仇」，《記纂淵海》卷81引作「好女入室，惡女如讐」，蓋以意改之。

（9）浴不必江海，要之去垢；馬不必騏驥，要之善走；士不必賢世，要之知道；女不必貴種，要之貞好

按：瀧川資言引中井積德曰：「『世』疑當作『聖』。」王叔岷曰：「賢世，猶賢於世，謂為世所賢也，無煩改字。」王說是也，《長短經・論士》「賢世」作「賢也」，「也」是「世」形訛。

卷五十《楚元王世家》

（1）叔與客來，嫂詳為羹盡，櫟釜

《索隱》：櫟音歷。謂以杓歷釜旁，使為聲。《漢書》作「轑」，音勞。

按：《四庫全書考證》：「《索隱》謂『以杓櫟釜旁使為聲』，刊本『櫟』訛『歷』，據《史》正文改。」施之勉從其說。《集韻》：「轑，郎刀切，撓也，《漢書》『轑釜』。」《爾雅翼》卷31：「轑釜：音牢，撓也。」錢大昕曰：「櫟、轑聲相近。」瀧川資言、池田從錢說。朱駿聲曰：「櫟，叚借為撩。《史記索隱》云云。按：撈取作聲也。」〔註525〕汪東曰：「櫟、轑、轢，三字皆一聲之轉。今人猶謂以勺櫟釜為轑鍋，讀上聲，或謂之轢，音如略。」〔註526〕吳國泰曰：「櫟與轑皆撩之借。《廣雅》：『撩，取也。』字亦作撈。撩釜者，謂羹菜已盡，撩取空釜也。」王叔岷曰：「《漢書》『櫟』作『轑』，服虔注：『音勞，轑，轢也。』師古注：『以勺轢釜，令為聲也。轢音洛，又音歷。』並《索隱》所本。櫟、轑並轢之借字。《漢紀》作『刮』，轑、刮皆可作聲。朱駿聲謂『櫟、轢並借為撩，按：撈取作聲也』（撩、撈，正、俗字）。撈取似不能作聲也。」櫟，《御覽》卷861、《永樂大典》卷14912引同，《合璧事類備要》前集卷26引作「轇」；《漢書‧楚元王傳》作「轑」，《御覽》卷517引同，又卷201引作「鑠」，又卷512引作「轢」。轑、櫟、鑠、轢、轇，並讀為擽，字亦作擸、攦，一聲之轉。《廣雅》：「擽，擊也。」《廣韻》：「擽，《字統》：『擊也。』」《集韻》：「擽、攦、擸：《博雅》：『擊也。』或從麗、從歷。」《索隱》云「櫟音歷」，故易「櫟」作「歷」，即「擸」省文，《四庫考證》改字，非是。下文云高祖封其佻為「羹頡侯」（《御覽》卷201、512引《漢書》作「頡羹侯」），顏師古注：「頡音戛，言其母戛羹釜也。」師古說是，「頡」即「戛」同音借字，戛、櫟義同。「頡羹」猶言櫟釜之羹。《書‧益稷》「戛擊鳴球」，《釋文》：「戛，居八反，徐古八反，馬云：『櫟也。』」《周禮‧春官‧宗伯》孔疏引鄭玄注：「戛，櫟也，櫟擊鳴球。」戛亦擊也，字或作拮。《文選‧長楊賦》「拮隔鳴球」，李善注引韋昭曰：「拮，櫟也。古文隔為擊。」又《文選‧海賦》「戛巖嶅」，李周翰注：「戛，歷刮也，言行則戛刮巖山。」「歷刮」即「擽刮」，猶言刮擊。考其本字，戛借作扴，《說文》：「扴，刮也。」擽釜，即「戛

〔註525〕朱駿聲《說文通訓定聲》，武漢市古籍書店，1983年版，第336頁。

〔註526〕汪東《吳語》，《制言》第6期，1935年版，本文第3頁；又附於《章太炎全集（7）》，上海人民出版社，1999年版，第147頁。

釜」，言刮鍋底也，故《漢紀》卷3易作「刮釜」。徐仁甫曰：「頡訓下沉，頡之反也。《漢紀》改為『刮羹』，顏師古誤讀頡為戞。」非是。羹，古音郎，參見王觀國《學林》卷6。

（2）於是乃封其子信為羹頡侯

《索隱》：羹頡，爵號耳，非縣邑名，以其櫟釜故也。

《正義》：《括地志》云：「羹頡山在媯州懷戎縣東南十五里。」按：高祖取其山名為侯號者，怨故也。

按：沈濤曰：「小司馬說非是。漢有邑侯、鄉侯、亭侯，而無名號侯。《正義》引《括地志》云云，當是以山名鄉，高祖取其名封之，以寓櫟羹之怨耳。」〔註527〕瀧川資言、池田並引中井積德曰：「地名羹頡，故取為號，以寓櫟釜之意耳。」《索隱》說是，但未言其得名之由。《正義》及沈濤、中井說均誤。高祖怨其嫂，封姪子羹頡侯，正是名號侯。山名羹頡，以高祖姪封爵取名耳。

（3）趙任防與先生

《集解》：《趙堯傳》曰：「趙人防與公也。」

《索隱》：此及《漢書》雖不見趙不用防與公，蓋當時猶知事迹，或別有所見，故太史公明引以結其贊。

按：王叔岷曰：「防與先生事已佚。」《漢書·周昌傳》「趙人方與公謂御史大夫周昌曰」云云，即其事。顏師古注：「孟康曰：『方與，縣名。公，其號也。』師古曰：音房豫。」「防與」即「方與」，《集解》誤記作《趙堯傳》。《漢書·地理志》山陽郡有方與縣。

卷五十一《荊燕世家》

（1）今呂氏雅故本推轂高帝就天下

《集解》：如淳曰：「呂公知高祖相貴，以女妻之，推轂使為長者。」

按：《漢書·燕王劉澤傳》顏師古注引如淳說，「祖」下無「相」字，二字相似而致脫耳。

（2）事發相重，豈不為偉乎

《集解》：晉灼曰：「澤以金與田生以事張卿，張卿言之呂后，而劉澤

〔註527〕沈濤《銅熨斗齋隨筆》卷4，收入《續修四庫全書》第1158冊，上海古籍出版社，2002年版，第644頁。

得王，故曰『事發相重』。或曰：事起於相重也。」

《索隱》：按：謂先發呂氏令重，我亦得其功，是事發相重也。

按：池田引陳仁錫曰：「謂諸呂變作而澤能舉兵入討，又與群臣共立代王，是與內朝相倚重也。」諸說皆誤。上文云「太后又重發之……而卿為內臣，不急發，恐禍及身矣」，《集解》引鄧展曰：「重難發事。」此文即承彼文而言。「發」謂發起其事，「重」猶言難、困難。謂發起呂后難以公開言說諸呂封王的事。

卷五十二《齊悼惠王世家》

（1）忿劉氏不得職

按：王叔岷曰：「《御覽》卷 822 引『職』作『勢』。」《漢書·高五王傳》、《金樓子·說蕃》都作「職」。王念孫曰：「『職』與『所』同義。」〔註528〕《御覽》作「勢」，蓋以意改之。

（2）高后兒子畜之

按：池田引沈欽韓曰：「呂后蓋以小兒視之。」施之勉引曾國藩曰：「古人謂孫及兄弟之子、兄弟之孫，及他年輩幼小者，皆可稱『兒子』。下文云『齊王自以兒子年少』，可證。」崔適曰：「兒子者，孩子之通稱也。」董志翹指出秦漢古籍中「兒子」指「小兒」、「小孩」〔註529〕。其說皆是也，「兒子」音轉即今語「伢子」。

（3）深耕概種

按：概，《漢書·高五王傳》、《金樓子·說蕃》同，顏師古注：「概，稱也。」《御覽》卷 434 引《漢書》作「穊」，蓋俗字；《風俗通義·怪神》引《漢書》作「廣」，蓋以意改之。

（4）使祝午東詐琅邪王曰

按：詐，《漢書·高五王傳》作「給」，義同。《荊燕世家》《索隱》引《漢書》形誤作「結」。

（5）失火之家，豈暇先言大人而後救火乎

按：瀧川資言曰：「《漢書》『大人』作『丈人』。」水澤利忠曰：「大，

〔註528〕 王念孫《漢書雜志》，收入《讀書雜志》卷 7，中國書店，1985 年版，本卷第 3 頁。

〔註529〕 董志翹《〈漢書〉舊注辨證（續）》，收入《訓詁類稿》，四川大學出版社，1999 年版，第 51 頁。

南化『丈』。」王叔岷曰：「《通鑒》亦作『丈人』。」《御覽》卷 372、《記纂淵海》卷 59 引《漢書》作「大人」。

（6）灌將軍熟視笑曰：「人謂魏勃勇，妄庸人耳，何能為乎！」

《索隱》：妄庸謂凡妄庸劣之人也。

按：《漢書・高五王傳》同。吳昌瑩曰：「妄，轉語詞也。《索隱》誤。」王叔岷曰：「妄猶乃也。《索隱》釋『妄』為『凡妄』，亦可備一解。」徐仁甫曰：「『妄』與『亡』同，猶言否，一字為句。」《索隱》說是，妄庸人，猶言妄庸之人，非「庸人」成詞。《南齊書・王儉傳》：「妄庸之人，沈浮無取。」亦倒言作「庸妄」，《御覽》卷 372 引《漢書》作「庸妄」。《宋書》自序：「臣實庸妄，文史多闕。」「妄庸」亦作「凡庸」，《絳侯周勃世家》：「才能不過凡庸。」妄，猶凡也。《商君列傳》：「子之客妄人耳，安足用邪！」妄人，言平庸之人。

（7）齊孝王狐疑，城守不聽

按：狐疑，《漢書・高五王傳》、《御覽》卷 417 引《漢雜事》同，《漢書・五行志》作「猶與」。

（8）且甲，齊貧人，急乃為宦者

《集解》：徐廣曰：「急，一作及。」

按：梁玉繩曰：「《五王傳》作『及為宦者』，則似『急』與『及』音近致譌，『乃』與『及』形近誤添也。而孫侍御云：『急乃為宦者，言徐甲貧窘無聊，乃自刑而為宦者耳。非有譌字，《五王傳》非。』」張森楷從梁說。瀧川資言曰：「『急』當作『及』，涉下文『乃』字重衍。」王叔岷曰：「『乃』字涉下文『乃欲』字而衍。急為宦者，猶『及為宦者』。『急』非誤字，亦非『貧窘』義。」孫說是，池田亦從其說，《史記》不誤。急，窘困。《後漢書・度尚傳》「積困窮，乃為宦者」，文例同。「乃」是承接連詞。

卷五十三 《蕭相國世家》

（1）蕭相國何者，沛豐人也。以文無害為沛主吏掾

《集解》：《漢書音義》曰：「文無害，有文無所枉害也。律有無害都吏，如今言公平吏。一曰，無害者如言『無比』，陳留閒語也。」

《索隱》：裴注已列數家，今更引二說。應劭云「雖為文吏，而不刻害也」。韋昭云「為有文理，無傷害也」。

按：「文」指文法、律令。「害」有「嫉妒」義，是秦漢人習語。「文無
（毋）害」是先秦法律術語，漢承秦制，指文吏精通法律，無嫉妒之行，
這是選擇文吏的二條標準〔註530〕。

（2）逃身遁者數矣

按：瀧川資言曰：「《漢書》『逃』作『跳』，與凌稚隆所引一本合。顏
師古曰：『跳身，謂輕身走出也。』」王叔岷曰：「《漢紀》、《通鑒》『逃』
亦作『跳』。逃、跳，正、假字。」王說非是，正字為「趒」，俗作「跳」，
音轉作「超」，故師古云「跳身，謂輕身走出也」，正釋「跳」字。遁，
逃亡。

（3）上心乃安

按：《漢書・蕭何傳》「乃」作「必」。

卷五十四《曹相國世家》

（1）擇郡國吏木訥於文辭，重厚長者，即召除為丞相史

《正義》：「訥」、「訥」同，求物反，謂辭寡（塞）也〔註531〕。又音群
勿反，擊木之聲無餘響也。言擇吏老文辭、重厚長者，若擊木，質樸無餘
音也。（據《考證》本）

按：《班馬字類》卷5：「古『訥』字多作『訥』。」《集韻》：「訥、吶、
訥：《說文》：『言難也。』或從口，亦作訥。」周尚木曰：「『訥』與『訥』
通。」池田說同周氏。瀧川資言曰：「古鈔本『訥』作『訥』，與《漢書》
合。《正義》依桃源鈔補，文有譌脫。」施之勉曰：「景祐本『訥』作『拙』。」
王叔岷曰：「北宋監本『訥』作『拙』。『訥』、『拙』並當從古鈔本作『訥』，
《通鑒》亦作『訥』。蓋『訥』誤為『訥』，復易為『拙』耳。」李人鑒曰：
「疑『訥』為『訥』字之誤。」王、李說非是，周尚木、池田說「訥」通
「訥」，是也。《說文》：「訥，言難也。」古音出、內相通，訥之言拙也，
謂拙於言辭，故訓言難也。專字從言作「訥」，字亦借「屈」為之。《萬石
張叔列傳》：「仲尼有言曰『君子欲訥於言而敏於行』。」《集解》引徐廣曰：
「『訥』字多作『訥』，音同耳，古字假借。」吳承仕曰：「內聲、出聲同屬
隊部，故得通假。《漢書・東方朔傳》『呫口無毛』，鄧展曰：『呫音豹裘之

〔註530〕參見蕭旭《〈史記〉「文無害」解詁》。
〔註531〕黃善夫本上方校記引《正義》「寡」作「塞」，是也。

－206－

貌也。』此內、出聲近之證。」黃侃曰:「內、出又皆舌音。」〔註532〕《淮南子·人間篇》:「丘能仁且忍,辯且訥,勇且怯。」《論衡·定賢》「訥」作「詘」,《說苑·雜言》作「屈」。《列子·仲尼》:「賜能辯而不能訥。」《家語·六本》「訥」作「詘」,《說苑·雜言》作「屈」。字亦作呐,《漢書·李廣傳》「廣呐口少言」,《李將軍列傳》作「訥」。《漢書·儒林傳》「江公呐於口」,《御覽》卷617引作「訥」。字亦省作內,《楚辭·懷沙》:「文質疏內兮。」洪氏《補注》:「內,舊音訥。疏,疏通也。訥,木訥也。」

　　(2)醉而後去,終莫得開說

　　《集解》:如淳曰:「開謂有所啟白。」

　　按:瀧川資言曰:「古鈔本、楓、三本『開』作『關』。」水澤利忠曰:「開,南化、楓、三、梅『關』。」蔣禮鴻曰:「作『關』是。《漢書·佞幸傳》『公卿皆因關說』,顏師古注:『關說者,言由之而納說,亦如行者之有關津。』據顏注,『關說』即納說。」王叔岷曰:「『開』作『關』,義不可通。『關』乃『開』之誤。」王說非是。如淳所見《漢書》作「開」,因解作「啟白」。「開」是「關」形誤。關,讀為貫,通也,謂通其辭。《佞幸列傳》《索隱》:「關,通也。謂公卿因之而通其詞說。劉氏云:『有所言說,皆關由之』。」《梁孝王世家》「大臣及袁盎等有所關說於景帝」,《漢書·文三王傳》同。皆「關說」連文之例,不得謂之「義不可通」。銀雀山漢簡《尉繚子》:「試聽臣之〔言,行臣之術,雖有堯舜之〕知(智),不得關一言。」〔註533〕《淮南子·主術篇》:「市南宜遼弄丸,而兩家之難無所關其辭。」《越絕書》卷6:「二人以為胥在,無所關其辭。」又卷7:「伍子胥在,自與不能關其辭。」《漢書·霍光傳》:「諸事皆先關白光,然後奏御天子。」《初學記》卷19引漢·王褒《僮約》:「奴不得有姦私,事事當關白。」諸文「關」字並同義。《穰侯列傳》:「一夫開說。」《呂不韋列傳》:「雖欲開一語,尚可得乎?」《呂氏春秋·壅塞》:「彼且胡可以開說哉?」《商子·定分篇》:「不能開一言以枉法。」《鹽鐵論·相刺》:「夫以伊尹之智,太公之賢,而不能開辭於桀、紂。」諸文「開」亦是「關」形誤。

〔註532〕吳承仕《經籍舊音辨證》卷4《史記裴駰集解、司馬貞索隱》,後附黃侃《經籍舊音辨證箋識》,中華書局,2008年版,第322、400頁。

〔註533〕脫文據宋本《尉繚子·將理》補。

卷五十五《留侯世家》

（1）良與客狙擊秦皇帝博浪沙中

《集解》：服虔曰：「狙，伺候也。」應劭曰：「狙，伺也。」徐廣曰：「伺候也，音千恕反。」《索隱》按：應劭云：「狙，伺也。」一曰狙，伏伺也。謂狙之伺物，必伏而候之，故今云「狙候」是也。

按：狙，《漢書·張良傳》、《說苑·復恩》同，《御覽》卷 386 引本書、卷 813 引《漢書》形誤作「俱」。喬松年曰：「《說文》『狙』字訓『一曰犬暫齧人者』，蓋突然之義。應劭、徐廣訓狙為伺，非也。」〔註 534〕池田從其說。舊訓狙為伺，是也。狙，讀為覷〔註 535〕，喬氏未得其字。

（2）求賊甚急

按：賊，《漢書》同，《說苑·復恩》作「購」。

（3）有一老父，衣褐，至良所，直墮其履圮下

《索隱》：崔浩云「直猶故也」，亦恐不然。直言正也，謂至良所正墮其履也。

按：王念孫曰：「如小司馬說，則是墮履出於無意，失其指矣。但崔浩訓直為故，望文生義，於古亦無據。案：直之言特也。『直』與『特』古同聲而通用。」張文虎、池田、張森楷從王說。王叔岷曰：「《高士傳》『直』作『故』，則與崔浩說合。王氏訓直為特，故亦猶特也。王氏未深思耳。」《漢書》顏師古注：「直猶故也，一曰正也。」其後說即小司馬說所本。王叔岷訂王念孫說，楊樹達早發之。楊氏曰：「『直，特也，與口語『特地』同……今案崔言故者，即今言『故意』之故，與王訓『特』義同。王氏非之，偶未審耳。」〔註 536〕吳國泰亦曰：「蓋『直』之訓『特』，以音訓也；『直』之訓『故』，以義訓也。蓋『特』、『故』義近，如『故意』亦言『特意』可證。」《宋書·符瑞志》作「有老父來，直至良前，而墮其履」，乙「直」至「至」前，則已不解其義矣，《漢書》、《論衡·紀妖》、《漢紀》卷 1 皆「直墮」連文。《高士傳》卷中「墮」作「墜」，義同。

〔註 534〕 喬松年《蘿摩亭札記》卷 3，收入《續修四庫全書》第 1159 冊，上海古籍出版社，2002 年版，第 120 頁。

〔註 535〕 參見段玉裁《說文解字注》「覷」、「狙」二字條，上海古籍出版社，1981 年版，第 408、477 頁。

〔註 536〕 楊樹達《詞詮》，中華書局，1954 年版，第 190 頁。

（4）良鄂然

按：水澤利忠曰：「愕，景、井、蜀、紹、毛『鄂』。」淳熙本亦作「鄂」，黃善夫本、乾道本、元刻本、慶長本、四庫本、殿本作「愕」，《漢書》、《論衡·紀妖》、《高士傳》卷中、《宋書·符瑞志》同。《漢紀》卷1「愕然」作「怪愕」。

（5）宜縞素為資

《集解》：晉灼曰：「資，藉也。欲沛公反秦奢泰，服儉素以為藉也。」

按：《集解》二「藉」字，宋元各本及慶長本作「籍」，《漢書·張良傳》顏師古注引晉灼說分別作「質」、「資」。宋祁曰：「注文『資』字，舊本作『質』。」日鈔本《治要》卷15引《漢書》注作二「藉」字，天明刊本《治要》作二「質」字。

（6）乃使良還，行燒絕棧道

按：《漢書·張良傳》同。顏師古注：「還謂歸還韓。且行且燒，所過之處皆燒之也。」瀧川資言、池田從其說。王叔岷曰：「《長短經》注『行』作『因』，行猶因也。」王說非是。《高祖本紀》作「去輒燒絕棧道」，「行」當一字為句。行猶去也，指漢王就國。

（7）陛下南鄉稱霸

按：鄉，《漢書·張良傳》、《漢紀》卷2作「面」，《新序·善謀》作「嚮」。面，讀為偭。《說文》：「偭，鄉也。」「鄉」同「嚮」。

（8）表商容之閭

《索隱》：《韓詩外傳》曰「商容執羽籥，馮於馬徒，欲以化紂而不能，遂去，伏於太行山。」

按：化紂，今本《韓詩外傳》卷2誤作「伐紂」〔註537〕。

（9）封雍齒為什方侯

《正義》：《括地志》云：「雍齒城在益州什邡縣南四十步。」

按：《太平寰宇記》卷73：「什邡縣……舊置在雍齒城，今於城北四十步立縣。」《通鑑》卷11胡三省注引宋白曰：「什方縣，舊治雍齒城，今於城北四十步立縣。」《舊唐書·地理志》：「什邡，漢縣，雍齒侯邑，在縣北

〔註537〕參見許維遹《韓詩外傳集釋》卷2引年庭說，中華書局，1980年版，第53頁。

四十步。」皆與《括地志》合。《元和郡縣志》卷 32「什邡縣」條云「雍齒城在縣南四十里」，則作「四十里」，未知孰是。

（10）雒陽雖有此固，其中小，不過數百里，田地薄，四面受敵

按：薄，《漢書・張良傳》同，《新序・善謀》作「狹」。「薄」指土地狹長，不指貧瘠。《貨殖列傳》「此地狹薄」，薄亦狹也。

（11）杜門不出歲餘

按：杜，《新序・善謀》同，《漢書・張良傳》作「閉」。杜，吳國泰讀作斁，是也，字亦作劚。《說文》：「斁，閉也，讀若杜。劚，斁或從刀。」

（12）四人至，客建成侯所

按：客，《御覽》卷 147 引同，《漢書・張良傳》亦同，《新序・善謀》作「舍」。

（13）天下有四人

《索隱》：四人，四晧也，謂東園公、綺里季、夏黃公、角里先生。按：《陳留志》云「角里先生，河內軹人，太伯之後，姓周名術，字元道，京師號曰霸上先生，一曰角里先生」。又孔安國《祕記》作「祿里」。

按：張文虎曰：「單本、凌本『角』作『用』，今依中統、游、王、柯本。」黃善夫本、乾道本、淳熙本、元刻本作「角里」，慶長本、四庫本、殿本、瀧川《考證》本作「用里」。下文正文，宋元各本亦作「角里」，《高士傳》卷中同；慶長本、四庫本、凌本、殿本、瀧川《考證》本作「用里」，《初學記》卷 10 引同，《漢書》卷 72、《漢紀》卷 4 亦同。王叔岷曰：「北宋監本、黃善夫本『用』並作『角』，《御覽》卷 147、383 引同，《新序》亦作『角』，是也。俞正燮《癸巳存稿》卷 3 亦有說。」《新序・善謀》有異文，漢魏叢書本、子書百家本作「角里」，南宋刊本、嘉靖翻宋本、鐵華館叢書本、龍谿精舍叢書本作「用里」，王氏所據殆漢魏叢書本耳。「角」古音「祿」〔註538〕，故《祕記》易以同音字作「祿里」。《集韻》：「角，盧谷切，漢四晧有角里先生。」「用」是俗譌字。

〔註538〕參見陳第《毛詩古音攷》卷 1，中華書局，2008 年版，第 23 頁。顧炎武《唐韻正》卷 15，收入《叢書集成三編》第 27 冊，新文豐出版公司，1997 年印行，第 679～681 頁。

（14）四人相謂曰：「凡來者，將以存太子。」

按：存，《漢書·張良傳》、《新序·善謀》同，《漢紀》卷4作「安」。

（15）四人為壽已畢，趨去

按：張文虎曰：「宋本『趨』作『起』。」水澤利忠曰：「起，景、蜀、紹、耿、慶、中統、彭、凌、殿、金陵『趨』，南化、楓、梅《校記》『起』。」乾道本、慶長本、四庫本亦作「趨」，《冊府元龜》卷710、《班馬異同》卷5、《大事記解題》卷9、《通志》卷96、《永樂大典》卷12043引同，《漢書·張良傳》亦同；紹興本作「起」（水澤氏誤校），《御覽》卷147引同，《新序·善謀》亦同。黃善夫本校記云：「趨，本作『起』。」李人鑒謂「起去」是。余謂「起」是「赽」形訛，「赽」是俗「趨」字。為壽則已起立矣，不得復言「起去」。

（16）雖有矰繳

《索隱》：馬融注《周禮》云：「矰者，繳繫短矢謂之矰。」

按：馬融無此注。《周禮·夏官·司弓矢》鄭玄注：「結繳於矢謂之矰。」「短」亦當據校作「於」。

卷五十六《陳丞相世家》

（1）其嫂嫉平之不視家生產

按：瀧川資言曰：「楓、三本『嫉』作『疾』。」王叔岷曰：「《御覽》卷853引此與楓、三本同。《漢書》『嫉』作『疾』。嫉、疾，正、假字。《漢書》『視』作『親』，王氏《補注》云：『不親，謂不親身治家事。《史記》「親」作「視」，字近而訛。』」《漢書·陳平傳》作「其嫂疾平之不親家生產」，《御覽》卷378引「親家生產」作「親家產」，又卷484、517引作「親家事」。王氏《補注》說非是。「視」字不誤，《御覽》卷853引同，即「視事」之「視」，猶言治理。《漢書》作「親」，轉當據本書訂正。《漢書·蕭望之傳》「之杜陵，護視家事」，《漢紀》卷20「至杜陵，視家事」，《後漢書·儒林列傳》「（甄宇）未常（嘗）視家事」，皆其證。

（2）亦食穅覈耳

《集解》：徐廣曰：「覈音核。」駰案：孟康曰「麥穅中不破者也」。晉灼曰「覈音紇，京師謂籮屑為紇頭」。

按：王叔岷曰：「《列子·力命篇》《釋文》引『穅覈』作『糠籺』。『籺』

乃『秅』之省。秅，俗『稶』字。《說文》：『稶，稭也，舂粟不潰也。』玄應《眾經音義》卷 22 云：『秅，又作麧，堅米也。謂米之堅鞕舂擣不破者也。今關中謂麥屑堅者為麧頭，亦此也。』『秅』乃『稶』之省，『麧』乃『麧』之省。《說文》：『麧，麥堅也。』（引者按：《說文》原文作「堅麥也」。）段注：『謂麥之堅者也。《史》、《漢》皆云「亦食糠覈耳」……按《廣韻》引《漢書》「食糠麧」為是。孟注、晉音皆是「麧」字，後人妄改《漢書》耳。「麧」在沒韻，「覈」在麥韻，音不同也。孟注與許說合。』」《御覽》卷 484、517、《記纂淵海》卷 40 引《漢書》作「秅」。段說「覈」與「麧」古音不同，非也。《廣韻》「覈」與「秅」、「紇」、「籺」同音胡結切，字亦作籺、糤，《廣韻》：「籺，麥籺不破。」《集韻》：「籺，麥全曰籺，通作覈。」又「糤，穀糠不破者，通作覈。」又「麧，麥糠中不破者，或作覈。」徐廣覈音核者，「核」同「棚」，與「秅」亦是轉語。果之中堅者謂之核（棚），米之中堅者謂之秅，麥之中堅者謂之麧，其義一也。

（3）然門外多有長者車轍

《索隱》：轍，一作「軌」

按：王叔岷曰：「《書鈔》卷 139 引『轍』作『軌』。」轍，《漢書·陳平傳》同，《班馬字類》卷 5 引《漢書》作「徹」，《御覽》卷 541 引《漢書》作「幟」。「幟」是「轍」形誤，「轍」是「徹」分化字。《說文》：「軌，車徹也。」

（4）事魏不容，亡歸楚；歸楚不中，又亡歸漢

按：王叔岷曰：「《御覽》卷 630 引『中』作『忠』。忠、中，正、假字。」王說非是。《漢書·陳平傳》、《通鑑》卷 9 均作「中」。「中」讀去聲，猶言得也，合也。《御覽》不足據。

（5）誠各去其兩短，襲其兩長，天下指麾則定矣

按：池田曰：「襲，重也。」瀧川資言曰：「襲，重也。《漢書》作『集』。」王叔岷曰：「『襲』與『去』對言，襲猶取也。《文選·五等諸侯論》『新都襲漢』，李善注：『襲猶取也。』《長短經》注『襲』作『集』，與《漢書》合。集亦取也。《廣雅》：『集，取也。』」施之勉說同王氏。「襲」訓取是襲取，襲擊而取，非其誼也。襲，讀為集，聚合也。

（6）高帝問諸將，諸將曰：「亟發兵阬豎子耳。」

按：水澤利忠曰：「阬，景、井、紹、耿、慶、彭、中統、毛、凌、殿

「坑」。」乾道本、慶長本、四庫本亦作「坑」，《長短經‧霸圖》、《通志》卷 96 同；《漢書‧陳平傳》、《通鑒》卷 11 作「阬」。《黥布列傳》：「發兵擊之，阬豎子耳。」《漢書》無「擊之」二字，《治要》卷 15 引「阬」作「坑」，《通鑒》卷 12 同。阬、坑，並讀作抗，敵也，禦也。

（7）陛下弟出偽游雲夢

《索隱》：蘇林云「弟，且也」。小顏云「但也」。

按：張文虎曰：「《索隱》本『弟』，它本作『第』。」水澤利忠曰：「第，景、井、蜀『弟』。」《記纂淵海》卷 52 引作「第」，《漢書‧陳平傳》同。

（8）左丞相不治，常給事於中

《集解》：孟康曰：「不立治處，使止宮中也。」

按：孟康說，《漢書‧陳平傳》顏師古注引作鄭氏說，即鄭德說；顏氏又引李奇曰：「不治丞相職事也。」師古曰：「李說是也。」李、顏說是也，《呂后本紀》作「左丞相不治事，令監宮中如郎中令」。

（9）無畏呂嬃之讒也

按：讒，《漢書‧陳平傳》作「譖」。《說文》：「讒，譖也。」蔣斧印本《唐韻殘卷》：「譖，讒也。」譖、讒一聲之轉耳〔註539〕。《韓詩外傳》卷 2「君子亦譖人乎」，《荀子‧哀公》、《新序‧雜事五》「譖」作「讒」。

（10）汗出沾背，愧不能對

按：王筠曰：「班『沾』作『洽』。」顏師古曰：「洽，霑也。」顏說本於《說文》。

卷五十七《絳侯周勃世家》

（1）勃以織薄曲為生

《集解》：蘇林曰：「薄，一名曲。《月令》曰『具曲植』。」

《索隱》：謂勃本以織蠶薄為生業也。韋昭云「北方謂薄為曲」。許慎注《淮南》云「曲，葦薄也」。

按：王叔岷曰：「《漢書‧周勃傳》顏師古注亦引許慎云：『葦薄為曲也。』乃許氏《淮南子‧時則篇》注。《說文》：『曲，或說：曲，蠶薄也。』又『苗，

〔註539〕 參見王念孫《墨子雜志》，收入《讀書雜志》卷 9，中國書店，1985 年版，本卷第 30 頁。又參見石光瑛《新序校釋》，中華書局，2001 年版，第 709 頁。

蠶薄也。』字亦作笛，《廣雅》：『笛謂之薄。』」北宋本《漢書》所引許慎說「崀」作「韋」。《漢紀》卷1「薄曲」作「簿」。王說是也。桂馥早指出「苗」或作「曲」，又作「笛」〔註540〕。王仁俊曰：「《說文》：『薄，林薄也，一曰蠶薄。』後說即薄曲之薄。又『曲，或說：曲，蠶薄也。』是也。曲或作苗，《方言》卷5：『薄，宋魏陳楚江淮之間謂之苗，自關而西謂之薄。』知薄、曲一物二名矣。崀，當讀為緯。《說文》：『織橫絲也。』許注『崀』字，正詁此傳『織』字耳。」〔註541〕王仁俊說「崀當讀為緯」，非是。「崀薄」謂以蘆崀所製的蠶薄。《詩・七月》「八月萑（萑）崀」，毛傳：「薍為萑（萑），葭為崀。豫畜萑（萑）崀，可以為曲也。」《詩・蒹葭》孔疏：「白露凝戾為霜，然後歲事成，謂八月九月葭成崀，可以為曲薄充歲事也。」均是其證。

（2）方與反，與戰，卻適

按：水澤利忠曰：「適，南化『敵』。」王叔岷據殿本補《集解》：「駰案：適，《漢書》作『敵』。」宋元各本及慶長本皆無《集解》，殿本、四庫本妄補耳，不足據。慶長本「適」亦作「敵」，與《漢書》合，乃改用正字。

（3）破綰軍上蘭，復擊破綰軍沮陽

按：《漢書・周勃傳》「復」形誤作「後」。

（4）太后以冒絮提文帝

《集解》：應劭曰「陌額絮也」。晉灼曰「《巴蜀異物志》謂頭上巾為冒絮」。

《索隱》：服虔云「綸絮也。提音弟，又音啼」，非也。蕭該音底。提者，擲也，蕭音為得。陌音「蠻貃」之「貃」。《方言》云「幪巾，南楚之間云『陌額』」也。

按：《漢書・周勃傳》同。王叔岷曰：「冒借為冃。《說文》：『小兒、蠻夷頭衣也。』《繫傳》：『《史記》云「薄太后以冒絮提文帝」是也，今作帽。』絮借為帤，孫詒讓云：『《方言》云：「大巾，陳、潁之間謂之帤。」《說文》云：「帤，巾帤也。」《史記》云云，晉灼云云。」王說是也，然猶未盡。《方言》卷4：「幪，巾也。大巾謂之帤，嵩嶽之南、陳潁之間謂之帤，亦謂之幪。」又云：「絡頭，帕頭也。自關以西秦晉之郊曰絡頭，南楚江湘之

〔註540〕桂馥《說文解字義證》，齊魯書社，1987年版，第100頁。
〔註541〕王仁俊《漢書許注輯證》，《華國月刊》第3期，1923年版，第8頁。

間曰帕頭。」《索隱》合二文為一，易「帕頭」作「陌額」。「幪」是「幏」
俗字，乃「蒙」增旁字。顏師古注亦引應劭、晉灼說，顏氏又云：「冒，覆
也，老人所以覆其頭。提，擲也。」提訓擲，是也，吳國泰指出乃「摘」
借字。幪（幏、蒙）、冒一聲之轉，取覆蓋為義，用作名詞，故《方言》云
「幏，巾也」，郭璞注：「巾主覆者，故名幏也。」《御覽》卷 645 引《尚書
大傳》「下刑墨幪」，鄭玄注：「幪，巾也，使以下得冠飾。」「冒絮」即「幏
帛」，又作「蒙絮」〔註542〕，《說苑・正諫》：「（吳王）遂蒙絮覆面而自刎。」
言以蒙絮覆其面也。又稱作「幪巾」，《慎子・君人》：「有虞之誅，以幪巾
當墨。」又稱作「陌額絮」、「帕額巾」、「袜額」，陌、冒亦一聲之轉〔註543〕。
陌亦作帕、袹、貊、袜、袜，蔣斧印本《唐韻殘卷》：「帕，頭巾。」《玉篇》：
「袜，袜巾也。」《集韻》：「袹、帕、貊：邪巾袹頭，始喪之服。或從巾，
亦作貊。」《玄應音義》卷 13 引《字書》：「帕，帕額巾也。」《慧琳音義》
卷 94：「袜額：袜，《字鏡》又從巾作袜，義與袜同。《韻詮》亦從巾作袜。
傳文作袹。」

（5）乃拜亞夫為中尉

《正義》：《漢書・百官表》云：「中尉，秦官，掌徼巡京師。武帝太初
元年，更名執金吾。」應劭云：「吾者，禦也。掌執金吾以禦非常。」顏師
古云：「金吾，鳥名，主辟不祥。天子出行，職主先導，以備非常，故執此
鳥之象，因以名官也。」

《校勘記》：掌執金吾，《漢書・百官公卿表》顏師古注引應劭作「金
革」，疑是。（6 / 2514）

按：①作「金革」是。《書鈔》卷 54 引應劭《漢官〔儀〕》：「執金吾，
典執金革，以禦非常。」又引《漢官解故》：「執金吾，吾者，禦也，典執
金革，以禦非常也。」《御覽》卷 237 引《漢官〔儀〕》：「宰尹下曰吾，禦
也，常（掌）執金革，以禦非常。」②「執金吾」之名義，應劭說「吾者，
禦也」，是也，吾、禦一聲之轉，字亦作圄、敔。《說文》：「圄，守之也。」
又「敔，禁也。」應劭說「金」為「金革」，則非是。朱起鳳說「金吾」是

〔註542〕 參見王引之《經義述聞》卷 8 引王念孫說，江蘇古籍出版社，1985 年版，
　　　　 第 194 頁。
〔註543〕 參見王念孫《廣雅疏證》，收入徐復主編《廣雅詁林》，江蘇古籍出版社，
　　　　 1992 年版，第 581 頁。

「禁禦」聲轉，云：「金轉去聲，即為禁字。吾字古亦讀禦。」〔註544〕朱說是也。金，讀為禁。《釋名·釋天》、《釋兵》並云：「金，禁也。」《白虎通·五行》：「金之為言禁也。」執金吾者，謂執掌禁禦，故取為官名。楊雄《百官箴》：「吾臣司金，敢告執璜。」「吾」正守禦、防備之誼也。箴文說「司金」，言主管禁禦。「囹圄」也是「金吾」同源詞，只是所指不同。③師古說非是。崔豹《古今注》卷上：「漢朝執金吾，金吾，亦棒也，以銅為之，黃金塗兩末，謂為金吾。」崔說亦誤。

卷五十八《梁孝王世家》

（1）意忽忽不樂

按：吳國泰曰：「忽者悶字之借。」陳鴻儒亦讀「勿勿（忽忽）」作「悶悶」〔註545〕。徐仁甫曰：「忽忽，失意貌。」《漢書·文三王傳》亦作「忽忽」，《五行志》作「猶有恨心」。忽忽，憂愁不樂貌，亦省作「勿勿」，聲轉則作「崛崛」〔註546〕。亦可能是「怫怫」、「悖悖」轉語。

（2）李太后與爭門，措指

按：措讀為笮、迮，晉灼及《索隱》已有說，知不足齋叢書本《金樓子·說蕃》誤作「損」字，他本不誤。

卷五十九《五宗世家》

（1）百姓憐之

按：憐，《水經注·渭水》作「矜」。矜亦憐也。

（2）相、二千石欲奉漢法以治，則害於王家

按：害，忌也。

（3）多設疑事以作動之

按：王筠曰：「班『作』作『詐』。」李笠曰：「作，《漢書》作『詐』，謂以詐術聳動之也。『作』之為『詐』猶『為』之為『偽』。」瀧川資言曰：「作動，使困惑聳動也。《漢書》改作『詐動』，義異。」吳國泰曰：「『作』

〔註544〕 朱起鳳《辭通》卷13，上海古籍出版社，1982年版，第1230頁。

〔註545〕 陳鴻儒《勿勿（忽忽）解詁》，《龍岩師專學報》1991年第1期，第87～89頁。陳說承張文冠博士檢示，謹致謝忱！

〔註546〕 參見王念孫《廣雅疏證》，收入徐復主編《廣雅詁林》，江蘇古籍出版社，1992年版，第454頁。王引之《經義述聞》卷11，江蘇古籍出版社，1985，第279頁。

者『迮』之借，迫也。」王叔岷曰：「作、詐古通。」李人鑒曰：「《漢書·景十三王傳》『作』作『詐』。『作』字誤，當據訂正。」李笠、王叔岷說是也，瀧川、李氏皆未達通假。《金樓子·說蕃》亦作「詐」。

（4）諸使過客以彭祖險陂，莫敢留邯鄲

《正義》：顏師古曰：「陂謂傾側也。」《三蒼解詁》云：「險陂，諂佞也。」（據《考證》本）

按：吳國泰曰：「險陂者，『憸詖』之借。《說文》：『憸，憸詖也。』《荀子·成相》：『讒人罔極，險陂傾側。』楊倞注：『陂與詖同。』」字亦作「險詖」，《漢書·敘傳》：「趙敬險詖。」P.2011 王仁昫《刊謬補缺切韻》：「詖，險詖。」字亦作「譣詖」，P.2011《切韻》、P.3693V《箋注本切韻》並云：「譣，譣詖。」

（5）趙王亦非之，曰：「中山王徒日淫，不佐天子拊循百姓，何以稱為藩臣！」

按：徒日淫，《漢書·景十三王傳》作「但奢淫」。徒、但一聲之轉。「日」是「奢」脫誤。

（6）淮南王謀反時，寄微聞其事，私作樓車鏃矢戰守備，候淮南之起

按：黃善夫本校記云：「候，本作『備』。」候，《漢書·景十三王傳》、《冊府元龜》卷274、《通志》卷78作「備」，義長。《御覽》卷336引魚豢《魏略》：「膠東康王寄作樓車戰具，以備淮南事。」亦作「備」字。微聞，《漢書》同，《漢紀》卷13作「漸聞」。

卷六十《三王世家》

（1）封建使守藩國，帝王所以扶德施化

按：韓兆琦曰：「扶，助。」其說非是。扶，讀為敷（敷），布也。《楚世家》、《淮南衡山列傳》並有「布德施惠」語，布亦施也。

（2）君子不近，庶人不服

按：王叔岷曰：「《晏子春秋·內篇襍上》：『則君子不近，庶人不佩。』『佩』與『服』亦同義。」服讀作佩，一聲之轉〔註547〕，王氏未達古音也。

〔註547〕參見孫星衍《晏子春秋音義》卷下，收入《諸子百家叢書》，上海古籍出版社，1989年影印浙江書局本，第94頁。